LEVEL 1 DEMON LORD & ONE ROOM HERO

LV1 MAOU TO ONE ROOM [illegible]

First published in Japan in 2020 by HOUBUNSHA CO., LTD., Tokyo.
German translation rights arranged with HOUBUNSHA CO., LTD
through Tuttle-Mori Agency, Inc., Tokyo

Deutschsprachige Ausgabe / German Edition

CH-1007 Lausanne
1. Auflage

Aus dem Japanischen von Martin Gericke

Programmleitung: Hideki Iyama / Lizenzkoordination: Ai Kono
Redaktion: Marvin Schmid / Herstellung: Sonja Lesch
Deutsche Logo- und Covergestaltung: Jenifer Hüttmann
Lettering: Studio Charon
Druck und Bindung: GGP Media GmbH, Pößneck

ISBN 978-2-88951-777-0

Ich hätte mir nie träumen lassen, auch noch einen dritten Band veröffentlichen zu dürfen. Das alles war nur dank eurer Unterstützung möglich.
Die Lage spitzt sich immer weiter zu und es wird brandgefährlich in der Republik und auch im Königreich. Und Max? Wird unser Held im Ruhestand endlich eine Gelegenheit finden, noch mal zu glänzen? Auf jeden Fall vielen, vielen Dank, dass ihr auch diesen Band wieder gelesen habt!

toufu

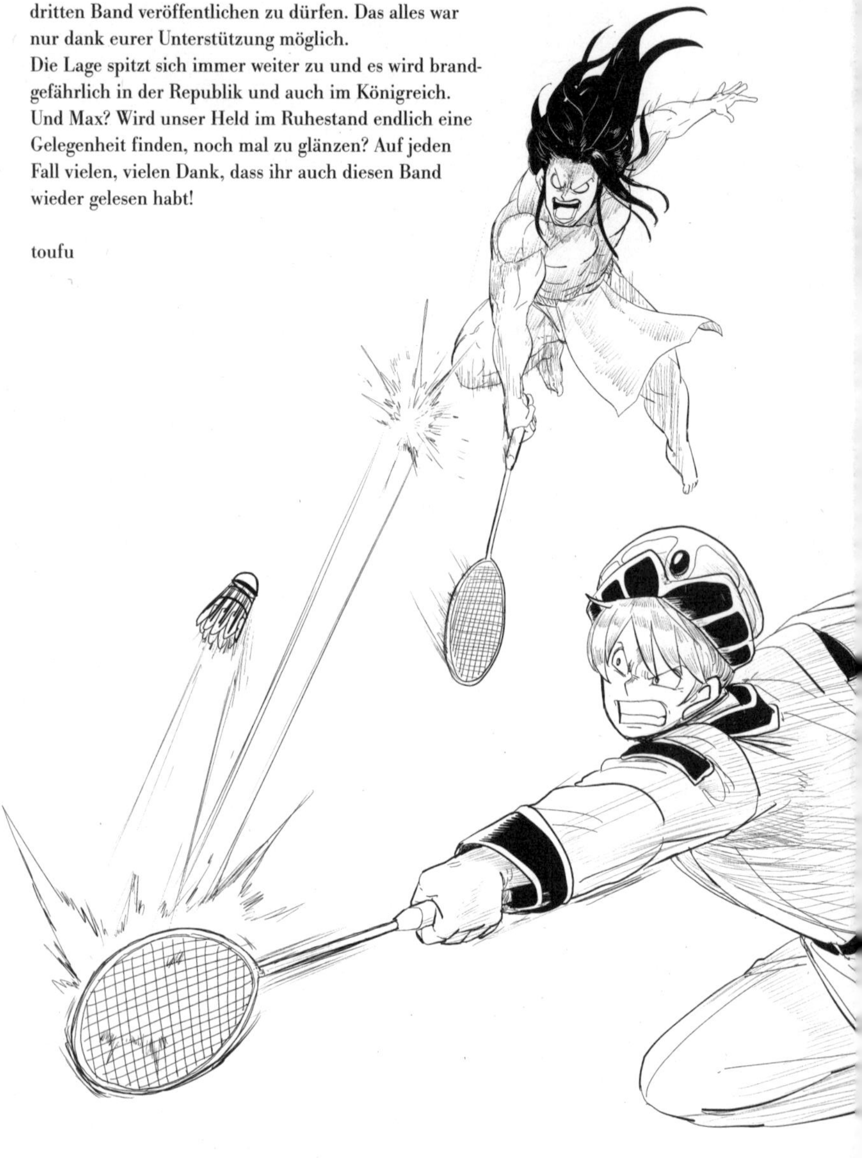

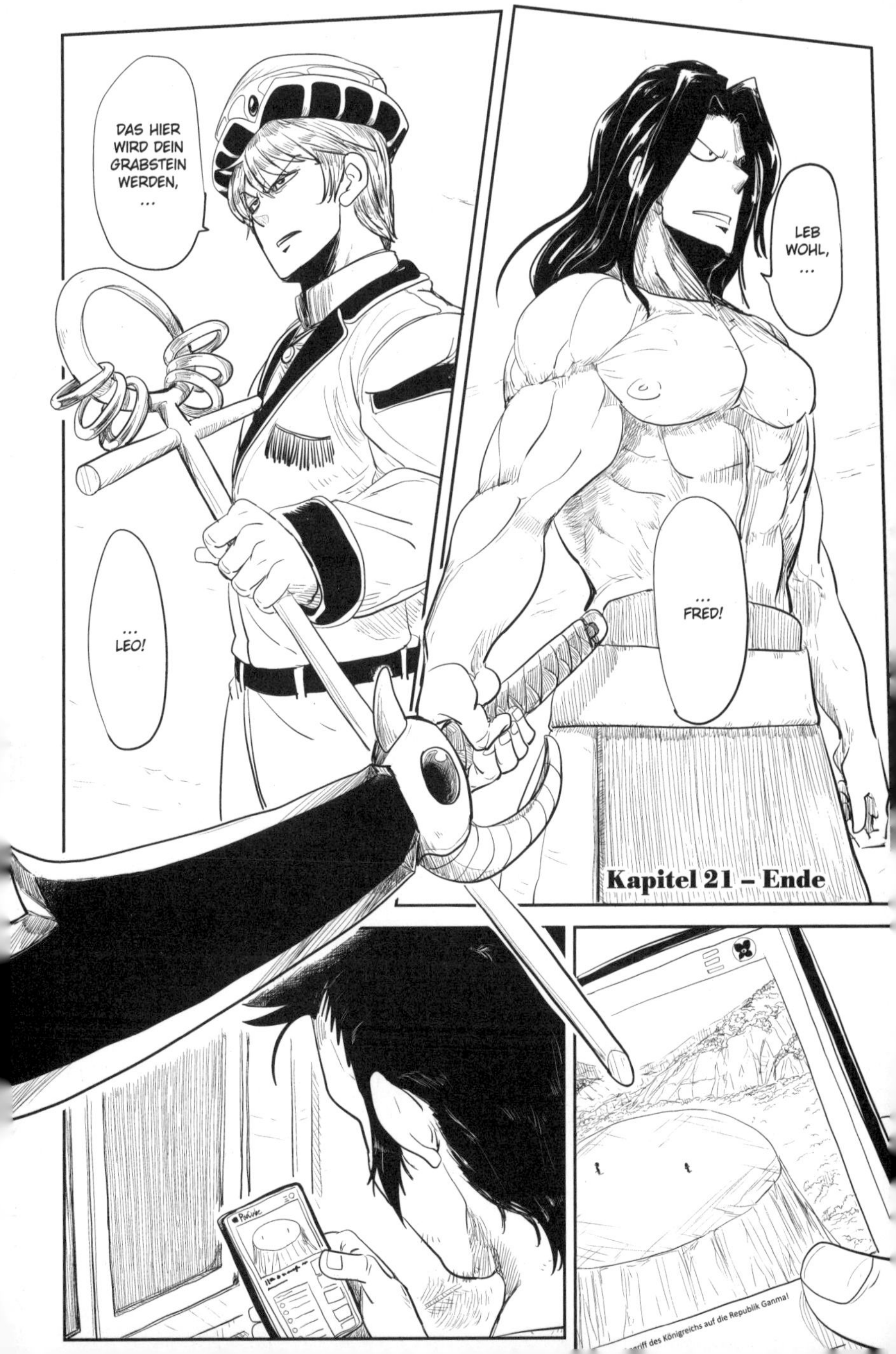
LEB WOHL, ...
... FRED!
DAS HIER WIRD DEIN GRABSTEIN WERDEN, ...
... LEO!
Kapitel 21 – Ende
griff des Königreichs auf die Republik Ganma!

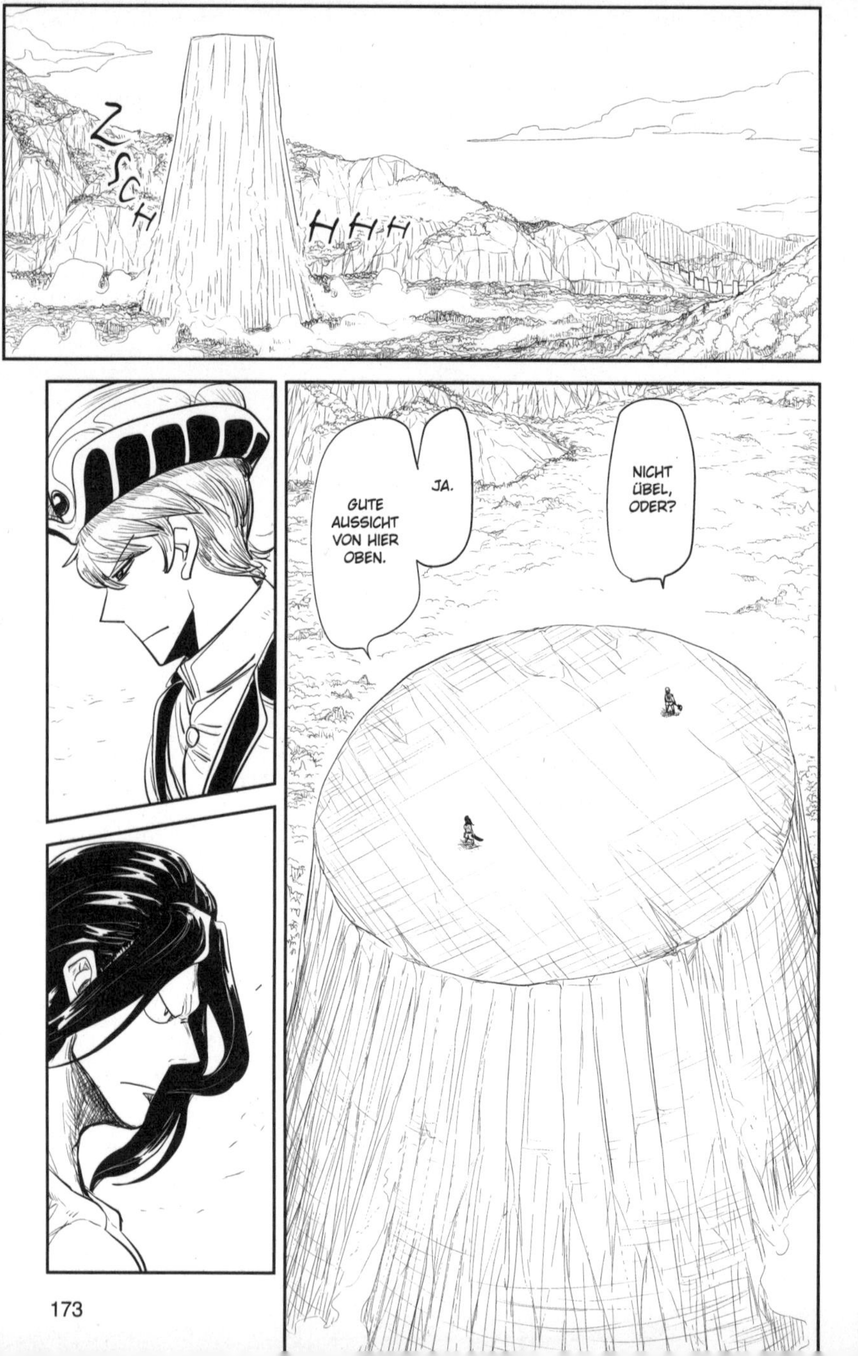
ZSCHHHHH
NICHT ÜBEL, ODER?
JA.
GUTE AUSSICHT VON HIER OBEN.

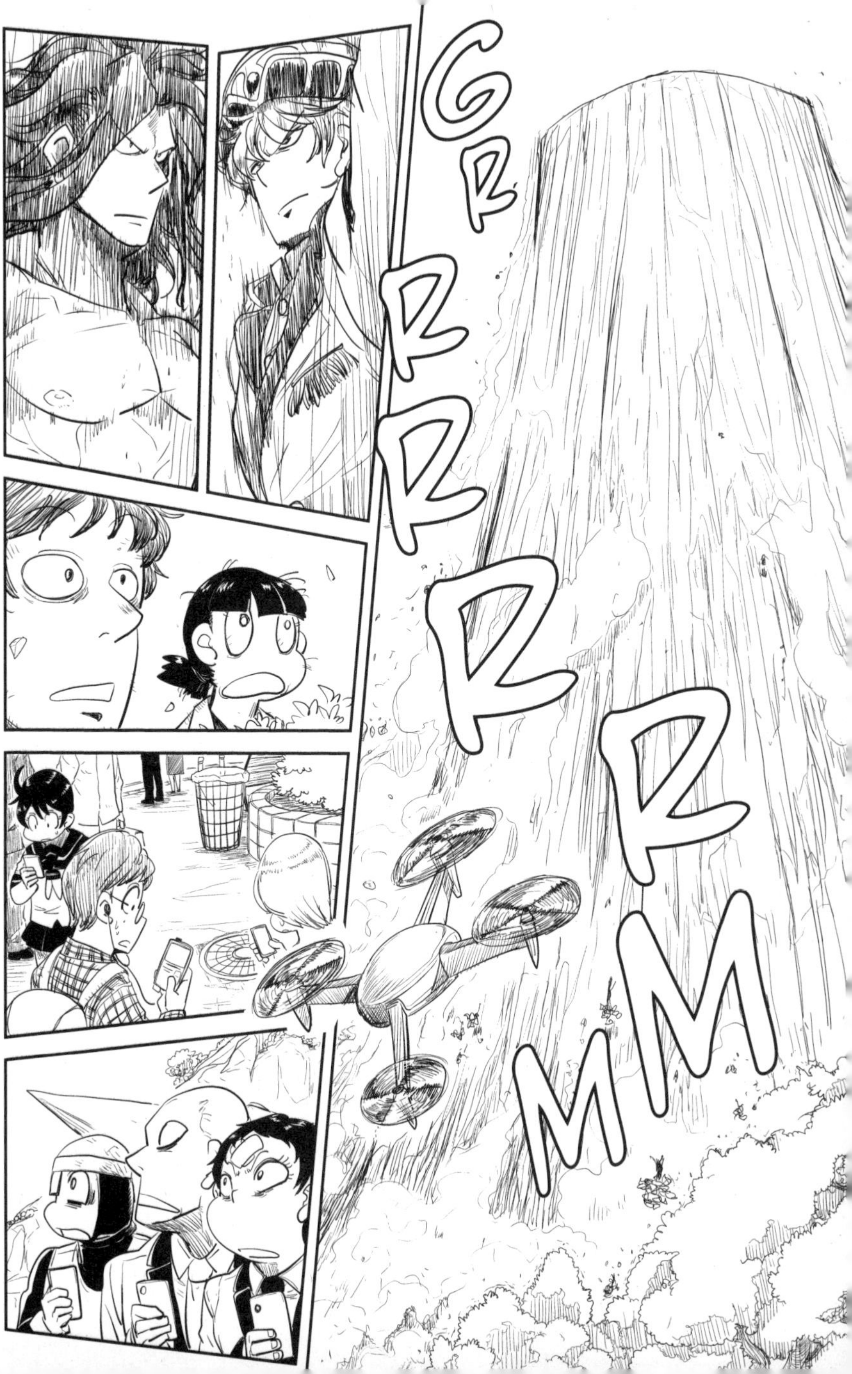
GRRRRRRMM

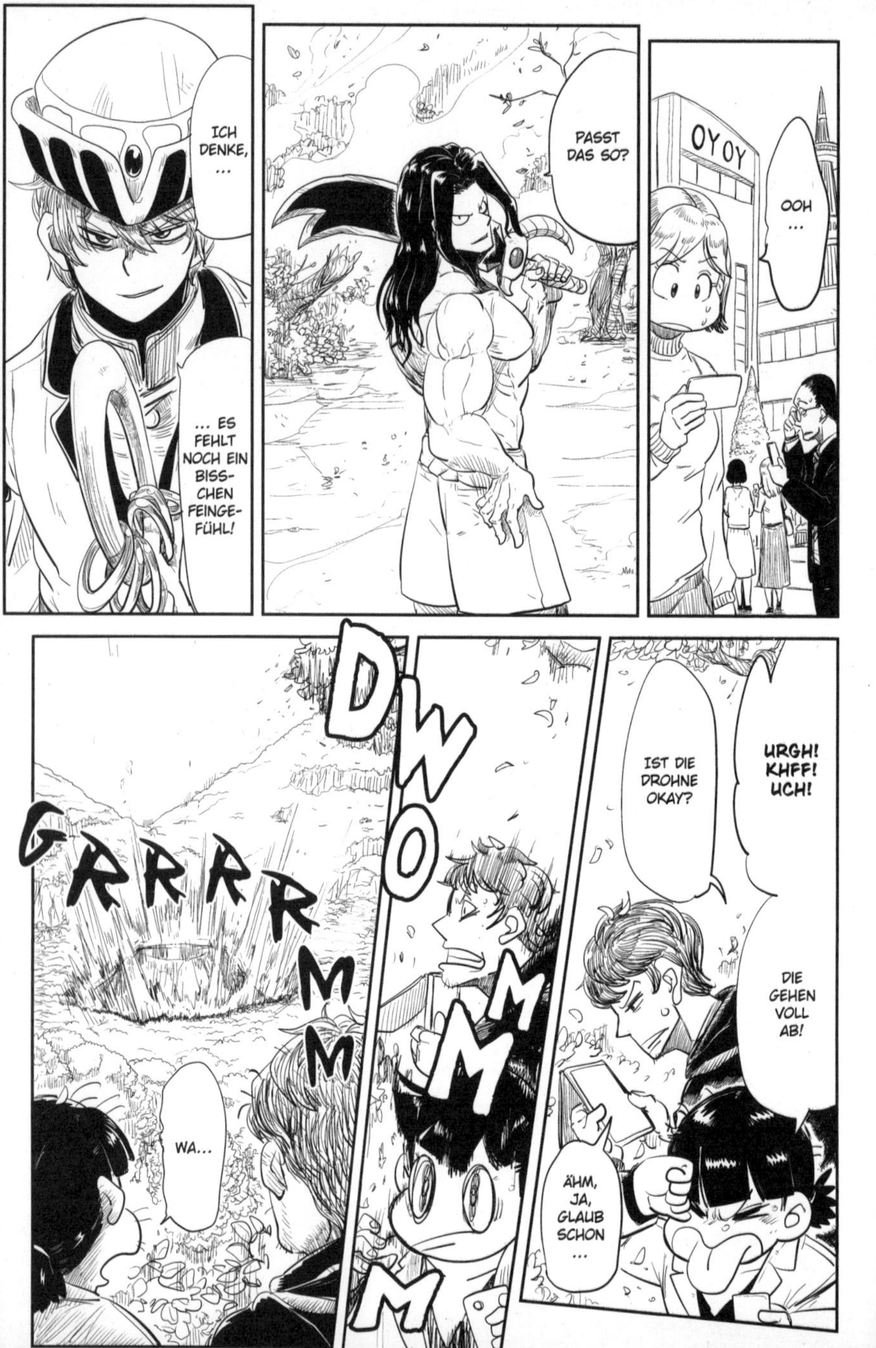
OOH ...
PASST DAS SO?
ICH DENKE, ...
... ES FEHLT NOCH EIN BISS-CHEN FEINGE-FÜHL!
URGH! KHFF! UCH!
IST DIE DROHNE OKAY?
DIE GEHEN VOLL AB!
ÄHM, JA, GLAUB SCHON ...
DWOMMM
GRRRRMM
WA...

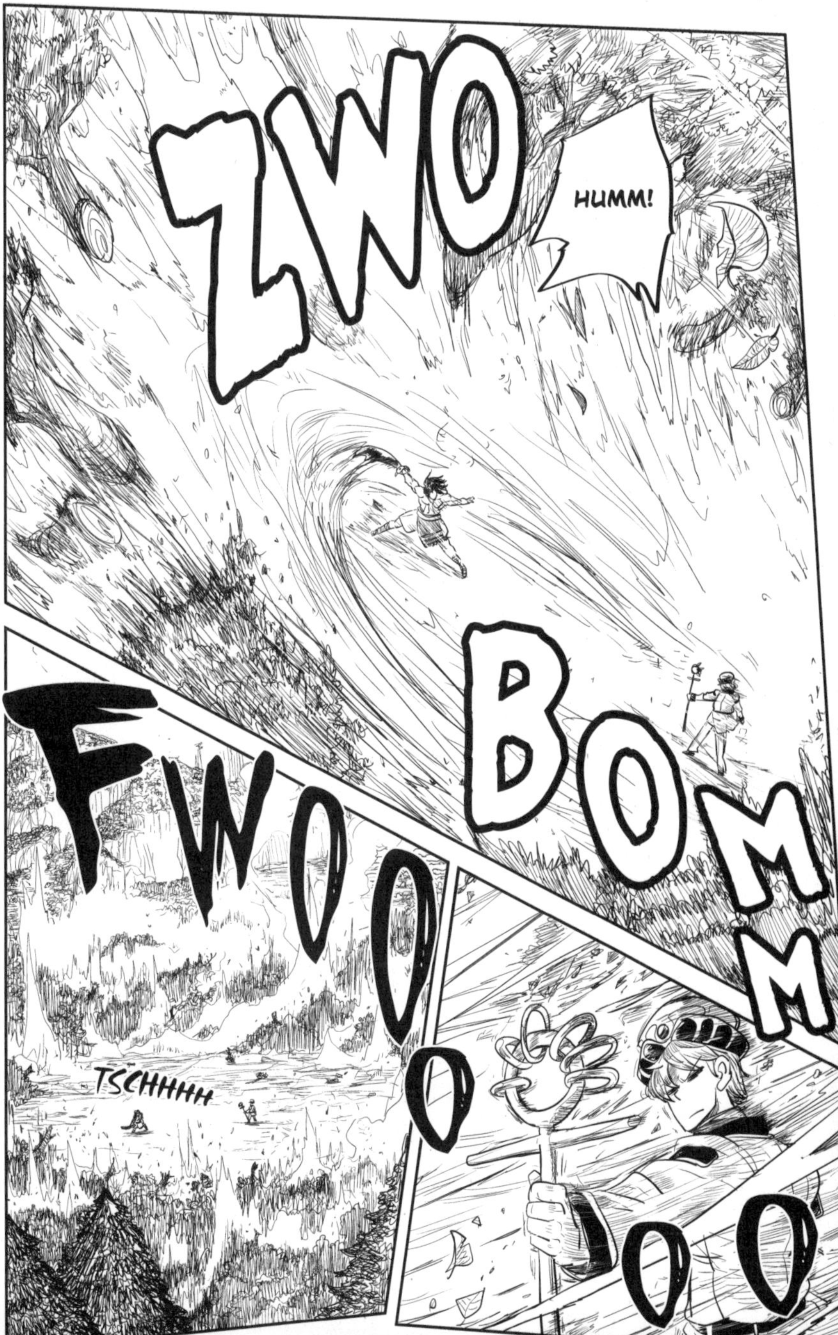
ZWO
HUMM!
BOMMM
FWOOOO
TSCHHHHH
OOO

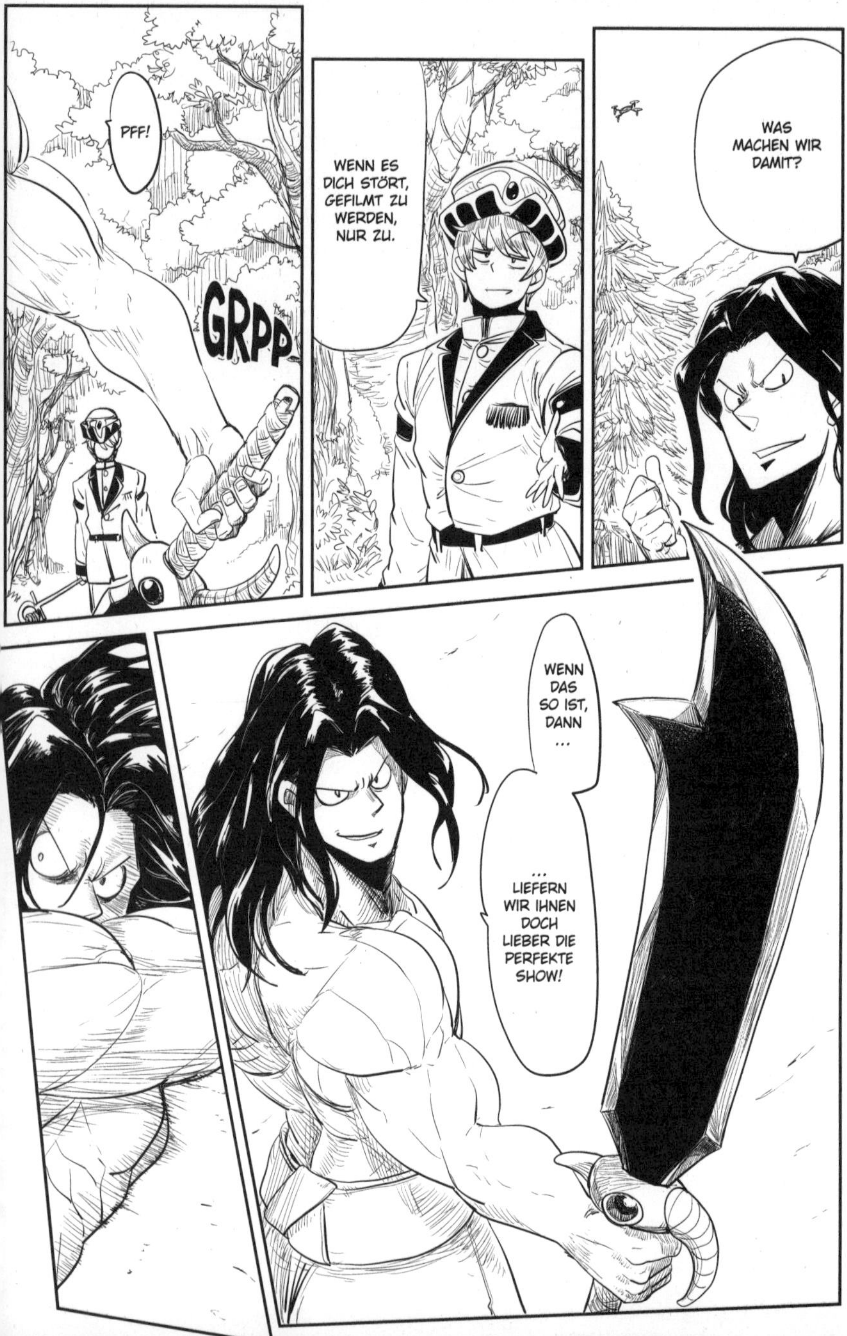
PFF!
GRPP
WENN ES DICH STÖRT, GEFILMT ZU WERDEN, NUR ZU.
WAS MACHEN WIR DAMIT?
WENN DAS SO IST, DANN ...
... LIEFERN WIR IHNEN DOCH LIEBER DIE PERFEKTE SHOW!

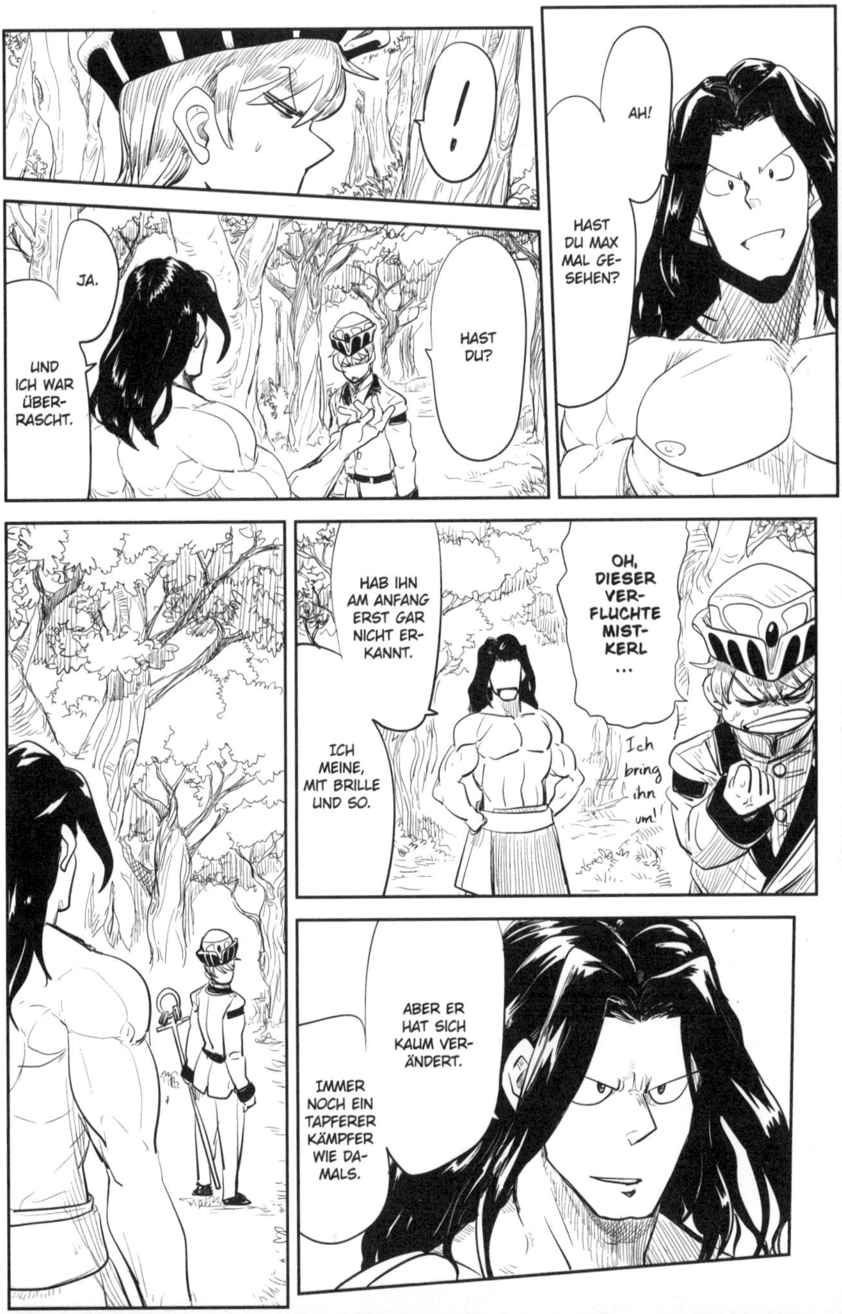
!
AH!
HAST DU MAX MAL GESEHEN?
HAST DU?
JA.
UND ICH WAR ÜBERRASCHT.
HAB IHN AM ANFANG ERST GAR NICHT ERKANNT.
ICH MEINE, MIT BRILLE UND SO.
OH, DIESER VERFLUCHTE MISTKERL ...
Ich bring ihn um!
ABER ER HAT SICH KAUM VERÄNDERT.
IMMER NOCH EIN TAPFERER KÄMPFER WIE DAMALS.

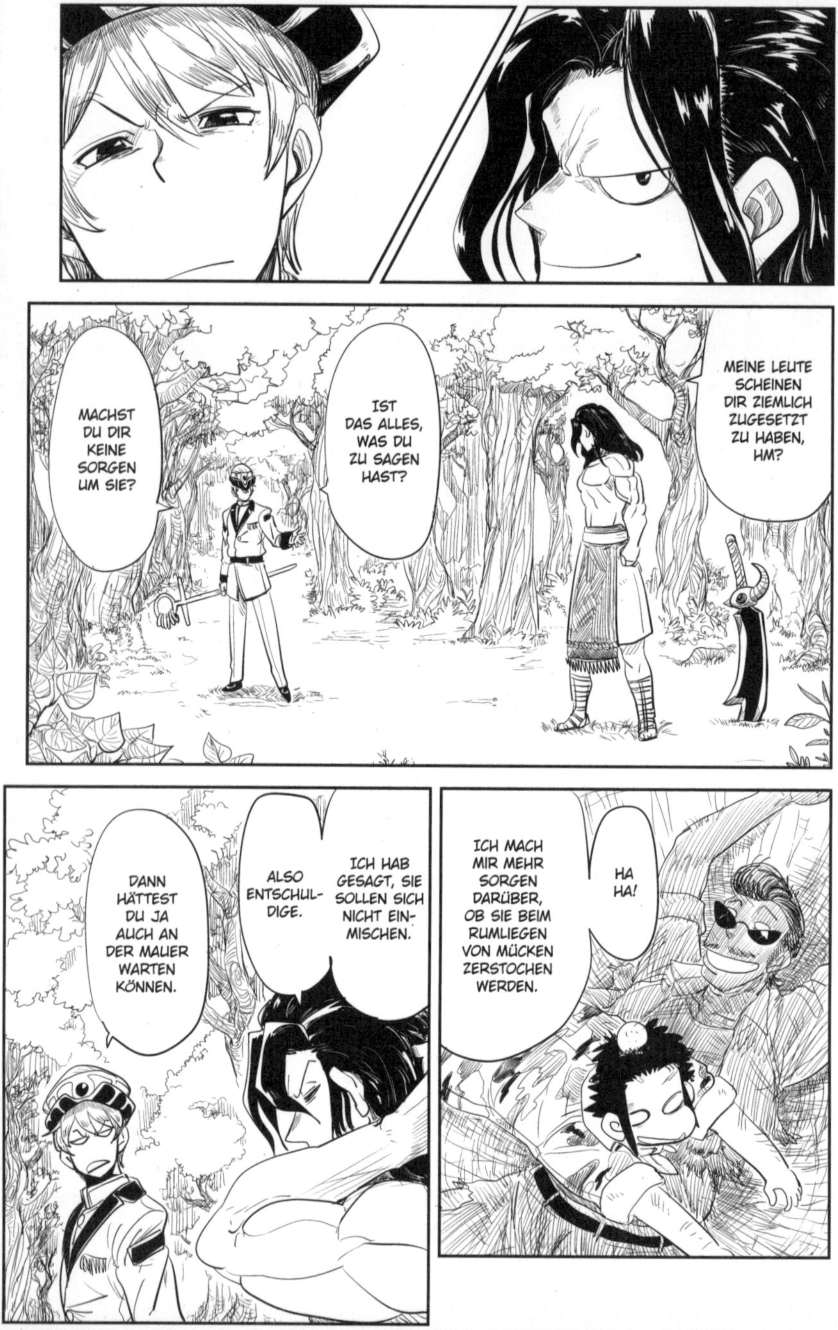
MEINE LEUTE SCHEINEN DIR ZIEMLICH ZUGESETZT ZU HABEN, HM?
IST DAS ALLES, WAS DU ZU SAGEN HAST?
MACHST DU DIR KEINE SORGEN UM SIE?
HA HA!
ICH MACH MIR MEHR SORGEN DARÜBER, OB SIE BEIM RUMLIEGEN VON MÜCKEN ZERSTOCHEN WERDEN.
ICH HAB GESAGT, SIE SOLLEN SICH NICHT EIN-MISCHEN.
ALSO ENTSCHUL-DIGE.
DANN HÄTTEST DU JA AUCH AN DER MAUER WARTEN KÖNNEN.

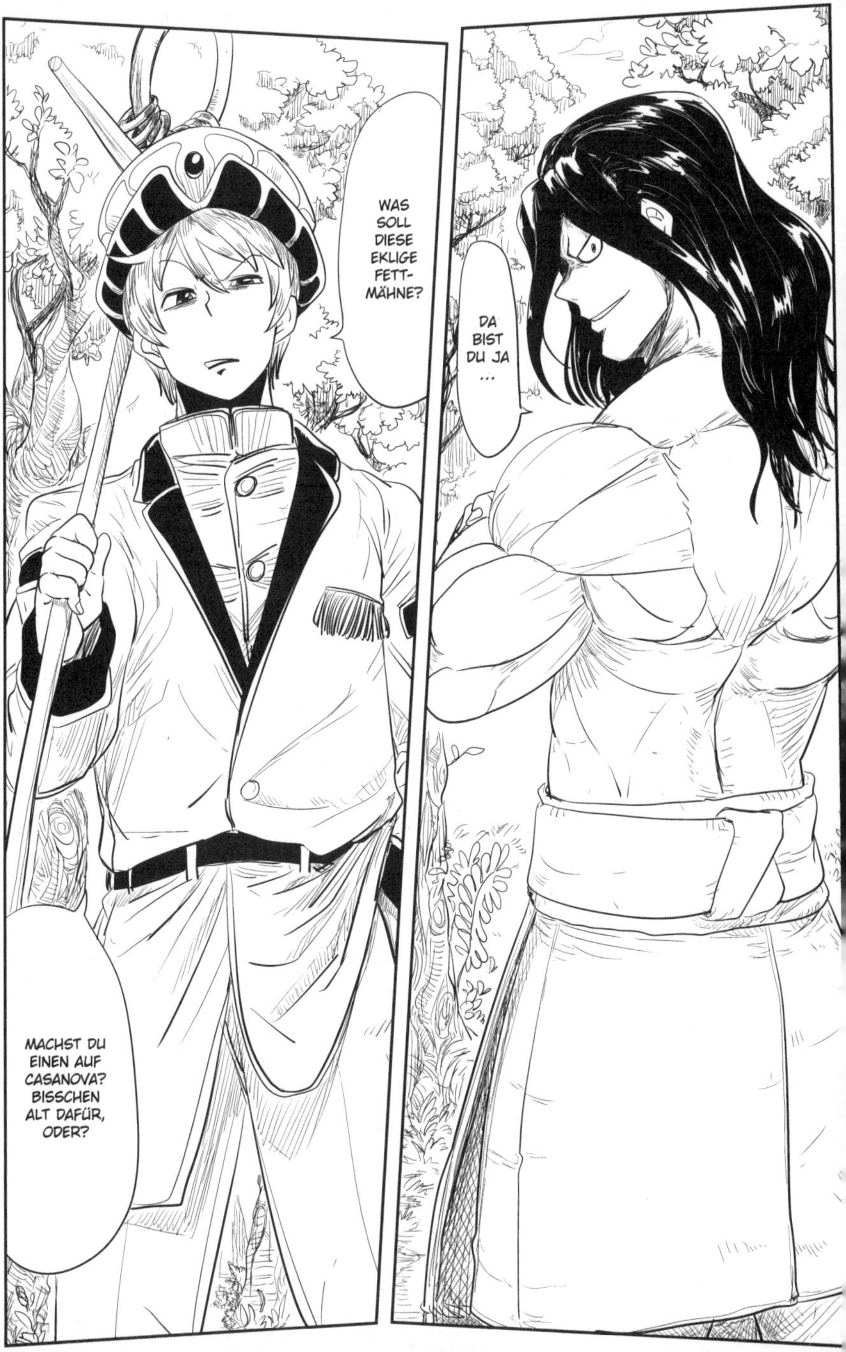
DA BIST DU JA …
WAS SOLL DIESE EKLIGE FETT-MÄHNE?
MACHST DU EINEN AUF CASANOVA? BISSCHEN ALT DAFÜR, ODER?

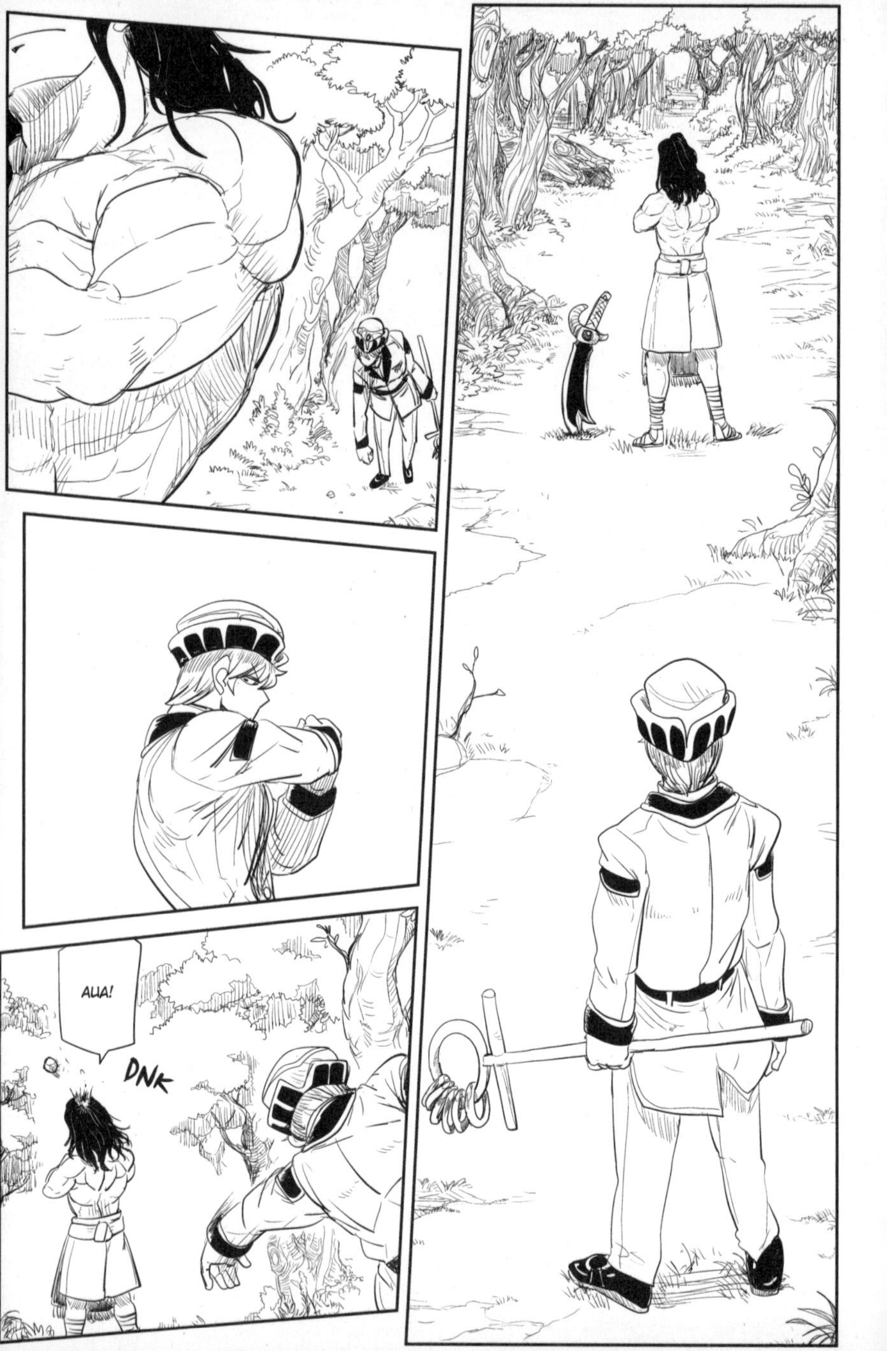
AUA!
DNK

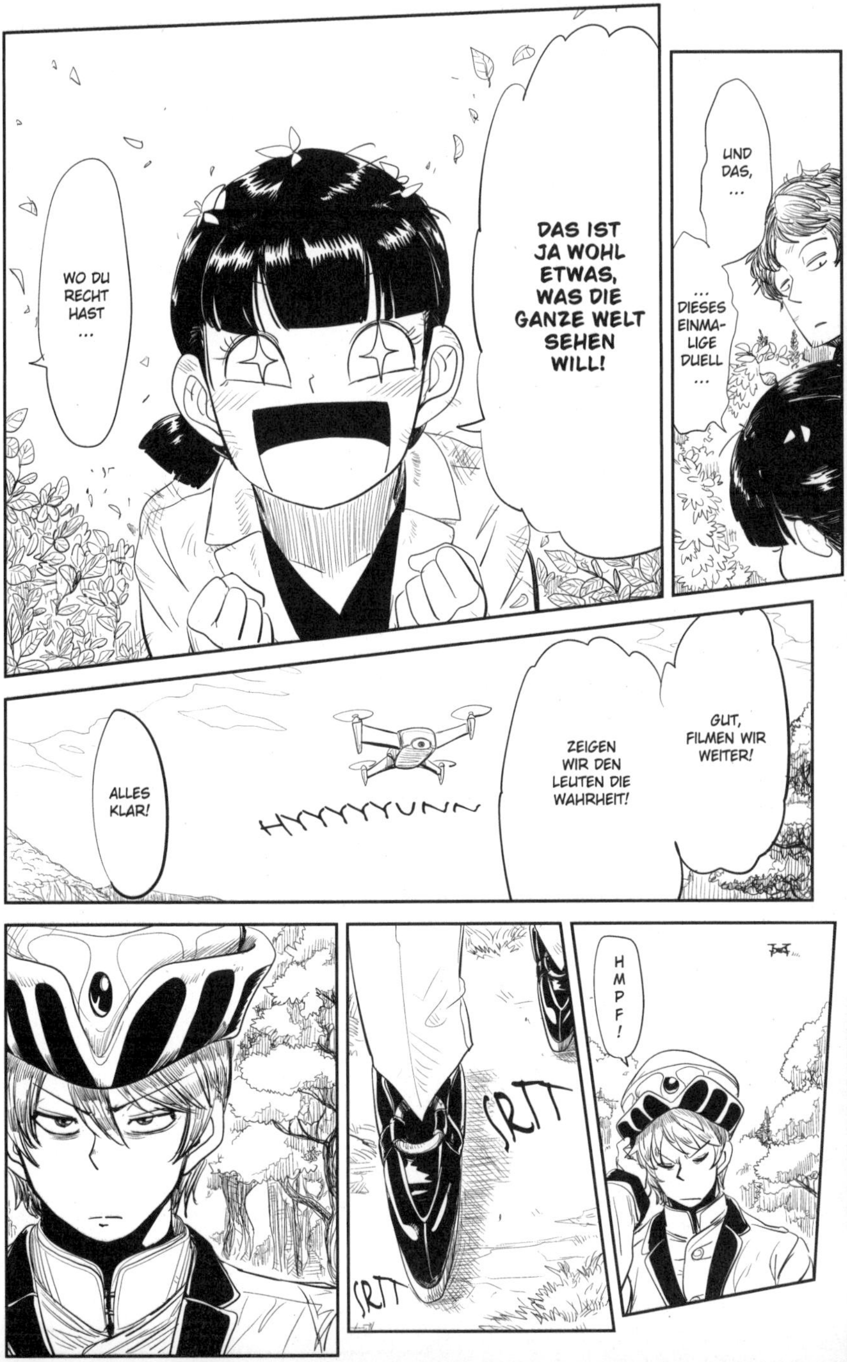
UND DAS, …
… DIESES EINMALIGE DUELL …
DAS IST JA WOHL ETWAS, WAS DIE GANZE WELT SEHEN WILL!
WO DU RECHT HAST …
GUT, FILMEN WIR WEITER!
ZEIGEN WIR DEN LEUTEN DIE WAHRHEIT!
HYYYYYUNN
ALLES KLAR!
HMPF!
SRTT
SRTT

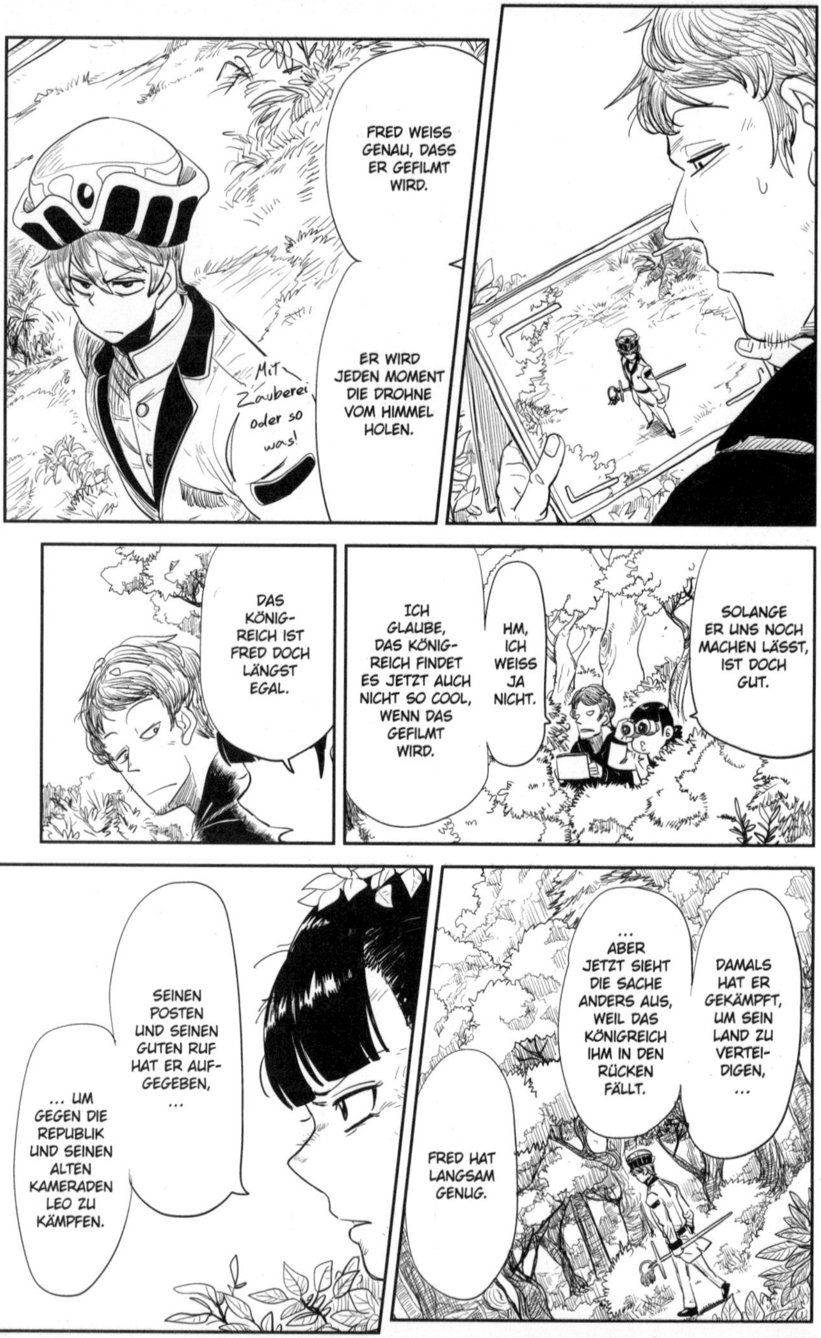
FRED WEISS GENAU, DASS ER GEFILMT WIRD.
ER WIRD JEDEN MOMENT DIE DROHNE VOM HIMMEL HOLEN.
Mit Zauberei oder so was!
SOLANGE ER UNS NOCH MACHEN LÄSST, IST DOCH GUT.
HM, ICH WEISS JA NICHT.
ICH GLAUBE, DAS KÖNIGREICH FINDET ES JETZT AUCH NICHT SO COOL, WENN DAS GEFILMT WIRD.
DAS KÖNIGREICH IST FRED DOCH LÄNGST EGAL.
DAMALS HAT ER GEKÄMPFT, UM SEIN LAND ZU VERTEIDIGEN, …
… ABER JETZT SIEHT DIE SACHE ANDERS AUS, WEIL DAS KÖNIGREICH IHM IN DEN RÜCKEN FÄLLT.
FRED HAT LANGSAM GENUG.
SEINEN POSTEN UND SEINEN GUTEN RUF HAT ER AUFGEGEBEN, …
… UM GEGEN DIE REPUBLIK UND SEINEN ALTEN KAMERADEN LEO ZU KÄMPFEN.

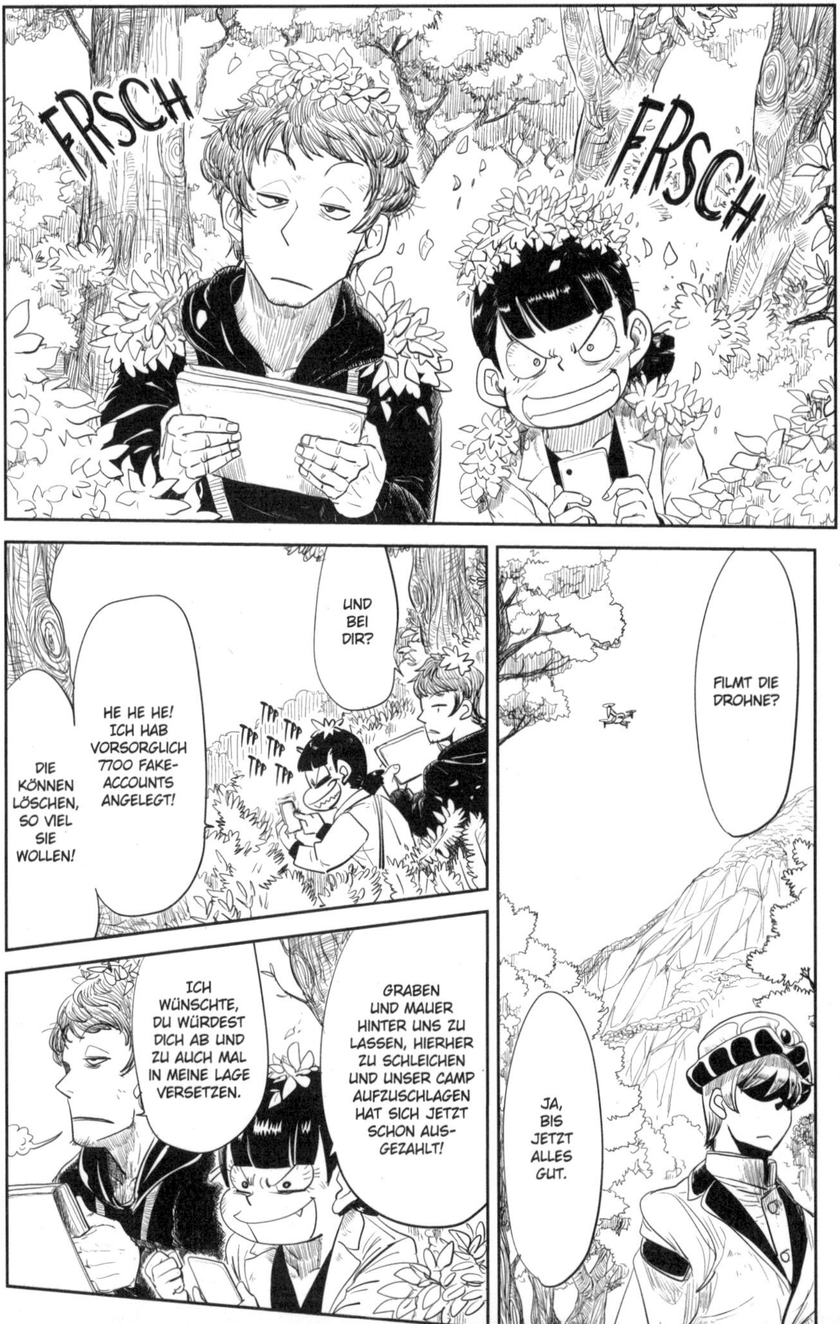
FRSCH
FRSCH
FILMT DIE DROHNE?
JA, BIS JETZT ALLES GUT.
UND BEI DIR?
HE HE HE! ICH HAB VORSORGLICH 7700 FAKE-ACCOUNTS ANGELEGT!
DIE KÖNNEN LÖSCHEN, SO VIEL SIE WOLLEN!
TPP TPP TPP TPP TPP TPP TPP
GRABEN UND MAUER HINTER UNS ZU LASSEN, HIERHER ZU SCHLEICHEN UND UNSER CAMP AUFZUSCHLAGEN HAT SICH JETZT SCHON AUS-GEZAHLT!
ICH WÜNSCHTE, DU WÜRDEST DICH AB UND ZU AUCH MAL IN MEINE LAGE VERSETZEN.

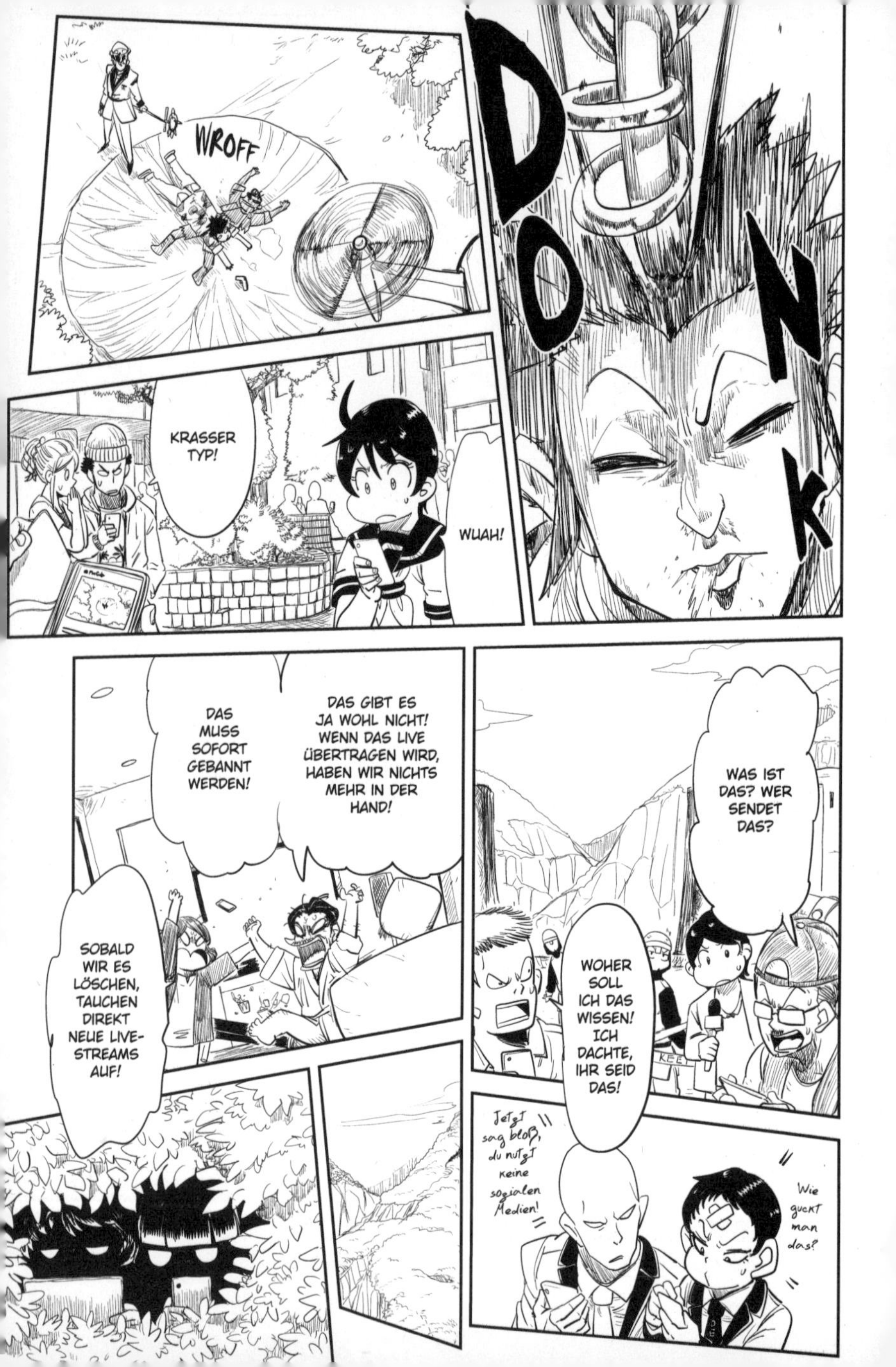
DONK
WROFF
WUAH!
KRASSER TYP!
WAS IST DAS? WER SENDET DAS?
WOHER SOLL ICH DAS WISSEN! ICH DACHTE, IHR SEID DAS!
DAS GIBT ES JA WOHL NICHT! WENN DAS LIVE ÜBERTRAGEN WIRD, HABEN WIR NICHTS MEHR IN DER HAND!
DAS MUSS SOFORT GEBANNT WERDEN!
SOBALD WIR ES LÖSCHEN, TAUCHEN DIREKT NEUE LIVE-STREAMS AUF!
Wie guckt man das?
Jetzt sag bloß, du nutzt keine sozialen Medien!

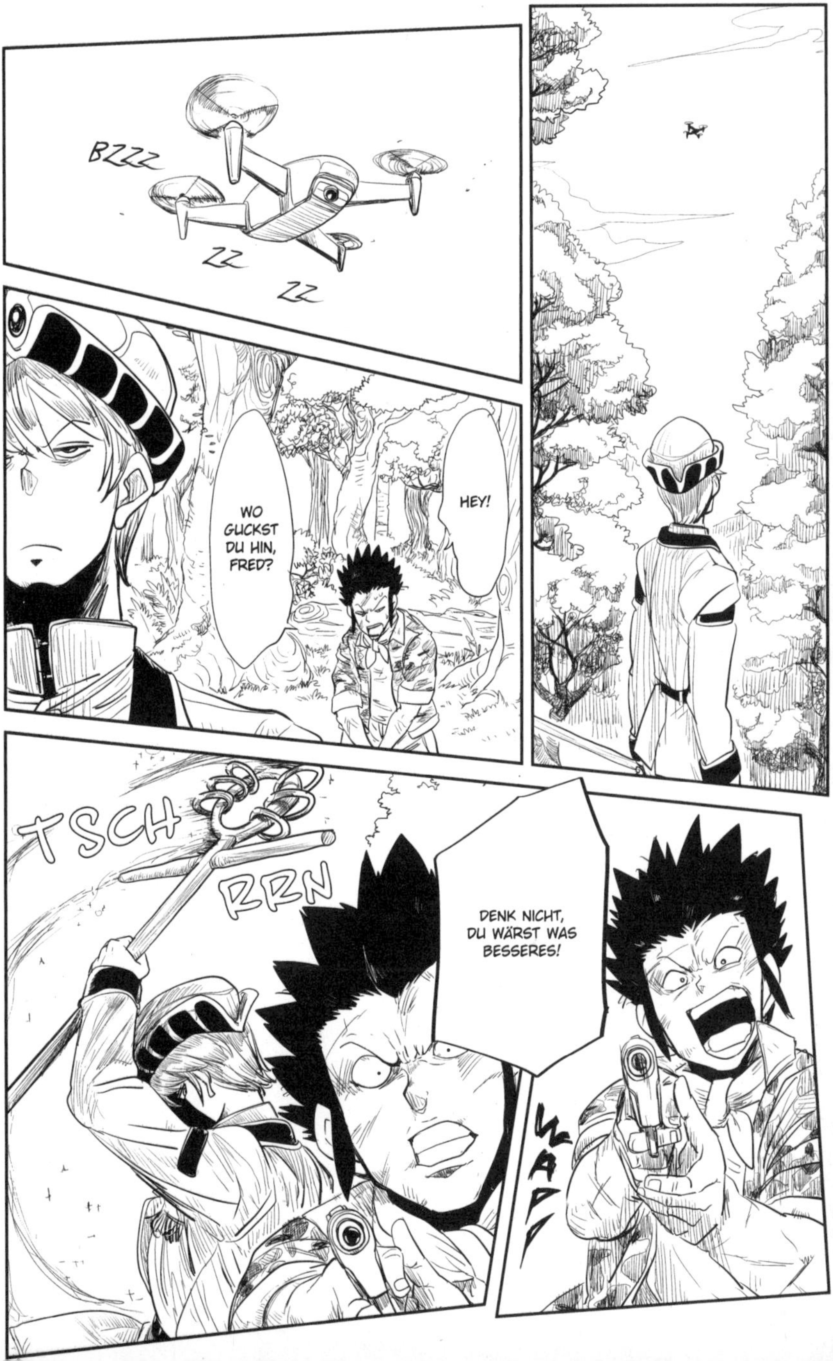
BZZZ
ZZ
ZZ
HEY!
WO GUCKST DU HIN, FRED?
TSCH
RRN
DENK NICHT, DU WÄRST WAS BESSERES!

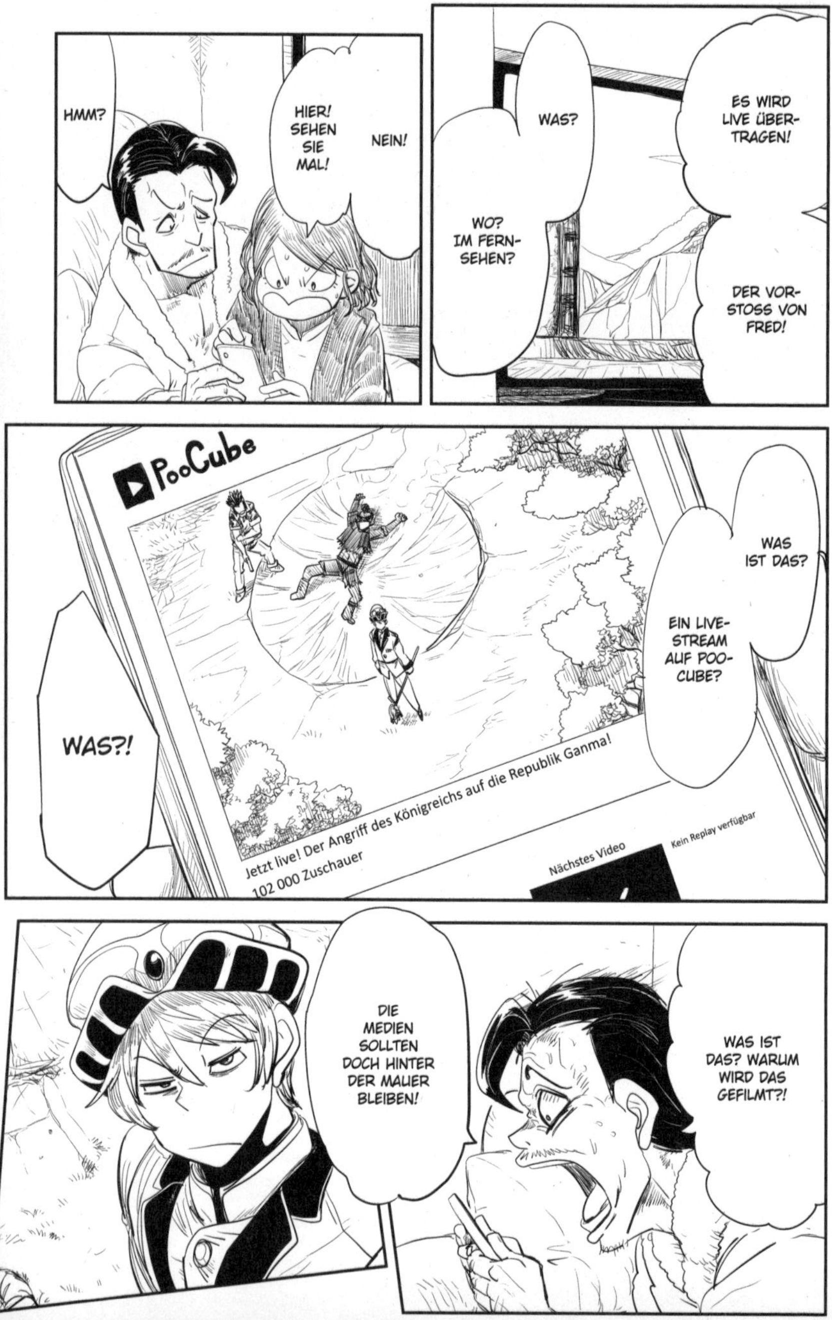
HMM?
HIER! SEHEN SIE MAL!
NEIN!
WAS?
WO? IM FERNSEHEN?
ES WIRD LIVE ÜBERTRAGEN!
DER VORSTOSS VON FRED!
PooCube
Jetzt live! Der Angriff des Königreichs auf die Republik Ganma!
102 000 Zuschauer
Nächstes Video
Kein Replay verfügbar
WAS IST DAS?
EIN LIVESTREAM AUF POOCUBE?
WAS?!
WAS IST DAS? WARUM WIRD DAS GEFILMT?!
DIE MEDIEN SOLLTEN DOCH HINTER DER MAUER BLEIBEN!

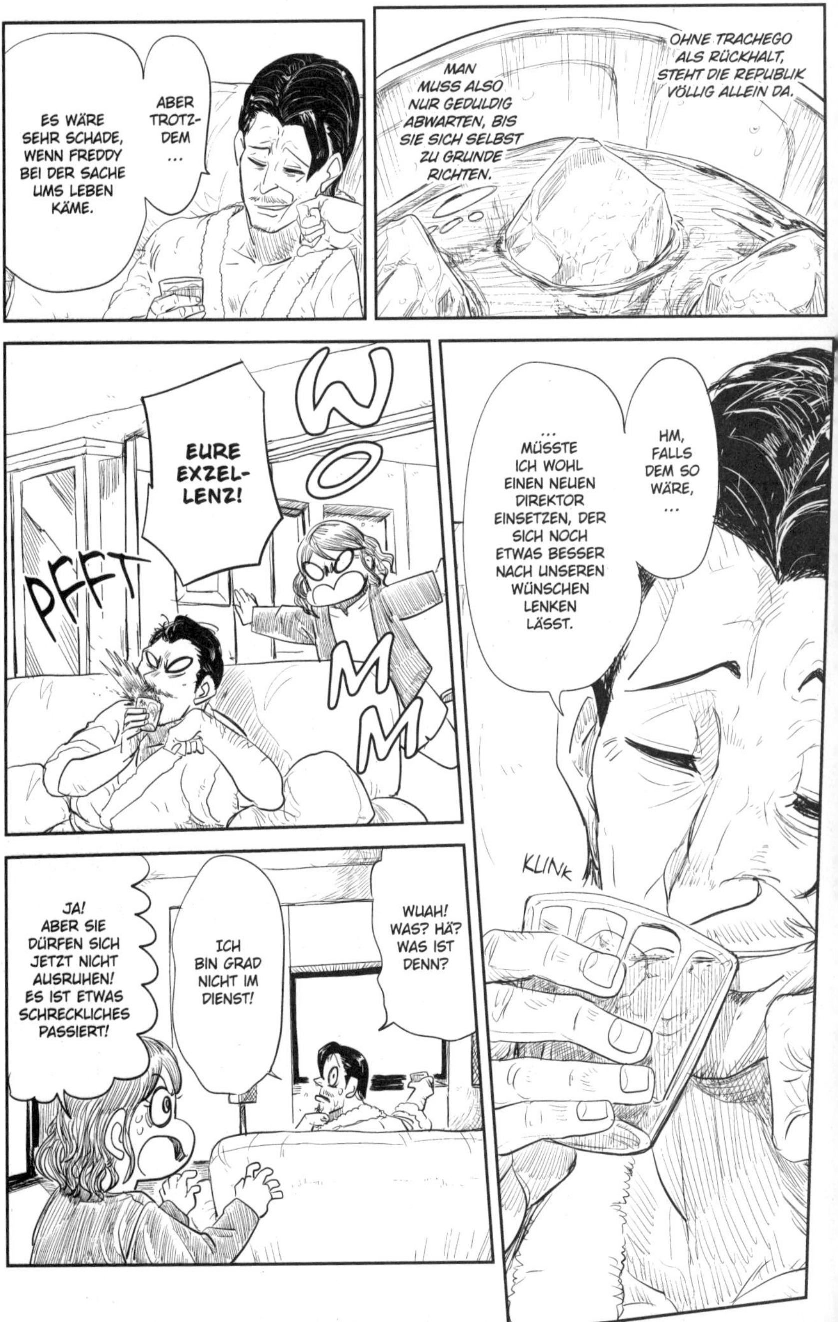

ES WÄRE SEHR SCHADE, WENN FREDDY BEI DER SACHE UMS LEBEN KÄME.
ABER TROTZDEM ...
MAN MUSS ALSO NUR GEDULDIG ABWARTEN, BIS SIE SICH SELBST ZU GRUNDE RICHTEN.
OHNE TRACHEGO ALS RÜCKHALT, STEHT DIE REPUBLIK VÖLLIG ALLEIN DA.
HM, FALLS DEM SO WÄRE, ...
... MÜSSTE ICH WOHL EINEN NEUEN DIREKTOR EINSETZEN, DER SICH NOCH ETWAS BESSER NACH UNSEREN WÜNSCHEN LENKEN LÄSST.
KLINK
WOMM
EURE EXZELLENZ!
PFFT
WUAH! WAS? HÄ? WAS IST DENN?
ICH BIN GRAD NICHT IM DIENST!
JA! ABER SIE DÜRFEN SICH JETZT NICHT AUSRUHEN! ES IST ETWAS SCHRECKLICHES PASSIERT!

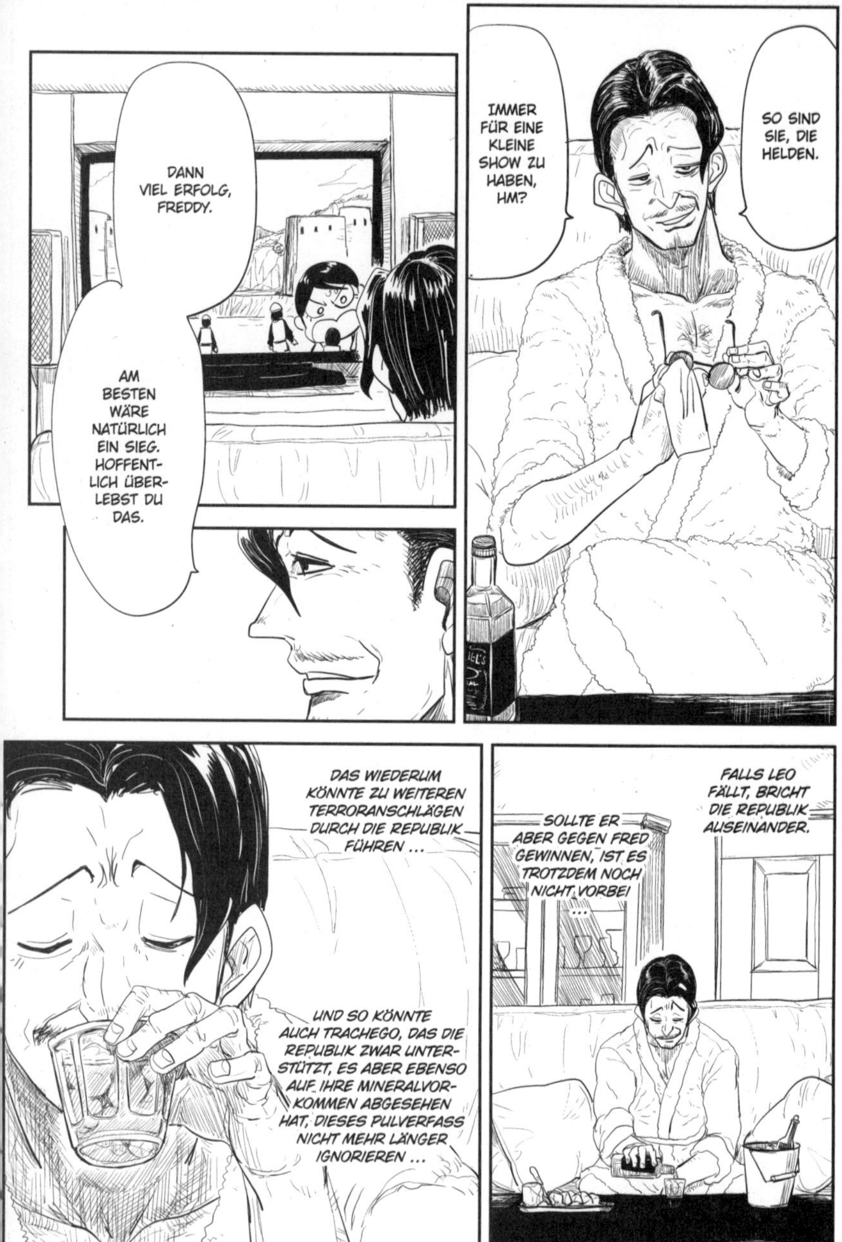

SO SIND SIE, DIE HELDEN.
IMMER FÜR EINE KLEINE SHOW ZU HABEN, HM?
DANN VIEL ERFOLG, FREDDY.
AM BESTEN WÄRE NATÜRLICH EIN SIEG. HOFFENTLICH ÜBERLEBST DU DAS.
FALLS LEO FÄLLT, BRICHT DIE REPUBLIK AUSEINANDER.
SOLLTE ER ABER GEGEN FRED GEWINNEN, IST ES TROTZDEM NOCH NICHT VORBEI …
DAS WIEDERUM KÖNNTE ZU WEITEREN TERRORANSCHLÄGEN DURCH DIE REPUBLIK FÜHREN …
UND SO KÖNNTE AUCH TRACHEGO, DAS DIE REPUBLIK ZWAR UNTERSTÜTZT, ES ABER EBENSO AUF IHRE MINERALVORKOMMEN ABGESEHEN HAT, DIESES PULVERFASS NICHT MEHR LÄNGER IGNORIEREN …

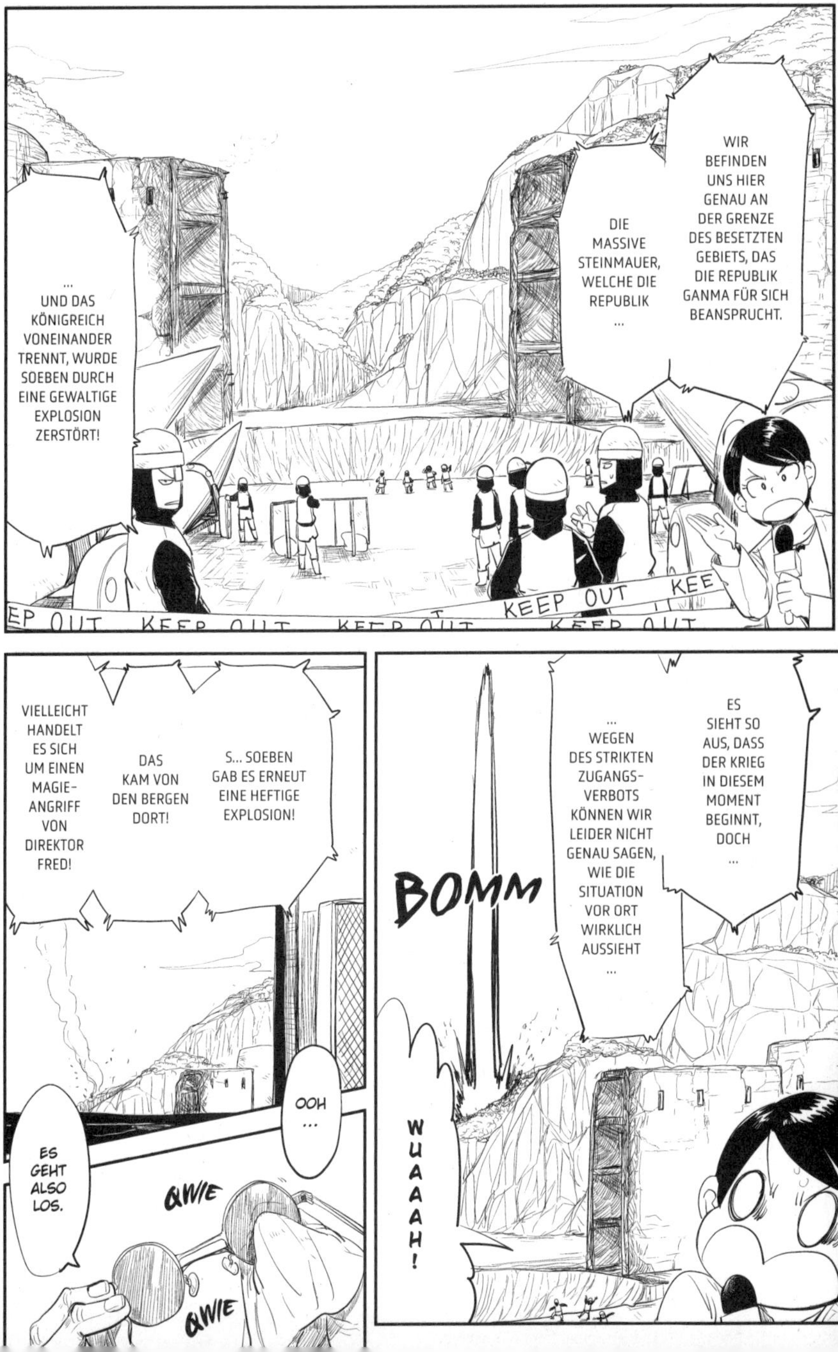
WIR BEFINDEN UNS HIER GENAU AN DER GRENZE DES BESETZTEN GEBIETS, DAS DIE REPUBLIK GANMA FÜR SICH BEANSPRUCHT.
DIE MASSIVE STEINMAUER, WELCHE DIE REPUBLIK ...
... UND DAS KÖNIGREICH VONEINANDER TRENNT, WURDE SOEBEN DURCH EINE GEWALTIGE EXPLOSION ZERSTÖRT!
KEEP OUT
ES SIEHT SO AUS, DASS DER KRIEG IN DIESEM MOMENT BEGINNT, DOCH ...
... WEGEN DES STRIKTEN ZUGANGS-VERBOTS KÖNNEN WIR LEIDER NICHT GENAU SAGEN, WIE DIE SITUATION VOR ORT WIRKLICH AUSSIEHT ...
BOMM
WUAAAAH!
S... SOEBEN GAB ES ERNEUT EINE HEFTIGE EXPLOSION!
DAS KAM VON DEN BERGEN DORT!
VIELLEICHT HANDELT ES SICH UM EINEN MAGIE-ANGRIFF VON DIREKTOR FRED!
OOH ...
ES GEHT ALSO LOS.
QWIE
QWIE

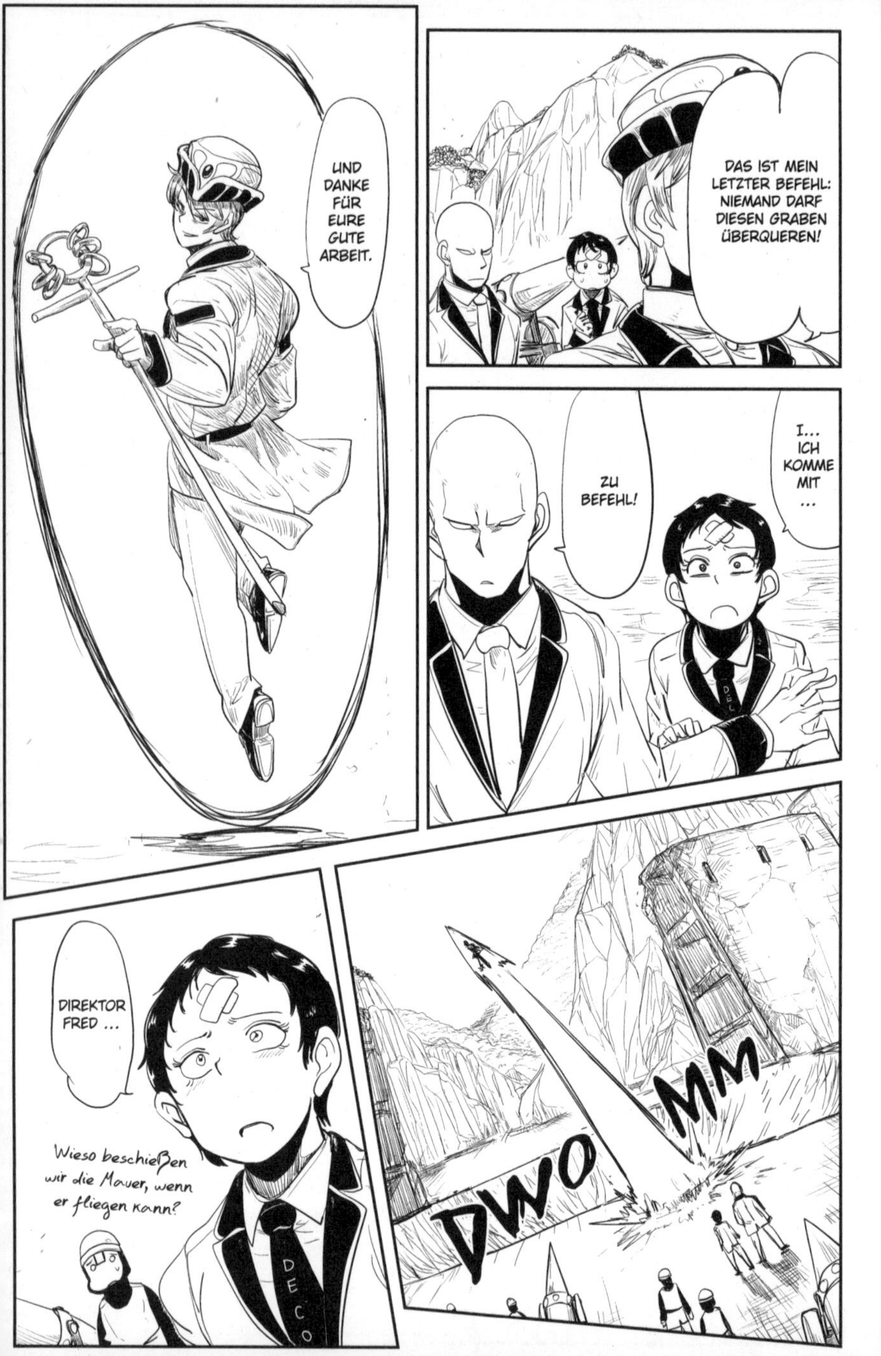
DAS IST MEIN LETZTER BEFEHL: NIEMAND DARF DIESEN GRABEN ÜBERQUEREN!
I… ICH KOMME MIT …
ZU BEFEHL!
UND DANKE FÜR EURE GUTE ARBEIT.
DWOMM
DIREKTOR FRED …
Wieso beschießen wir die Mauer, wenn er fliegen kann?

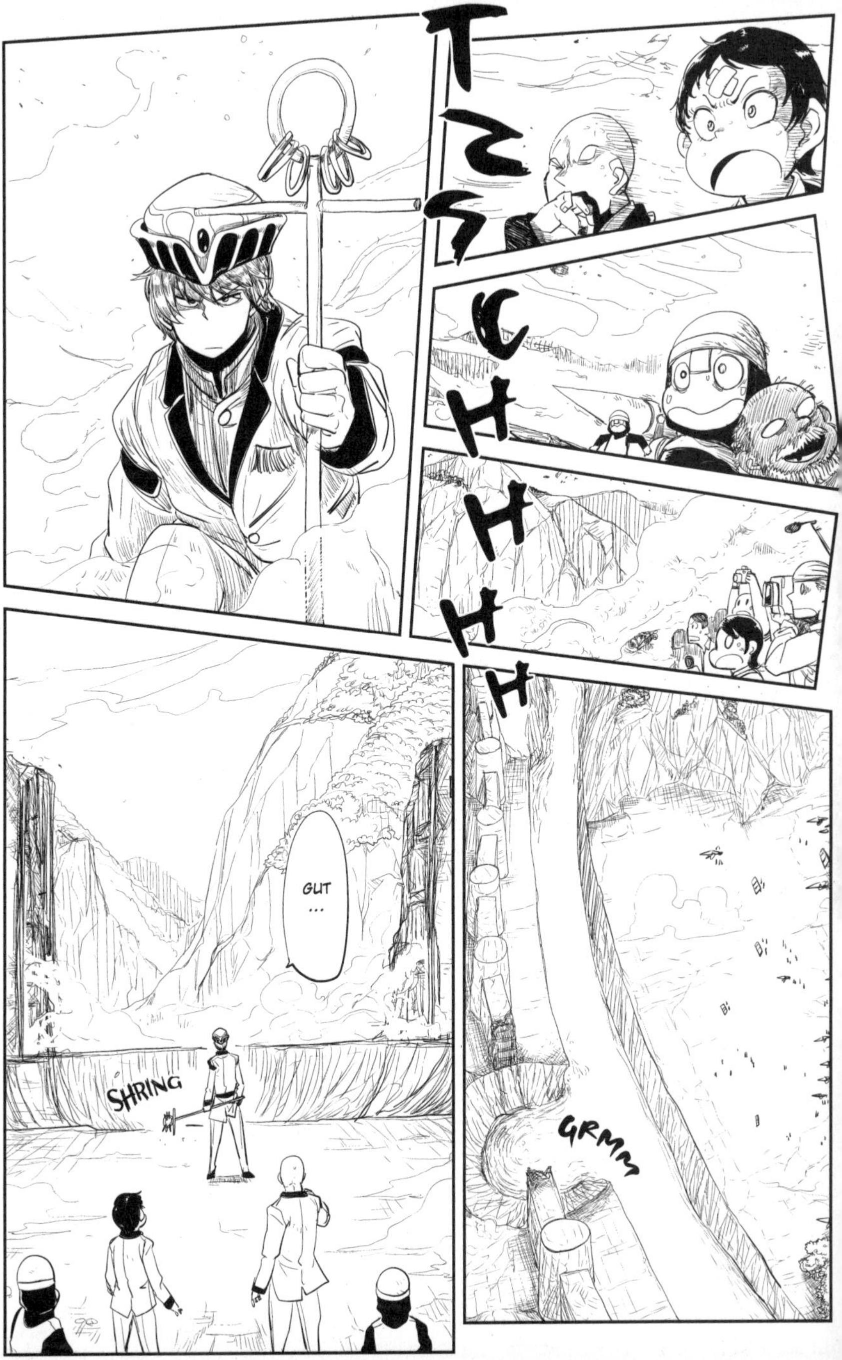
GUT
...
SHRING
GRMM

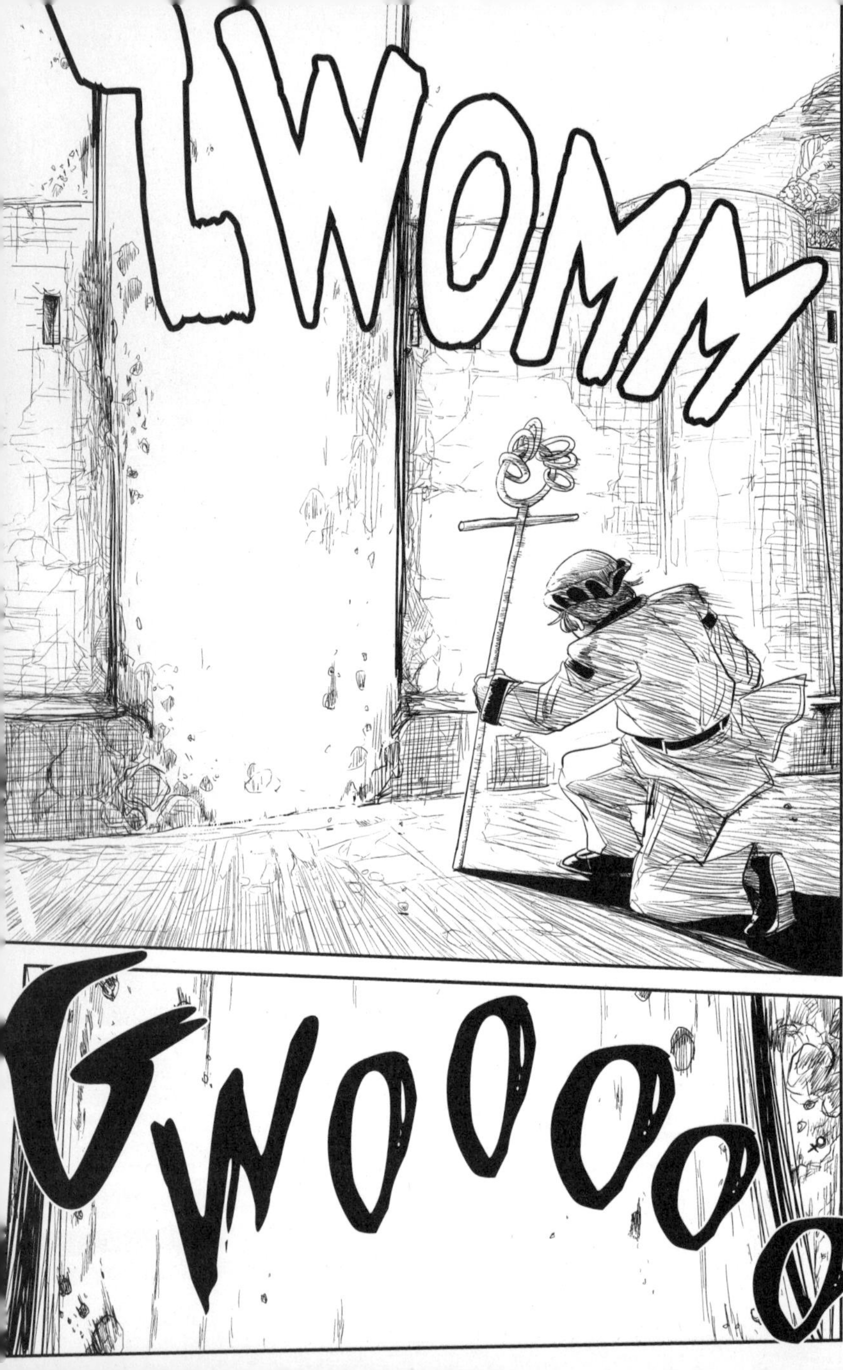
LWOMM
GWOOOOO

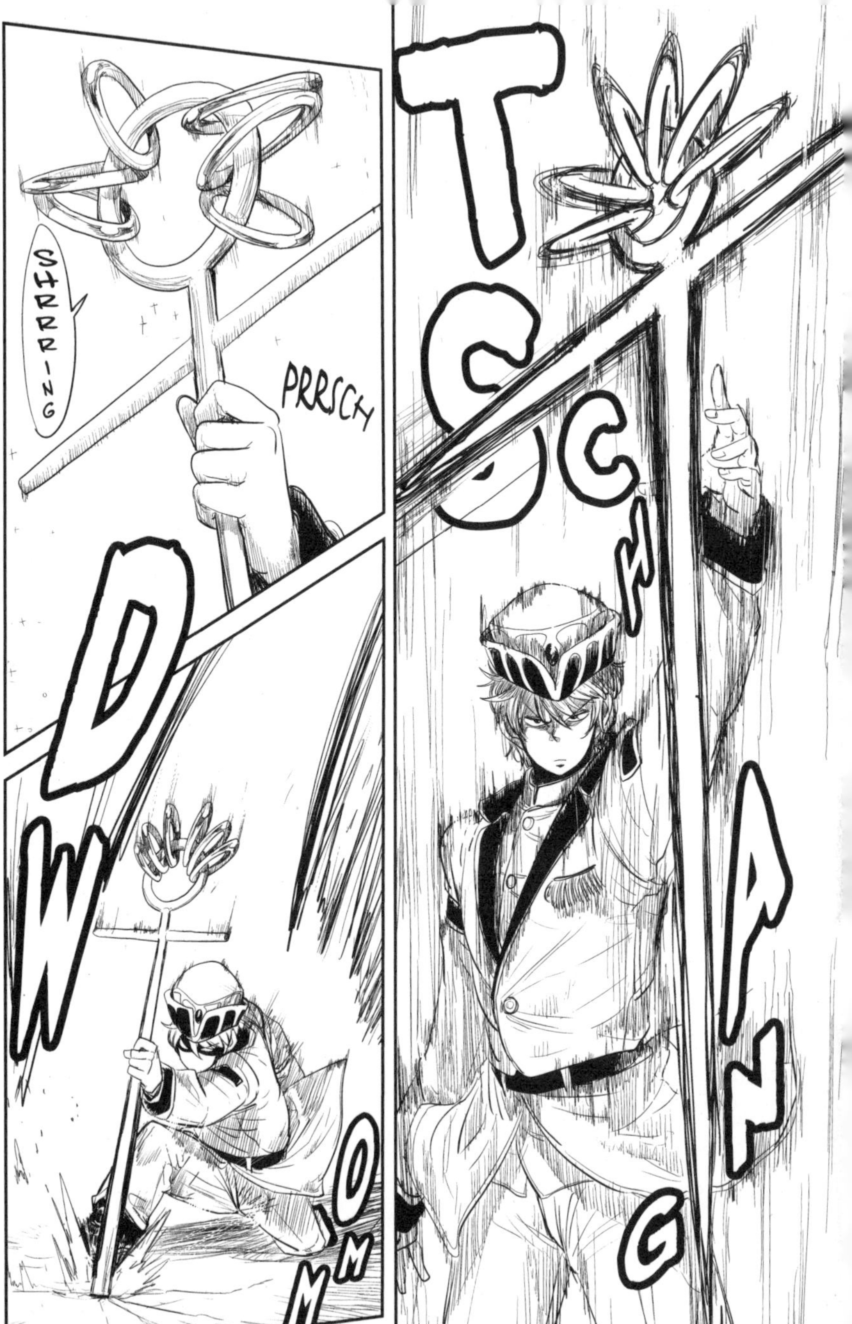
SHRRRING
PRRSCH
DWOOMM
TSCHAPANG

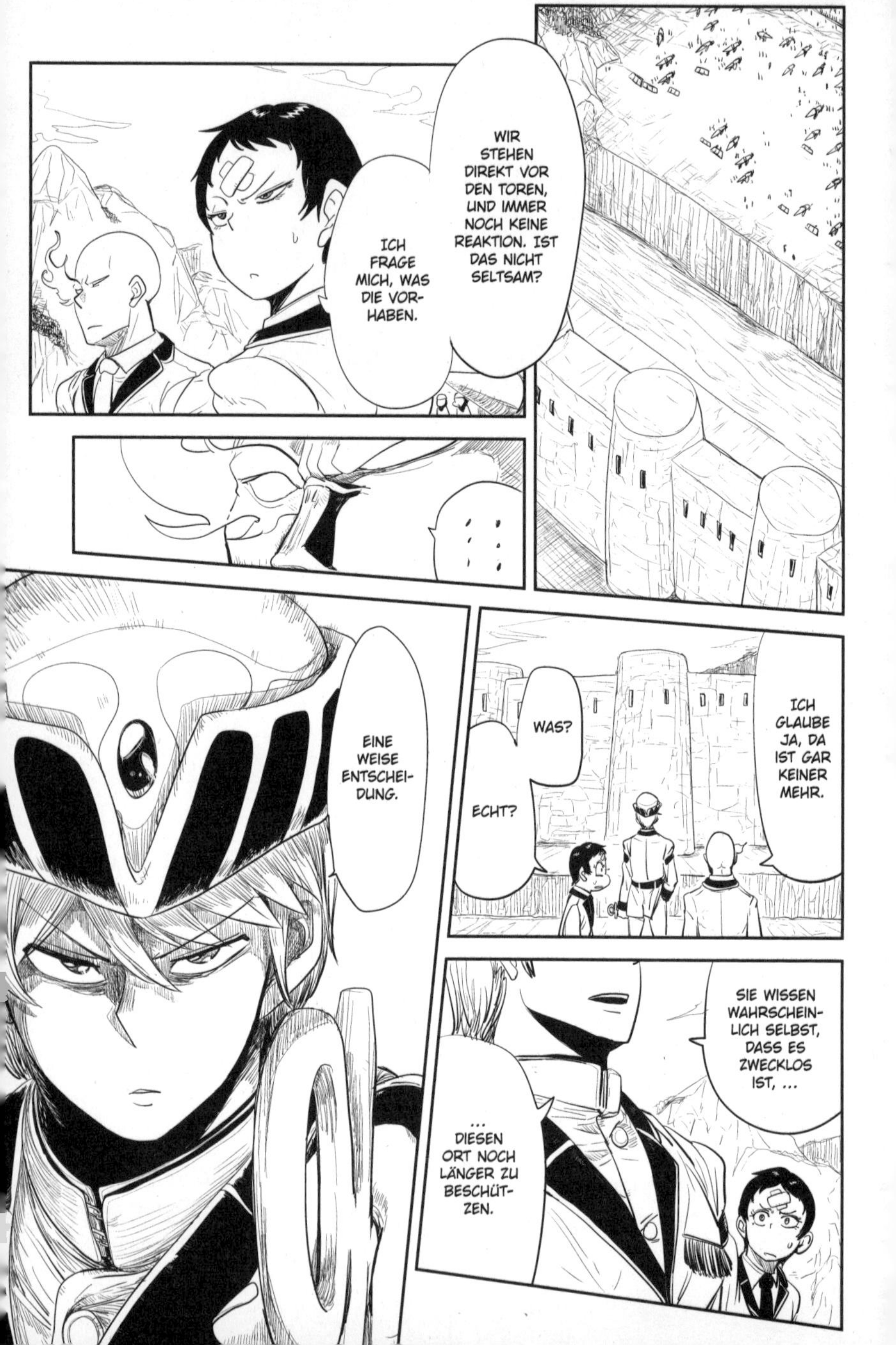
WIR STEHEN DIREKT VOR DEN TOREN, UND IMMER NOCH KEINE REAKTION. IST DAS NICHT SELTSAM?
ICH FRAGE MICH, WAS DIE VOR-HABEN.
ICH GLAUBE JA, DA IST GAR KEINER MEHR.
WAS?
ECHT?
EINE WEISE ENTSCHEI-DUNG.
SIE WISSEN WAHRSCHEIN-LICH SELBST, DASS ES ZWECKLOS IST, ...
... DIESEN ORT NOCH LÄNGER ZU BESCHÜT-ZEN.

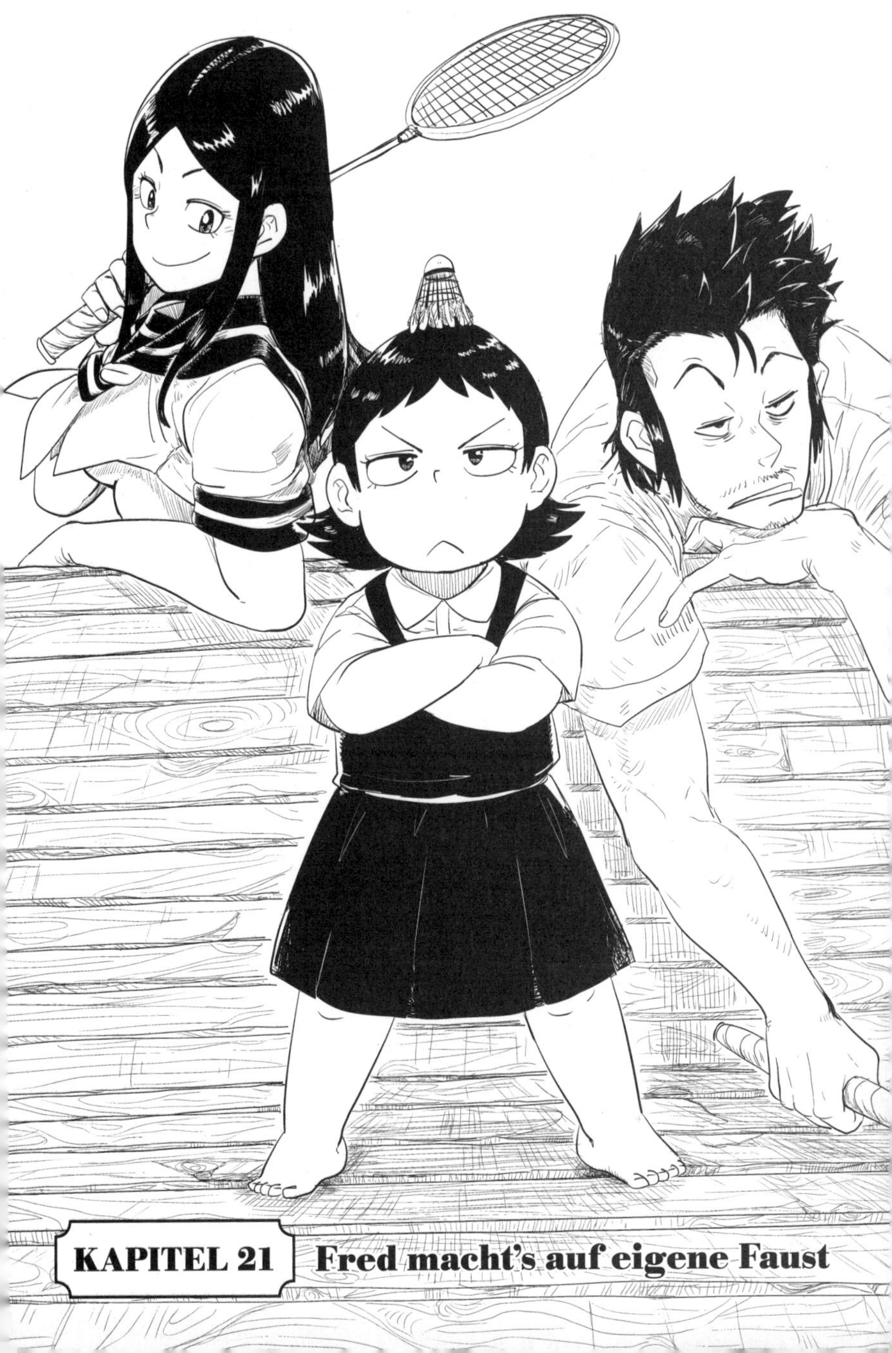

KAPITEL 21 Fred macht's auf eigene Faust

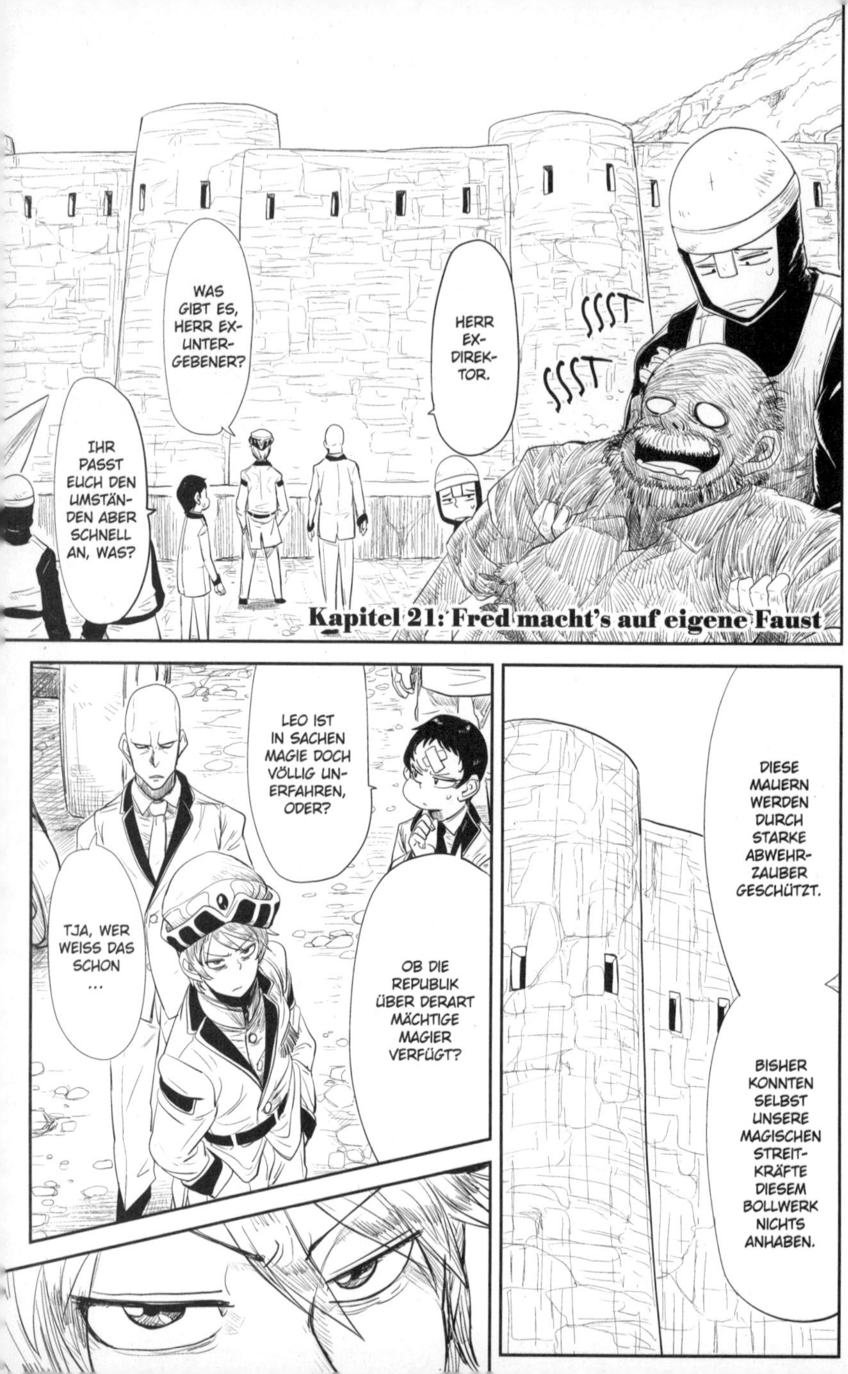

Herr Ex-Direktor.
SSST
SSST
Was gibt es, Herr Ex-Untergebener?
Ihr passt euch den Umständen aber schnell an, was?
Kapitel 21: Fred macht's auf eigene Faust
Diese Mauern werden durch starke Abwehrzauber geschützt.
Bisher konnten selbst unsere magischen Streitkräfte diesem Bollwerk nichts anhaben.
Leo ist in Sachen Magie doch völlig unerfahren, oder?
Ob die Republik über derart mächtige Magier verfügt?
Tja, wer weiss das schon …

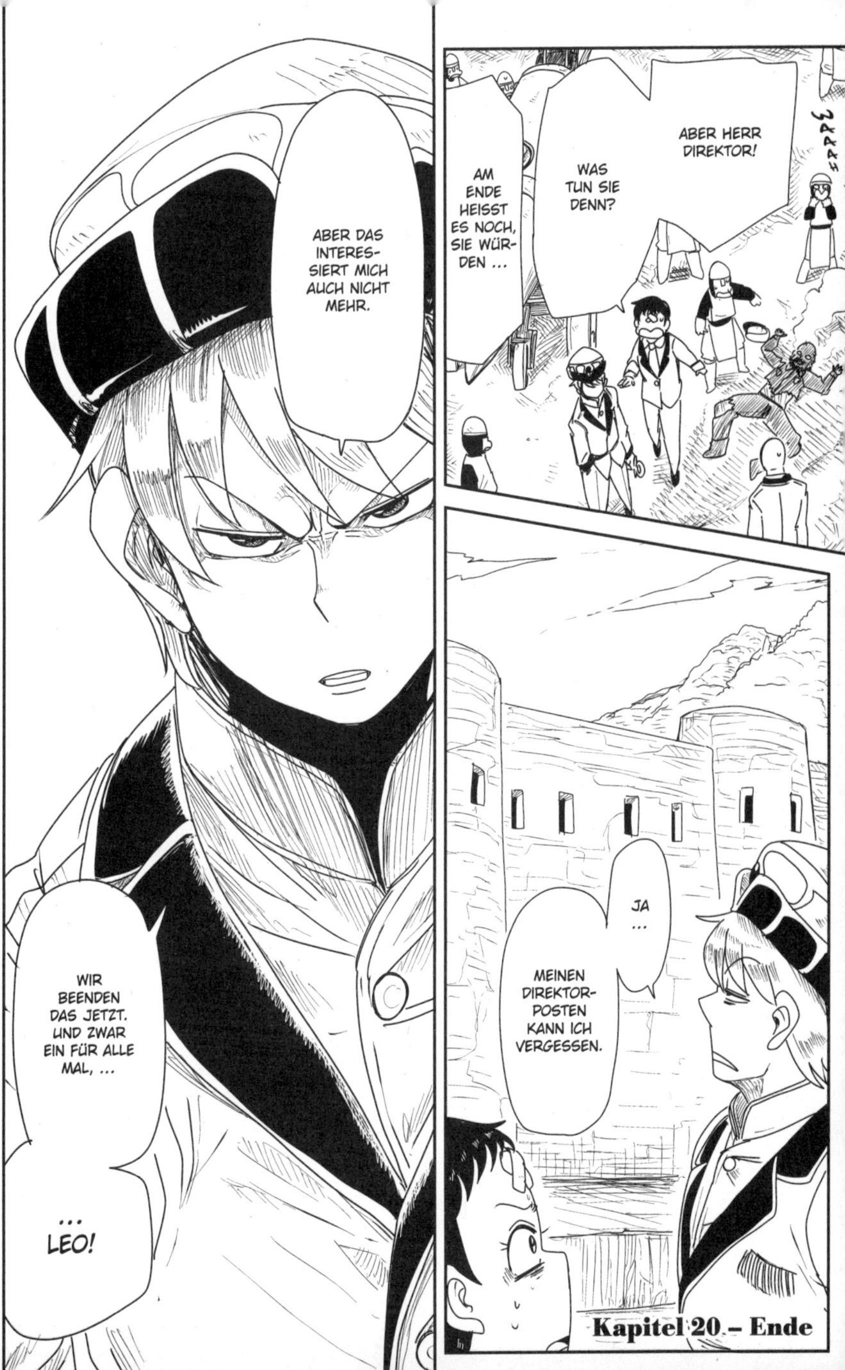
ABER HERR DIREKTOR!
WAS TUN SIE DENN?
AM ENDE HEISST ES NOCH, SIE WÜRDEN ...
ABER DAS INTERES-SIERT MICH AUCH NICHT MEHR.
WIR BEENDEN DAS JETZT. UND ZWAR EIN FÜR ALLE MAL, ...
... LEO!
JA ...
MEINEN DIREKTOR-POSTEN KANN ICH VERGESSEN.
Kapitel 20 – Ende

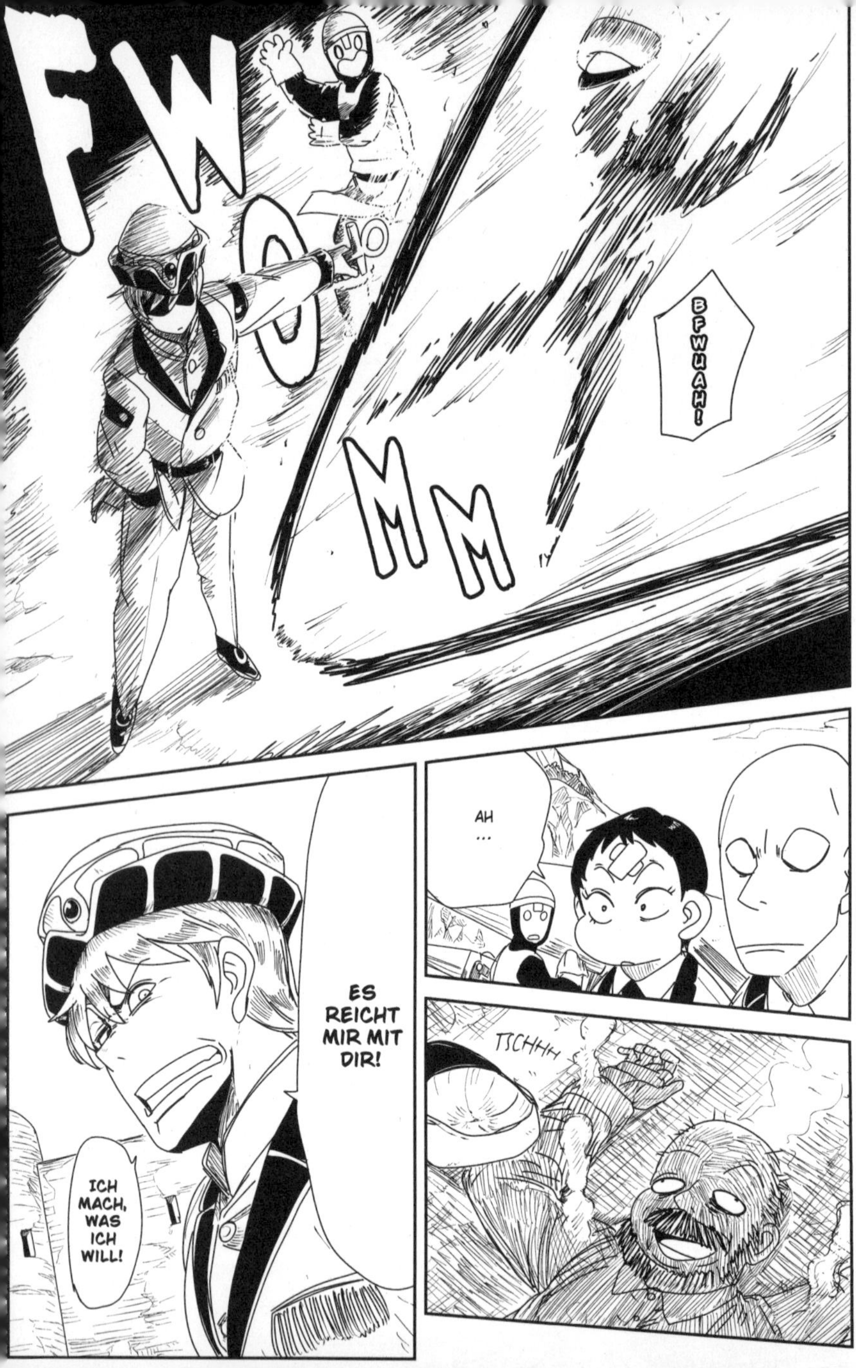
FWOOMM
BFWUAH!
AH ...
TSCHHH
ES REICHT MIR MIT DIR!
ICH MACH, WAS ICH WILL!

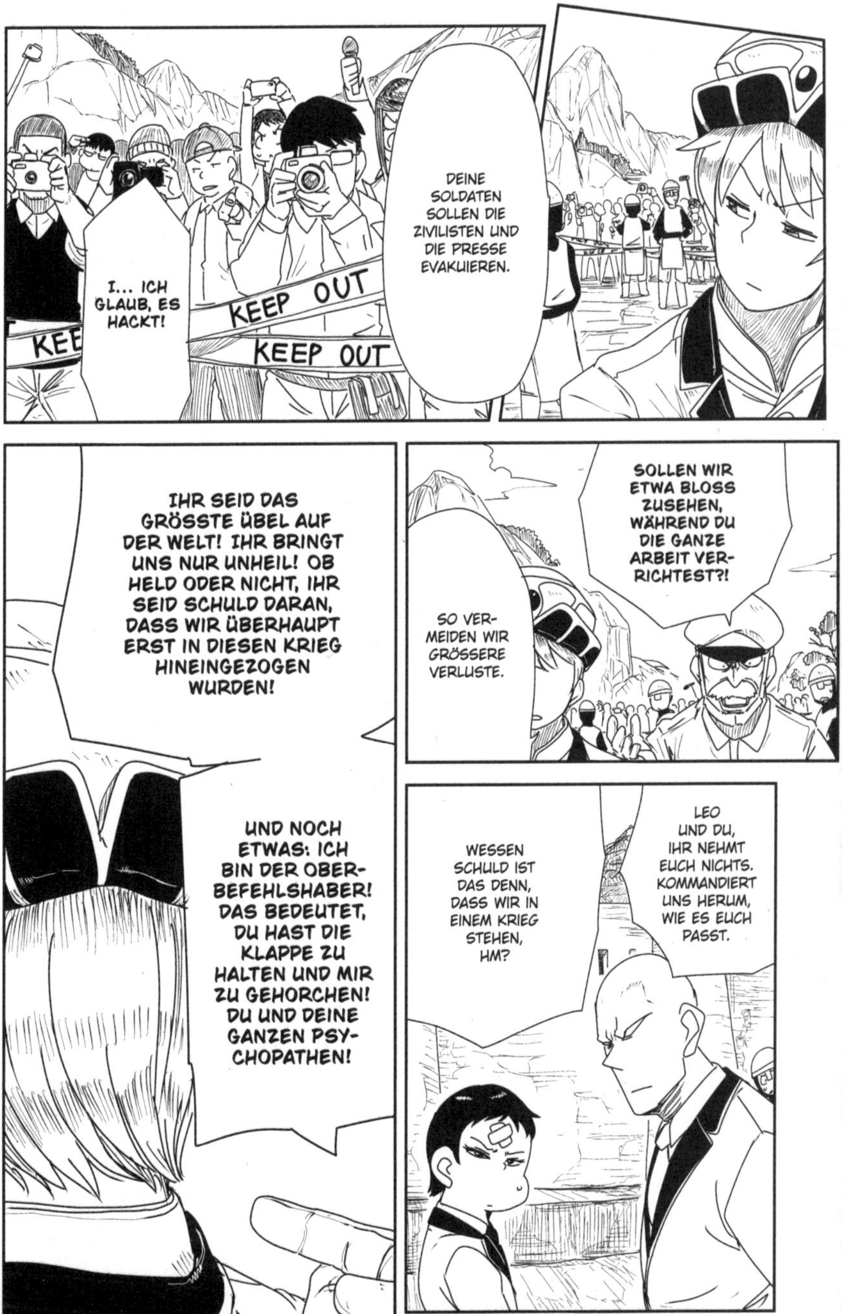

DEINE SOLDATEN SOLLEN DIE ZIVILISTEN UND DIE PRESSE EVAKUIEREN.
I... ICH GLAUB, ES HACKT!
KEEP OUT
KEEP OUT
SOLLEN WIR ETWA BLOSS ZUSEHEN, WÄHREND DU DIE GANZE ARBEIT VERRICHTEST?!
SO VERMEIDEN WIR GRÖSSERE VERLUSTE.
LEO UND DU, IHR NEHMT EUCH NICHTS. KOMMANDIERT UNS HERUM, WIE ES EUCH PASST.
WESSEN SCHULD IST DAS DENN, DASS WIR IN EINEM KRIEG STEHEN, HM?
IHR SEID DAS GRÖSSTE ÜBEL AUF DER WELT! IHR BRINGT UNS NUR UNHEIL! OB HELD ODER NICHT, IHR SEID SCHULD DARAN, DASS WIR ÜBERHAUPT ERST IN DIESEN KRIEG HINEINGEZOGEN WURDEN!
UND NOCH ETWAS: ICH BIN DER OBERBEFEHLSHABER! DAS BEDEUTET, DU HAST DIE KLAPPE ZU HALTEN UND MIR ZU GEHORCHEN! DU UND DEINE GANZEN PSYCHOPATHEN!

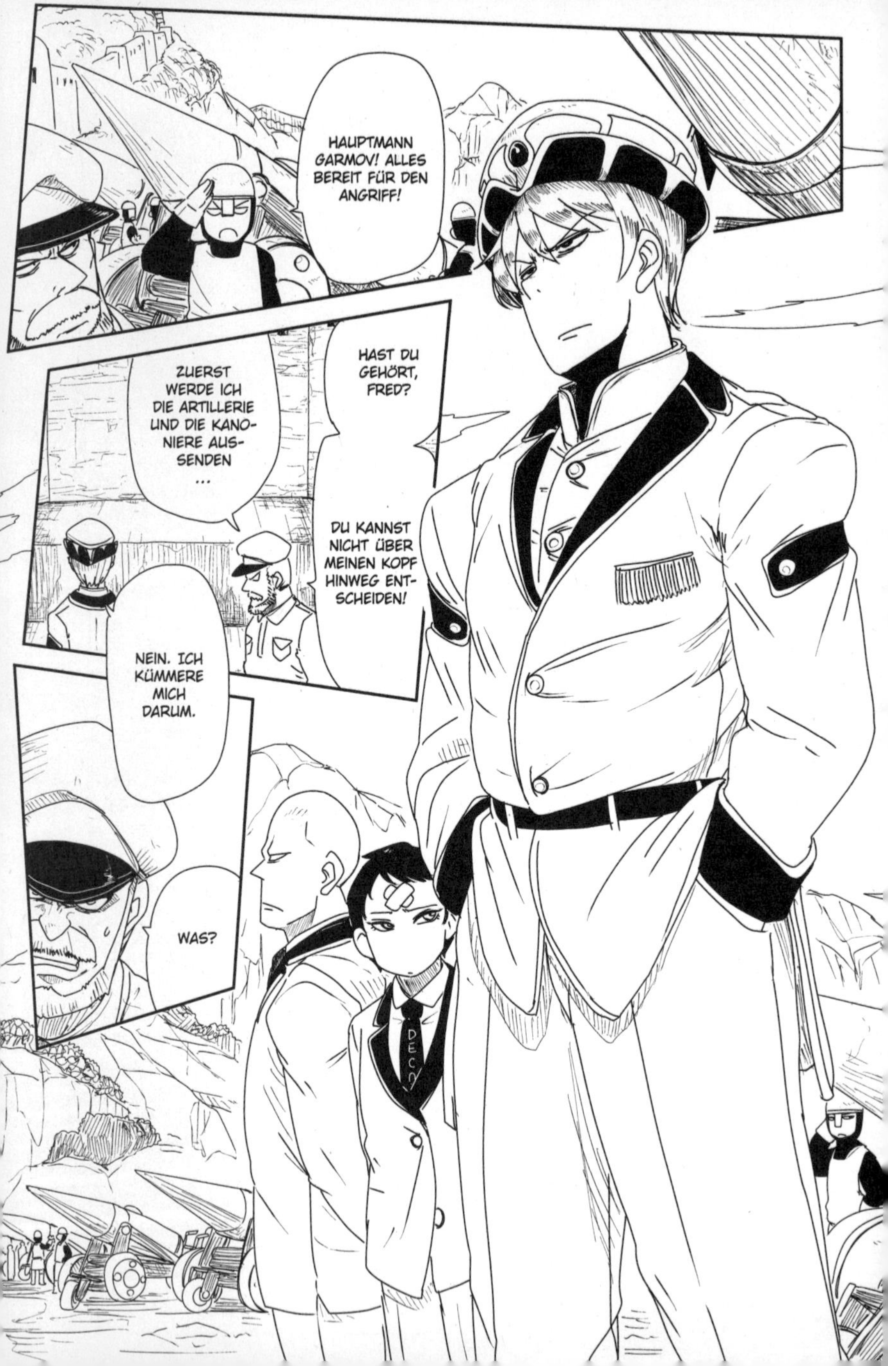
HAUPTMANN GARMOV! ALLES BEREIT FÜR DEN ANGRIFF!
HAST DU GEHÖRT, FRED?
ZUERST WERDE ICH DIE ARTILLERIE UND DIE KANONIERE AUSSENDEN ...
DU KANNST NICHT ÜBER MEINEN KOPF HINWEG ENTSCHEIDEN!
NEIN. ICH KÜMMERE MICH DARUM.
WAS?

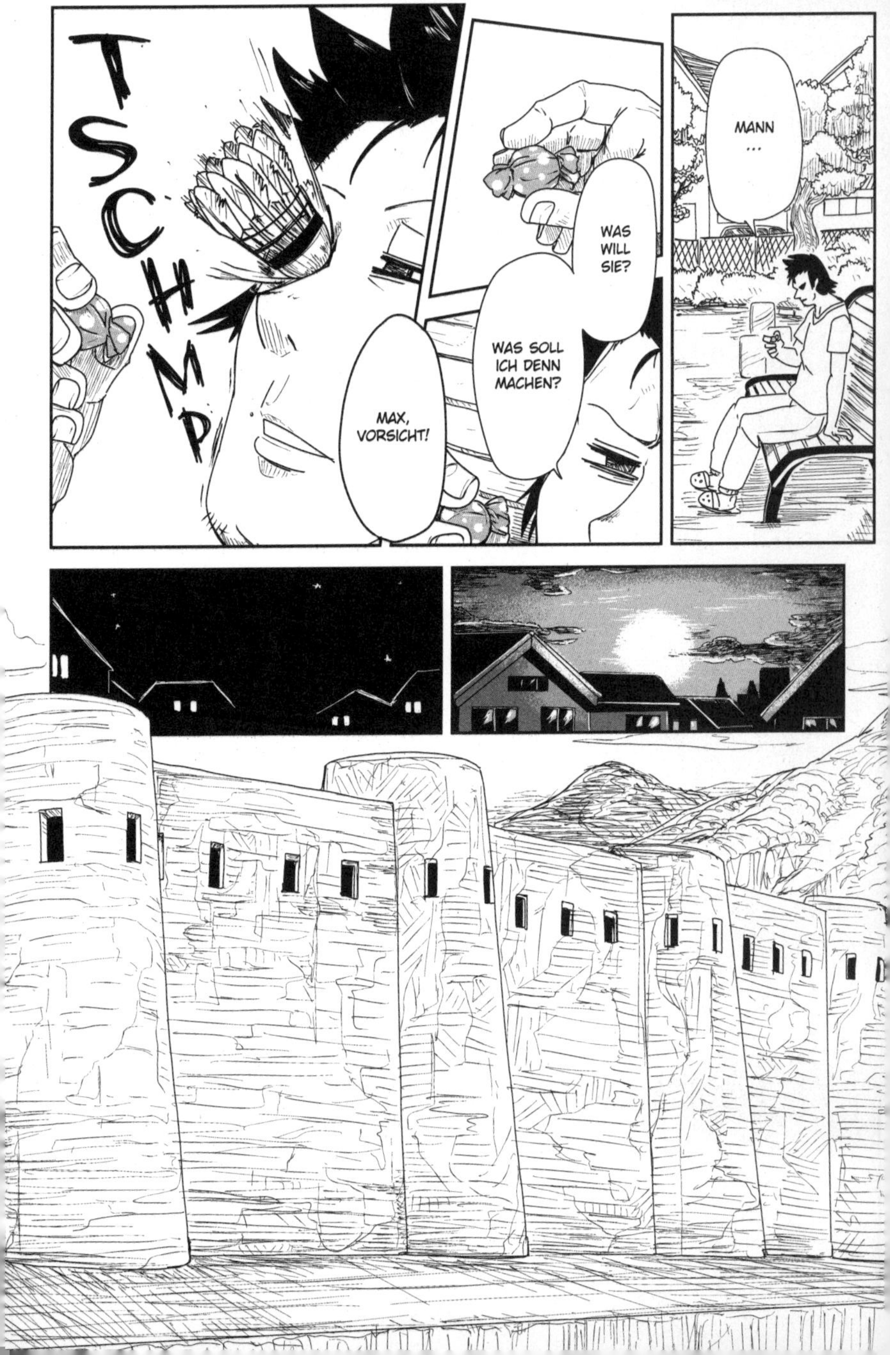
MANN ...
WAS WILL SIE?
WAS SOLL ICH DENN MACHEN?
MAX, VORSICHT!
TSCHMP

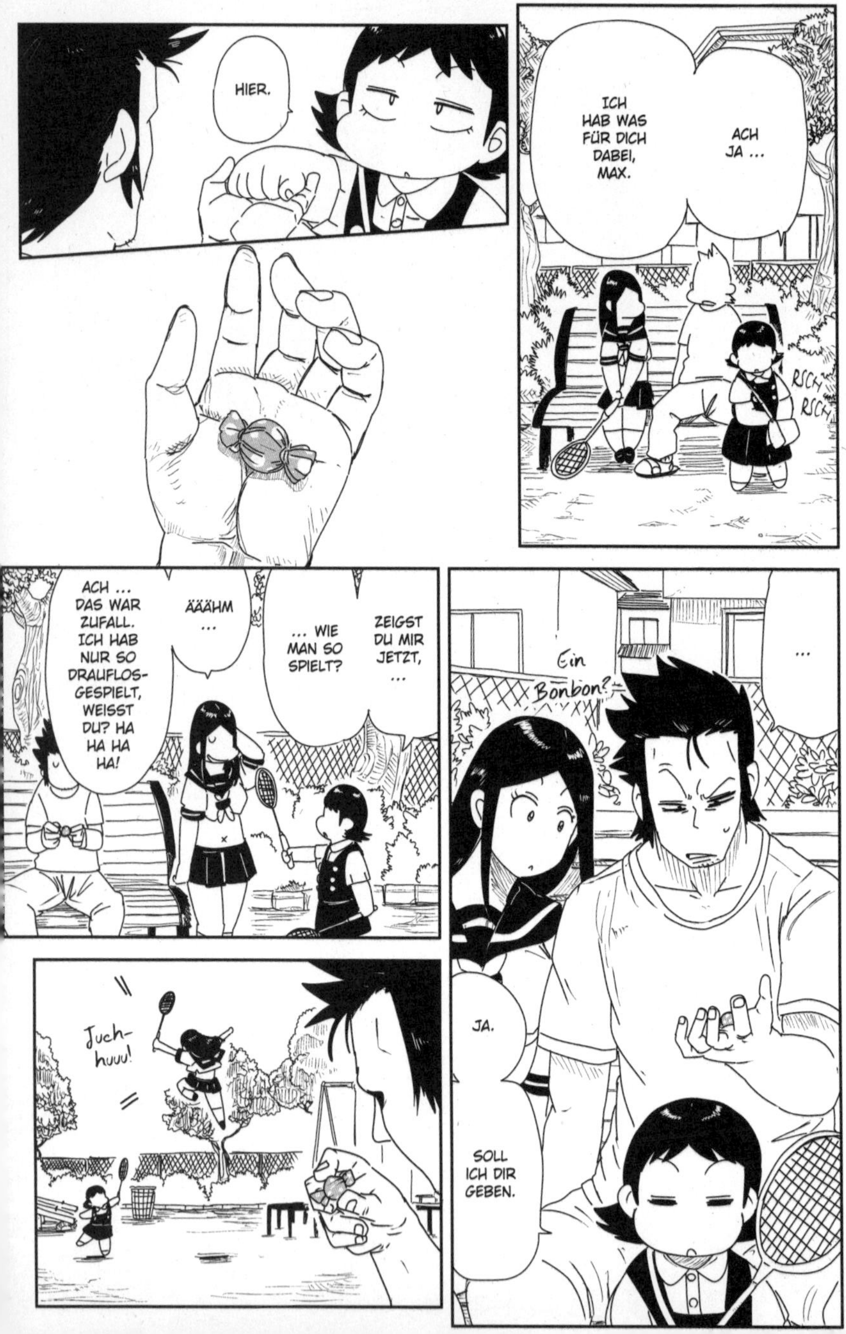

ACH JA …
ICH HAB WAS FÜR DICH DABEI, MAX.
HIER.
ZEIGST DU MIR JETZT, …
… WIE MAN SO SPIELT?
ÄÄÄHM …
ACH … DAS WAR ZUFALL. ICH HAB NUR SO DRAUFLOSGESPIELT, WEISST DU? HA HA HA HA!
…
Ein Bonbon?
JA.
SOLL ICH DIR GEBEN.
Juch-huuu!

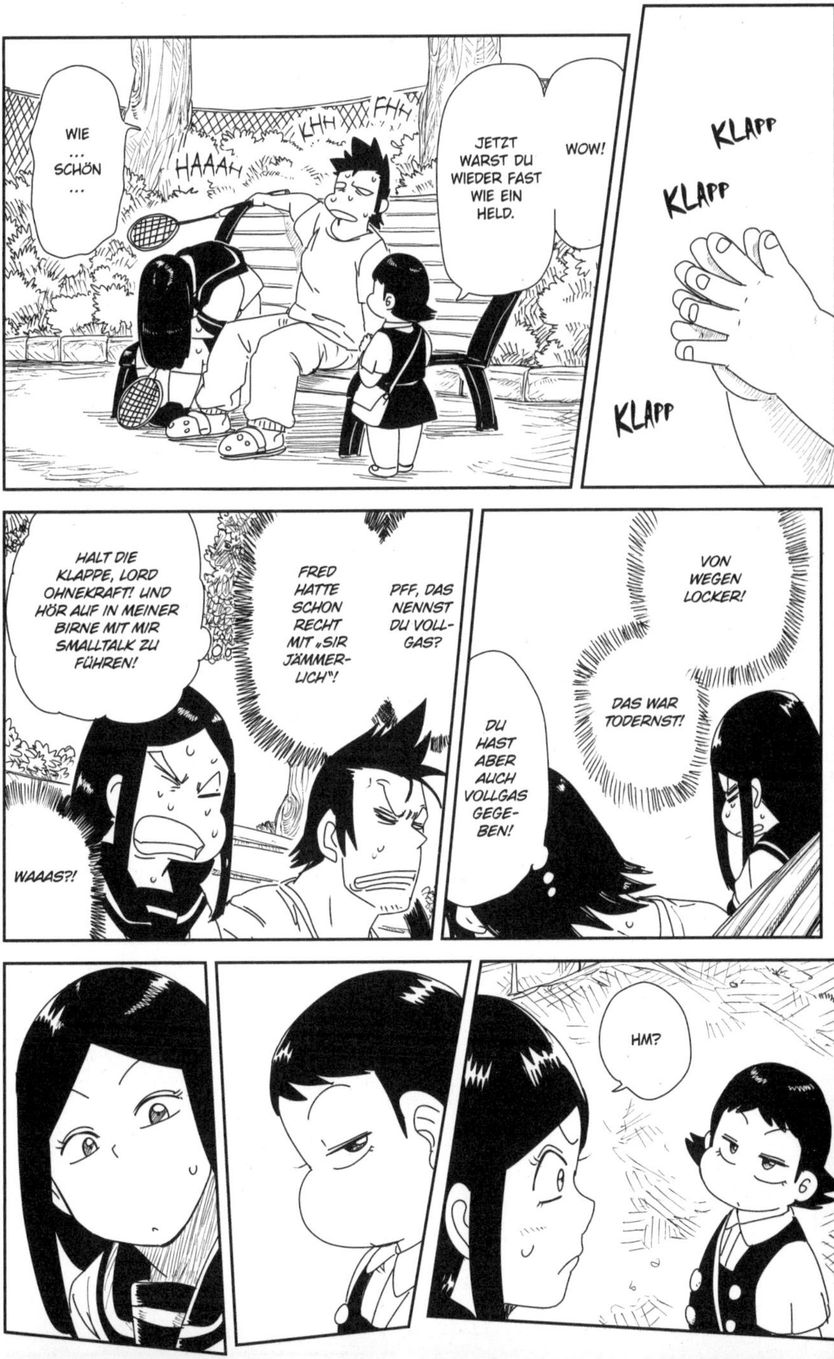

KLAPP
KLAPP
KLAPP
FHH
KHH
HAAAH
WOW!
JETZT WARST DU WIEDER FAST WIE EIN HELD.
WIE ... SCHÖN ...
DU HAST ABER AUCH VOLLGAS GEGEBEN!
VON WEGEN LOCKER!
DAS WAR TODERNST!
PFF, DAS NENNST DU VOLLGAS?
FRED HATTE SCHON RECHT MIT „SIR JÄMMERLICH"!
HALT DIE KLAPPE, LORD OHNEKRAFT! UND HÖR AUF IN MEINER BIRNE MIT MIR SMALLTALK ZU FÜHREN!
WAAAS?!
HM?

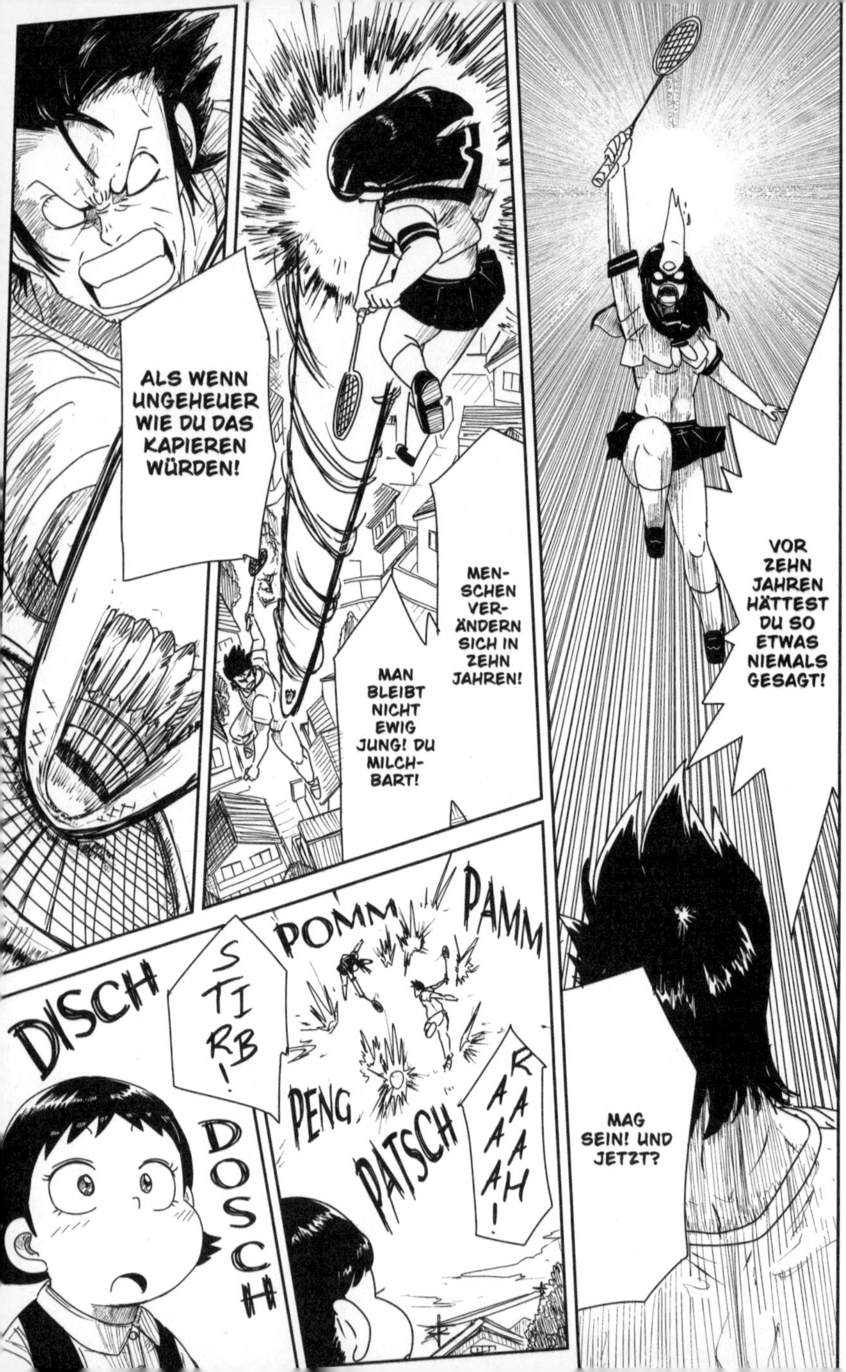
VOR ZEHN JAHREN HÄTTEST DU SO ETWAS NIEMALS GESAGT!
MENSCHEN VERÄNDERN SICH IN ZEHN JAHREN!
MAN BLEIBT NICHT EWIG JUNG! DU MILCHBART!
ALS WENN UNGEHEUER WIE DU DAS KAPIEREN WÜRDEN!
MAG SEIN! UND JETZT?
PAMM
POMM
RAAAAAH!
PATSCH
PENG
STIRB!
DISCH
DOSCH

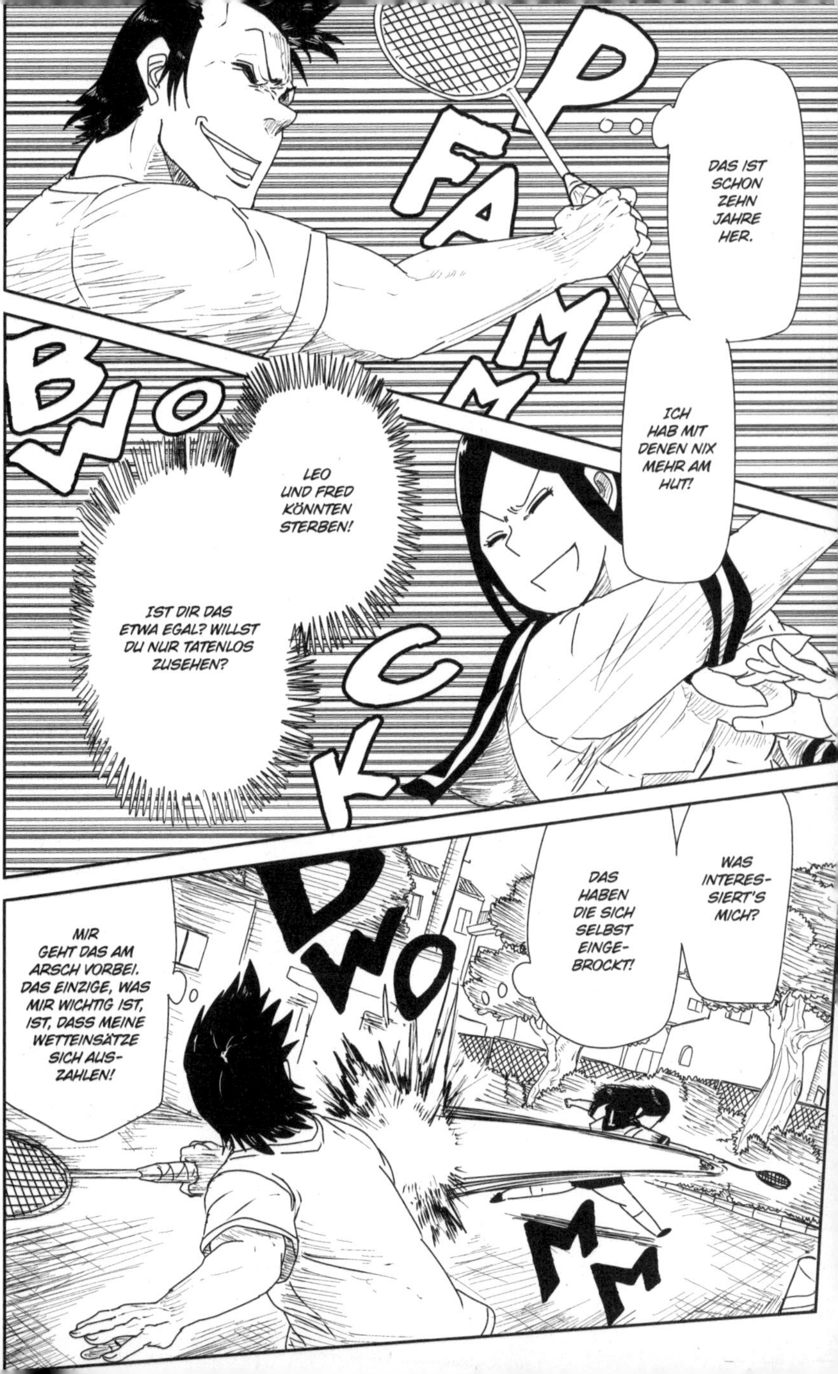
PFAMM
DAS IST SCHON ZEHN JAHRE HER.
ICH HAB MIT DENEN NIX MEHR AM HUT!
LEO UND FRED KÖNNTEN STERBEN!
IST DIR DAS ETWA EGAL? WILLST DU NUR TATENLOS ZUSEHEN?
CK
WAS INTERES-SIERT'S MICH?
DAS HABEN DIE SICH SELBST EINGE-BROCKT!
MIR GEHT DAS AM ARSCH VORBEI. DAS EINZIGE, WAS MIR WICHTIG IST, IST, DASS MEINE WETTEINSÄTZE SICH AUS-ZAHLEN!
DWOMM

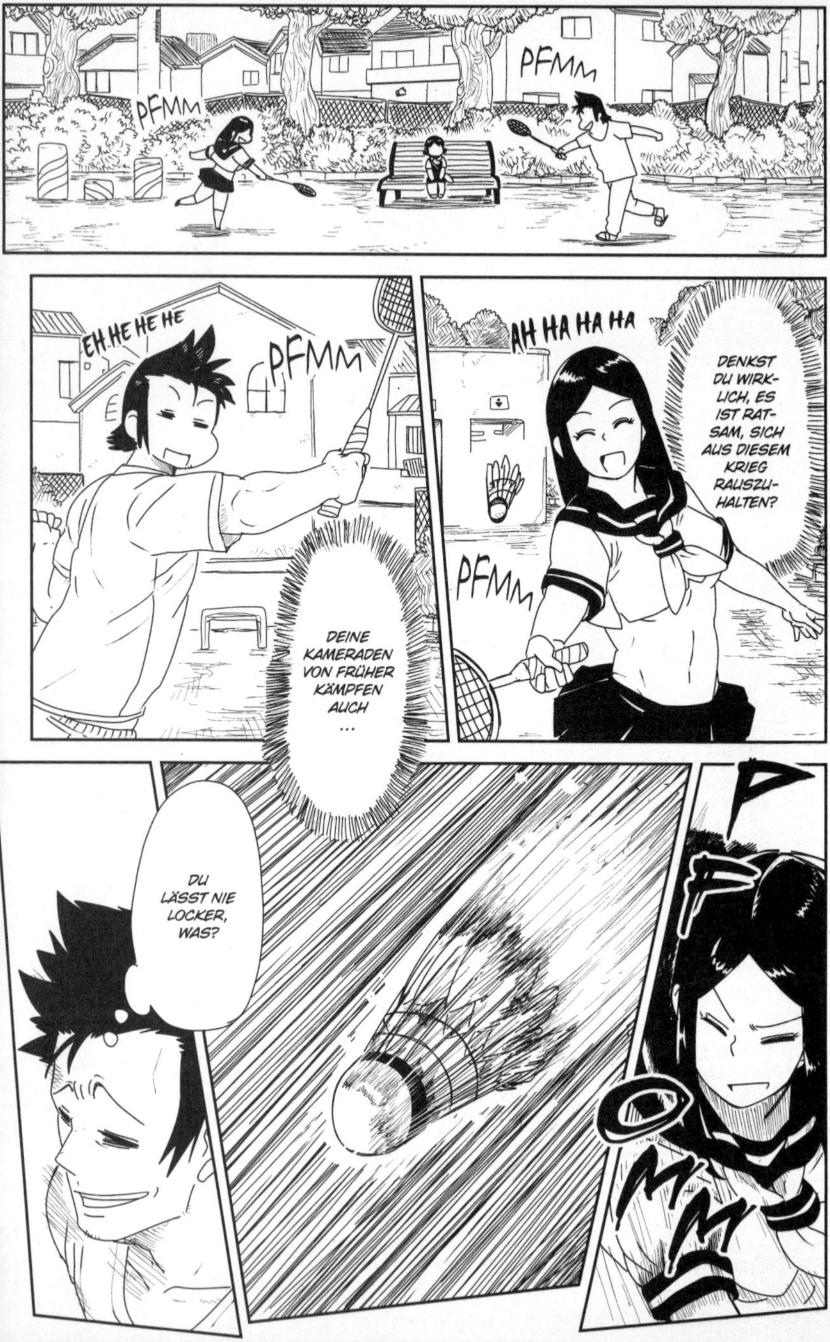
PFMM
PFMM
EH HE HE HE
PFMM
AH HA HA HA
DENKST DU WIRKLICH, ES IST RATSAM, SICH AUS DIESEM KRIEG RAUSZUHALTEN?
PFMM
DEINE KAMERADEN VON FRÜHER KÄMPFEN AUCH …
DU LÄSST NIE LOCKER, WAS?

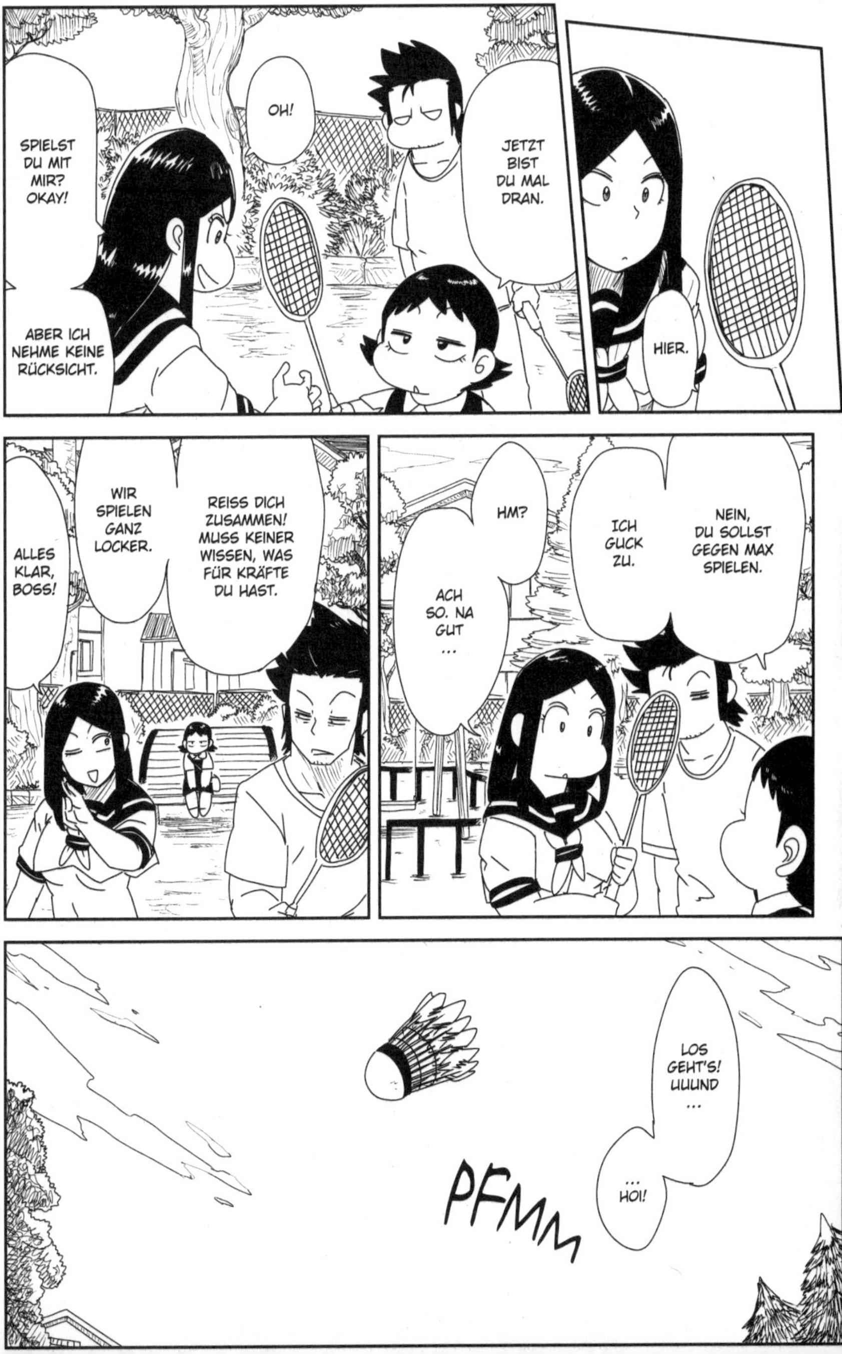
HIER.
JETZT BIST DU MAL DRAN.
OH!
SPIELST DU MIT MIR? OKAY!
ABER ICH NEHME KEINE RÜCKSICHT.
NEIN, DU SOLLST GEGEN MAX SPIELEN.
ICH GUCK ZU.
HM?
ACH SO. NA GUT ...
REISS DICH ZUSAMMEN! MUSS KEINER WISSEN, WAS FÜR KRÄFTE DU HAST.
WIR SPIELEN GANZ LOCKER.
ALLES KLAR, BOSS!
LOS GEHT'S! UUUND ...
... HOI!
PFMM

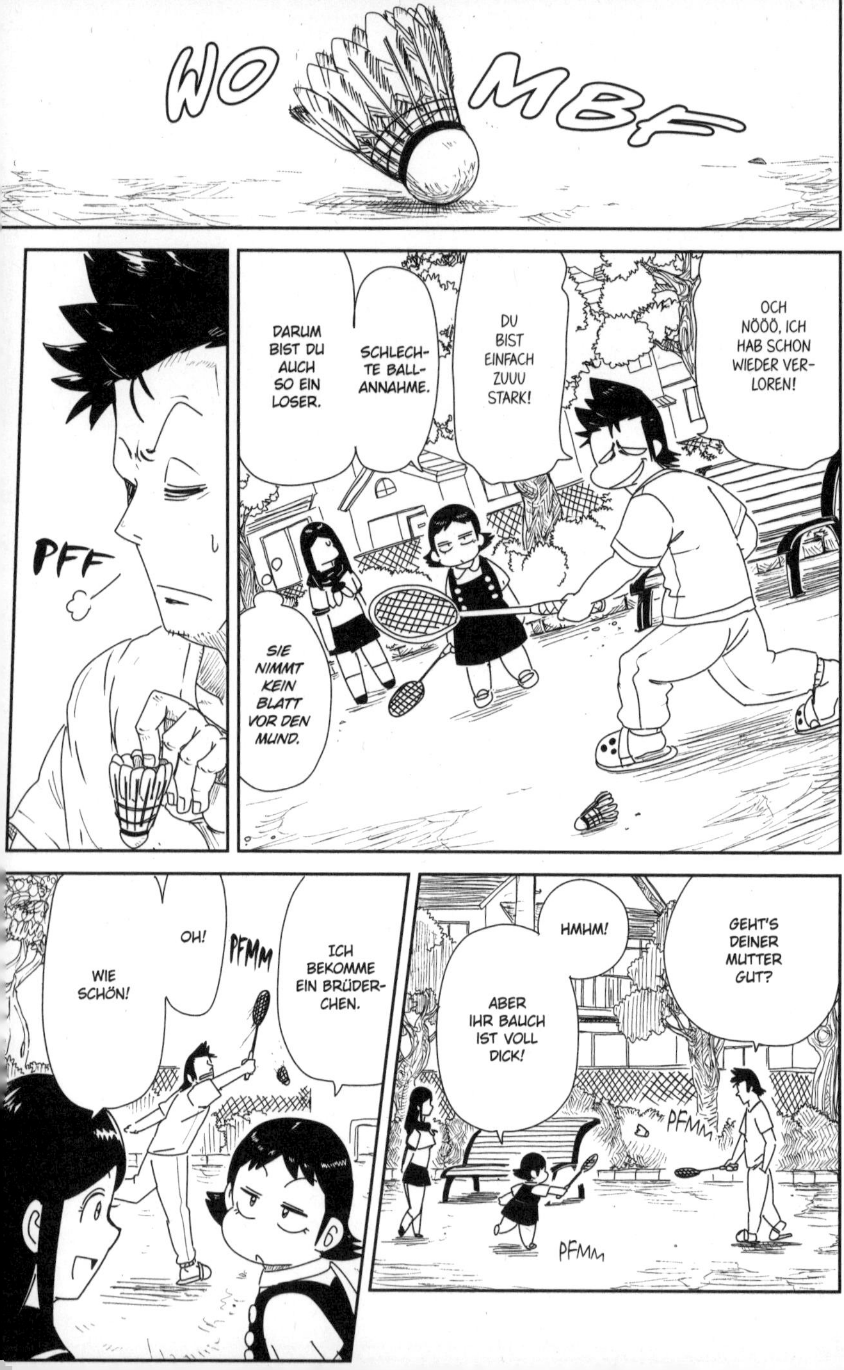
WOMBF
OCH NÖÖÖ, ICH HAB SCHON WIEDER VERLOREN!
DU BIST EINFACH ZUUU STARK!
SCHLECHTE BALLANNAHME.
DARUM BIST DU AUCH SO EIN LOSER.
SIE NIMMT KEIN BLATT VOR DEN MUND.
PFF
GEHT'S DEINER MUTTER GUT?
HMHM!
ABER IHR BAUCH IST VOLL DICK!
PFMM
PFMM
ICH BEKOMME EIN BRÜDERCHEN.
PFMM
OH!
WIE SCHÖN!

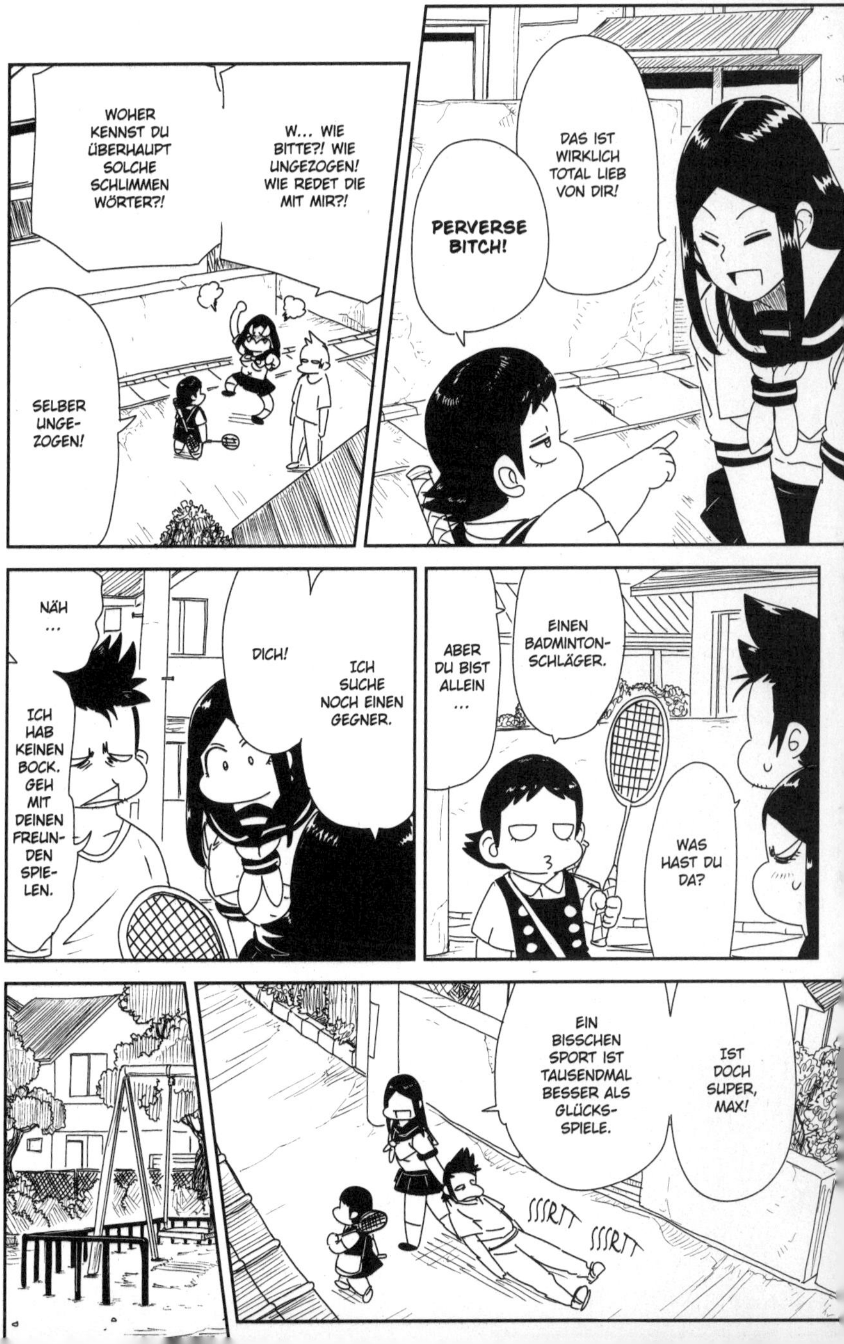
DAS IST WIRKLICH TOTAL LIEB VON DIR!
PERVERSE BITCH!
W… WIE BITTE?! WIE UNGEZOGEN! WIE REDET DIE MIT MIR?!
WOHER KENNST DU ÜBERHAUPT SOLCHE SCHLIMMEN WÖRTER?!
SELBER UNGEZOGEN!
WAS HAST DU DA?
EINEN BADMINTON-SCHLÄGER.
ABER DU BIST ALLEIN …
ICH SUCHE NOCH EINEN GEGNER.
DICH!
NÄH …
ICH HAB KEINEN BOCK. GEH MIT DEINEN FREUN-DEN SPIE-LEN.
IST DOCH SUPER, MAX!
EIN BISSCHEN SPORT IST TAUSENDMAL BESSER ALS GLÜCKS-SPIELE.
SSSRTT
SSSRTT

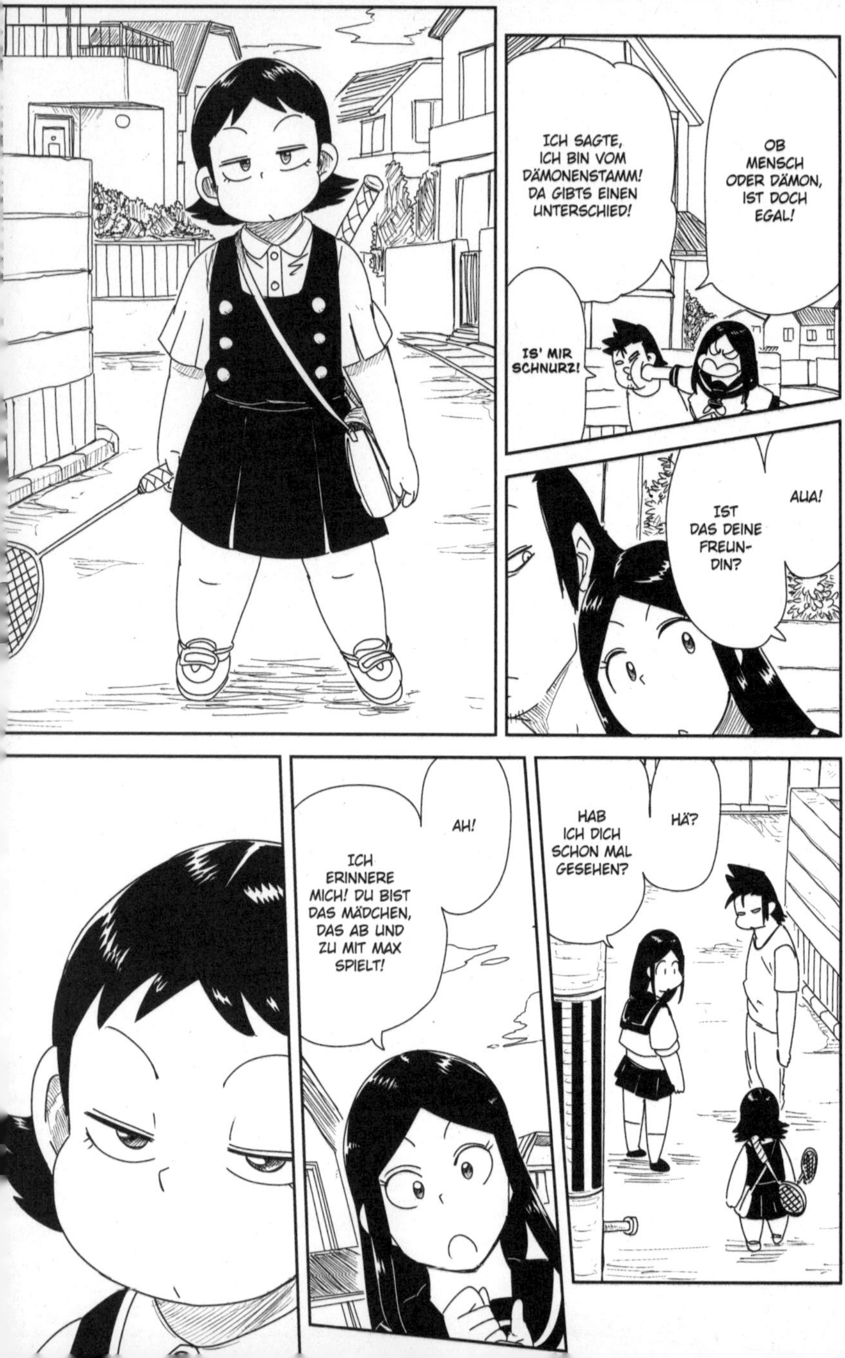
OB MENSCH ODER DÄMON, IST DOCH EGAL!
ICH SAGTE, ICH BIN VOM DÄMONENSTAMM! DA GIBTS EINEN UNTERSCHIED!
IS' MIR SCHNURZ!
AUA!
IST DAS DEINE FREUN-DIN?
HÄ?
HAB ICH DICH SCHON MAL GESEHEN?
AH!
ICH ERINNERE MICH! DU BIST DAS MÄDCHEN, DAS AB UND ZU MIT MAX SPIELT!

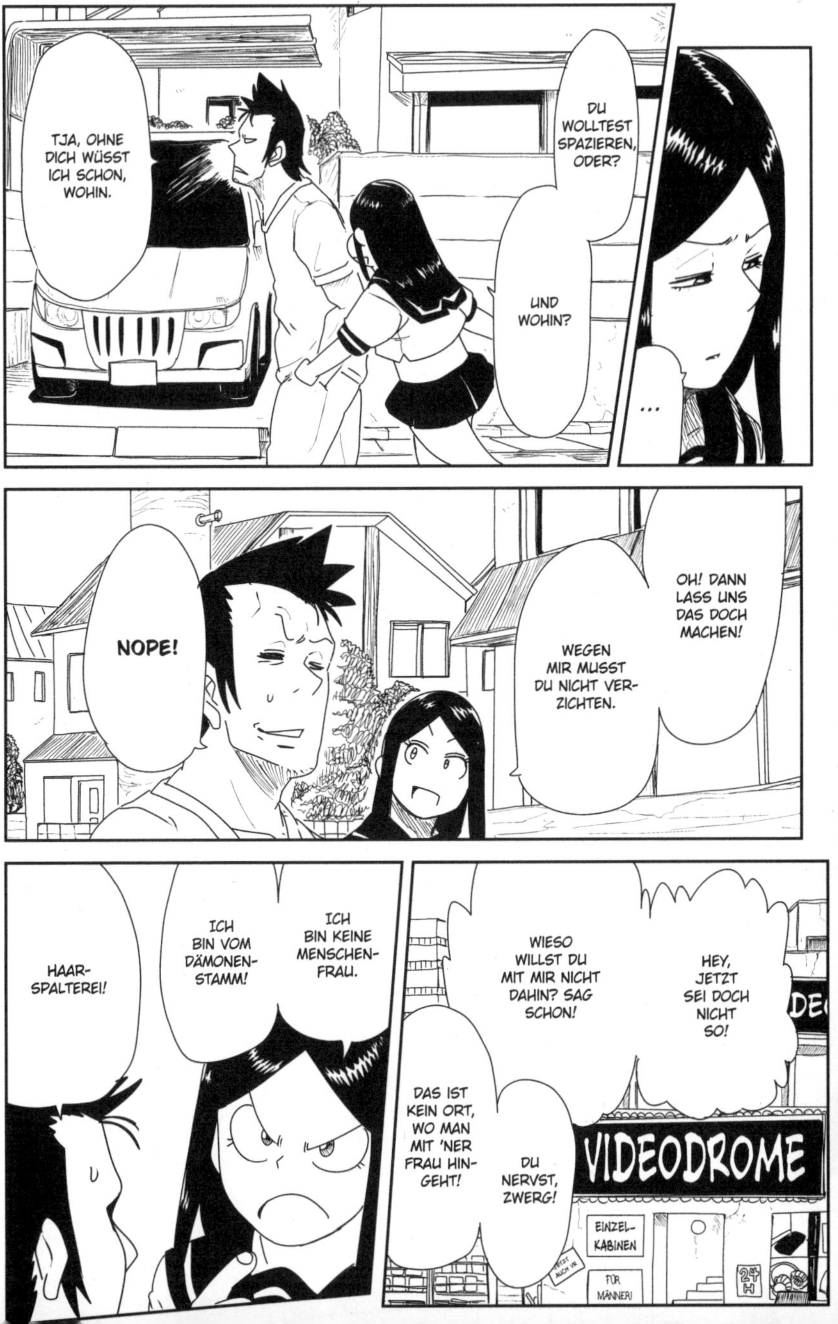
...
DU WOLLTEST SPAZIEREN, ODER?
TJA, OHNE DICH WÜSST ICH SCHON, WOHIN.
UND WOHIN?
OH! DANN LASS UNS DAS DOCH MACHEN!
WEGEN MIR MUSST DU NICHT VER-ZICHTEN.
NOPE!
HEY, JETZT SEI DOCH NICHT SO!
WIESO WILLST DU MIT MIR NICHT DAHIN? SAG SCHON!
DU NERVST, ZWERG!
DAS IST KEIN ORT, WO MAN MIT 'NER FRAU HIN-GEHT!
VIDEODROME
EINZEL-KABINEN
FÜR MÄNNER!
24 H
JETZT AUCH VR
ICH BIN KEINE MENSCHEN-FRAU.
ICH BIN VOM DÄMONEN-STAMM!
HAAR-SPALTEREI!

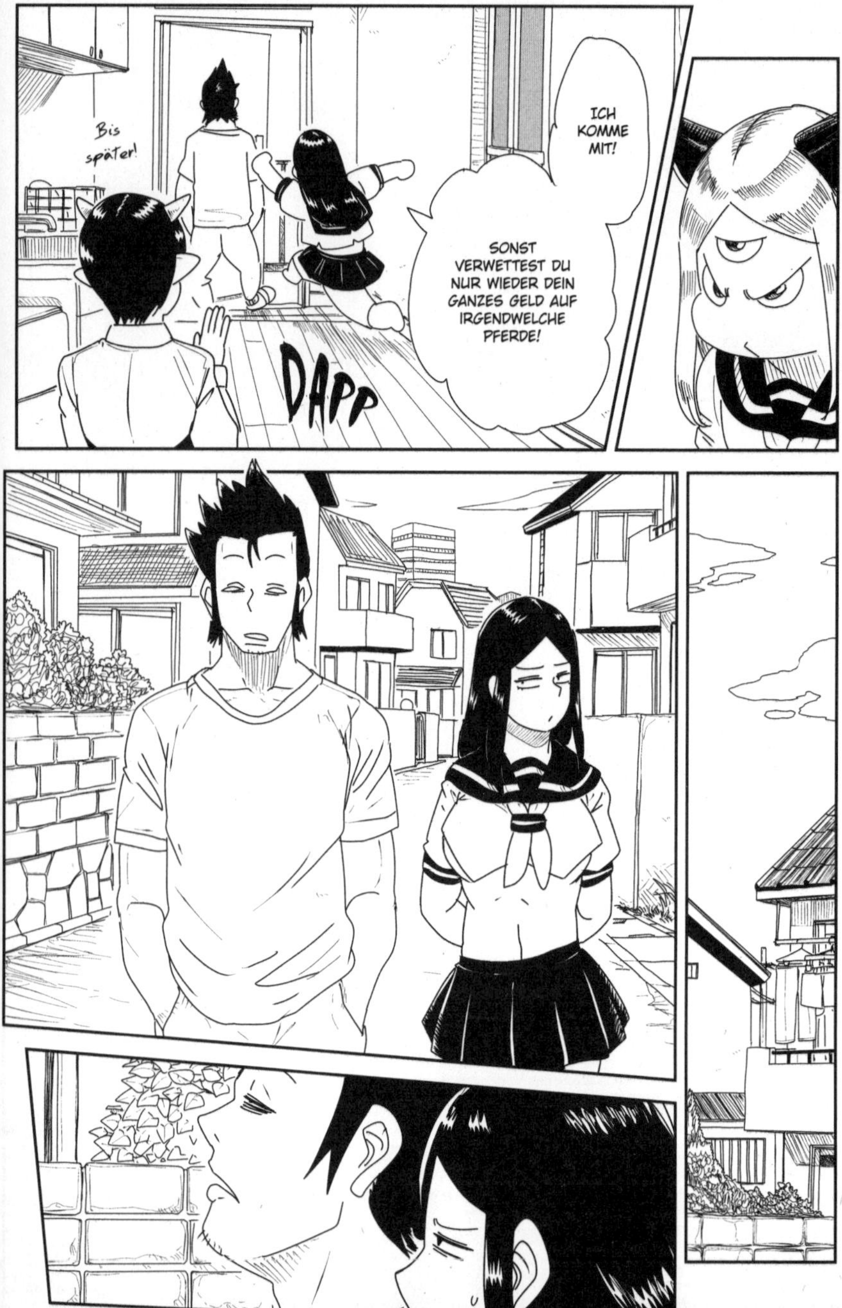
Bis später!
Ich komme mit!
Sonst verwettest du nur wieder dein ganzes Geld auf irgendwelche Pferde!
DAPP

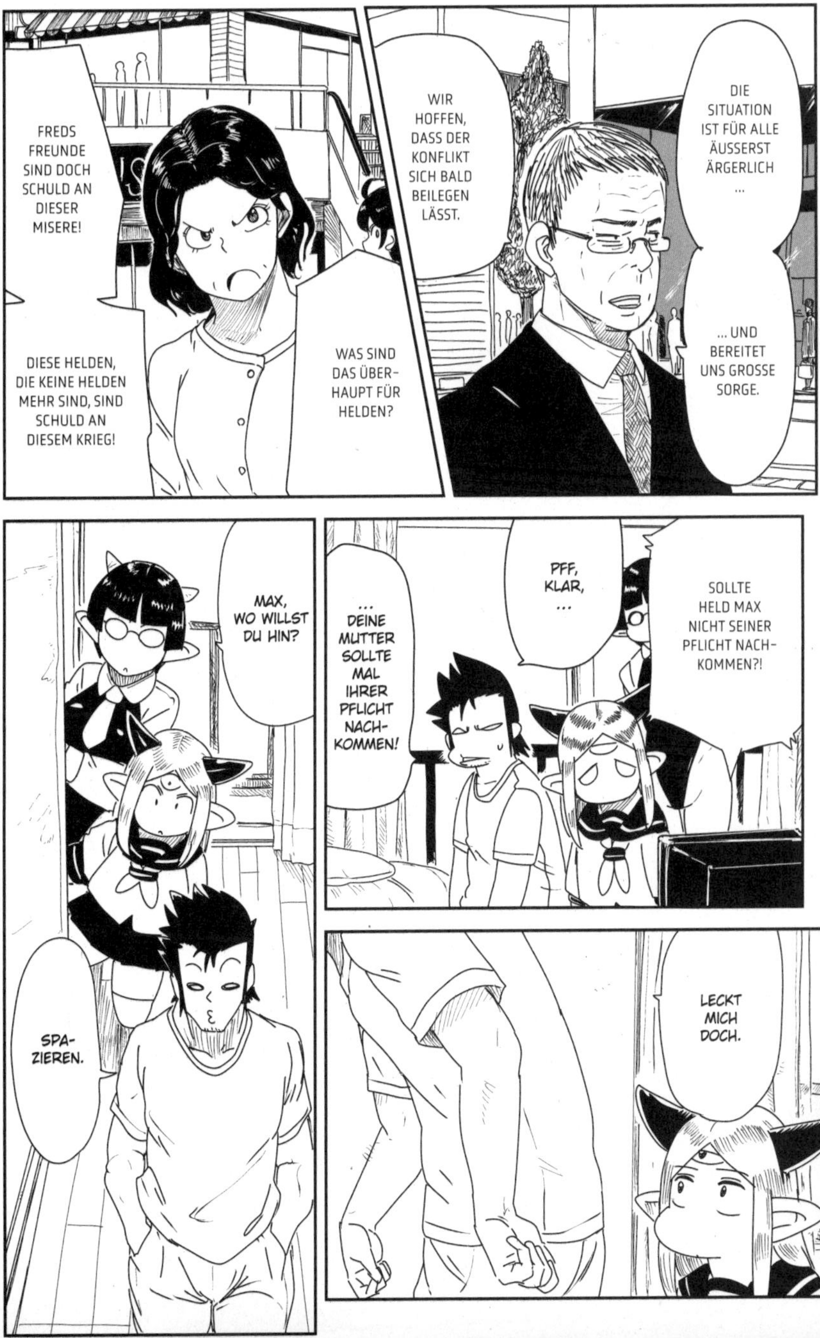
DIE SITUATION IST FÜR ALLE ÄUSSERST ÄRGERLICH ...
... UND BEREITET UNS GROSSE SORGE.
WIR HOFFEN, DASS DER KONFLIKT SICH BALD BEILEGEN LÄSST.
FREDS FREUNDE SIND DOCH SCHULD AN DIESER MISERE!
WAS SIND DAS ÜBER-HAUPT FÜR HELDEN?
DIESE HELDEN, DIE KEINE HELDEN MEHR SIND, SIND SCHULD AN DIESEM KRIEG!
MAX, WO WILLST DU HIN?
SPA-ZIEREN.
SOLLTE HELD MAX NICHT SEINER PFLICHT NACH-KOMMEN?!
PFF, KLAR, ...
... DEINE MUTTER SOLLTE MAL IHRER PFLICHT NACH-KOMMEN!
LECKT MICH DOCH.

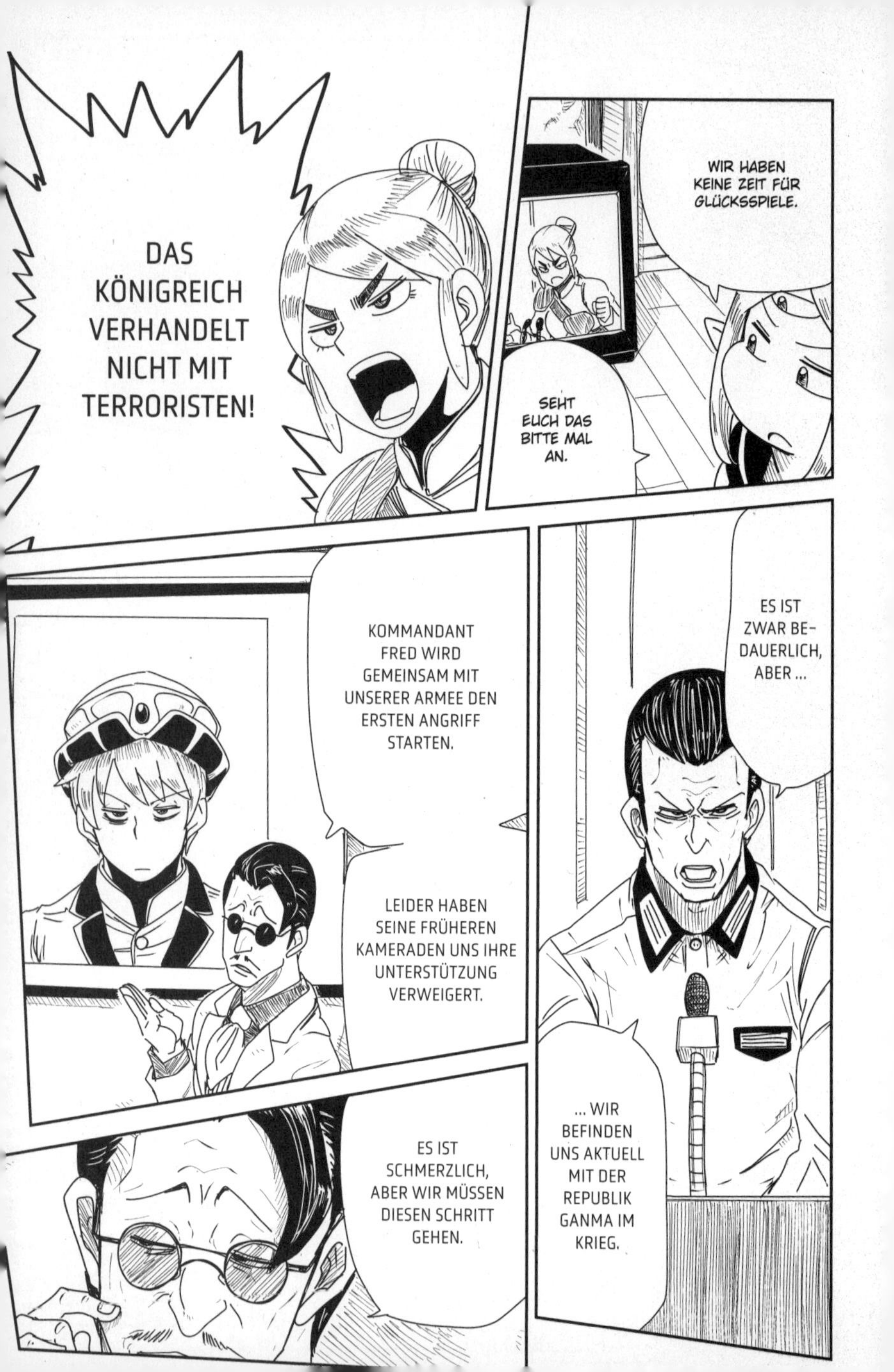

WIR HABEN KEINE ZEIT FÜR GLÜCKSSPIELE.
SEHT EUCH DAS BITTE MAL AN.
DAS KÖNIGREICH VERHANDELT NICHT MIT TERRORISTEN!
ES IST ZWAR BE-DAUERLICH, ABER ...
... WIR BEFINDEN UNS AKTUELL MIT DER REPUBLIK GANMA IM KRIEG.
KOMMANDANT FRED WIRD GEMEINSAM MIT UNSERER ARMEE DEN ERSTEN ANGRIFF STARTEN.
LEIDER HABEN SEINE FRÜHEREN KAMERADEN UNS IHRE UNTERSTÜTZUNG VERWEIGERT.
ES IST SCHMERZLICH, ABER WIR MÜSSEN DIESEN SCHRITT GEHEN.

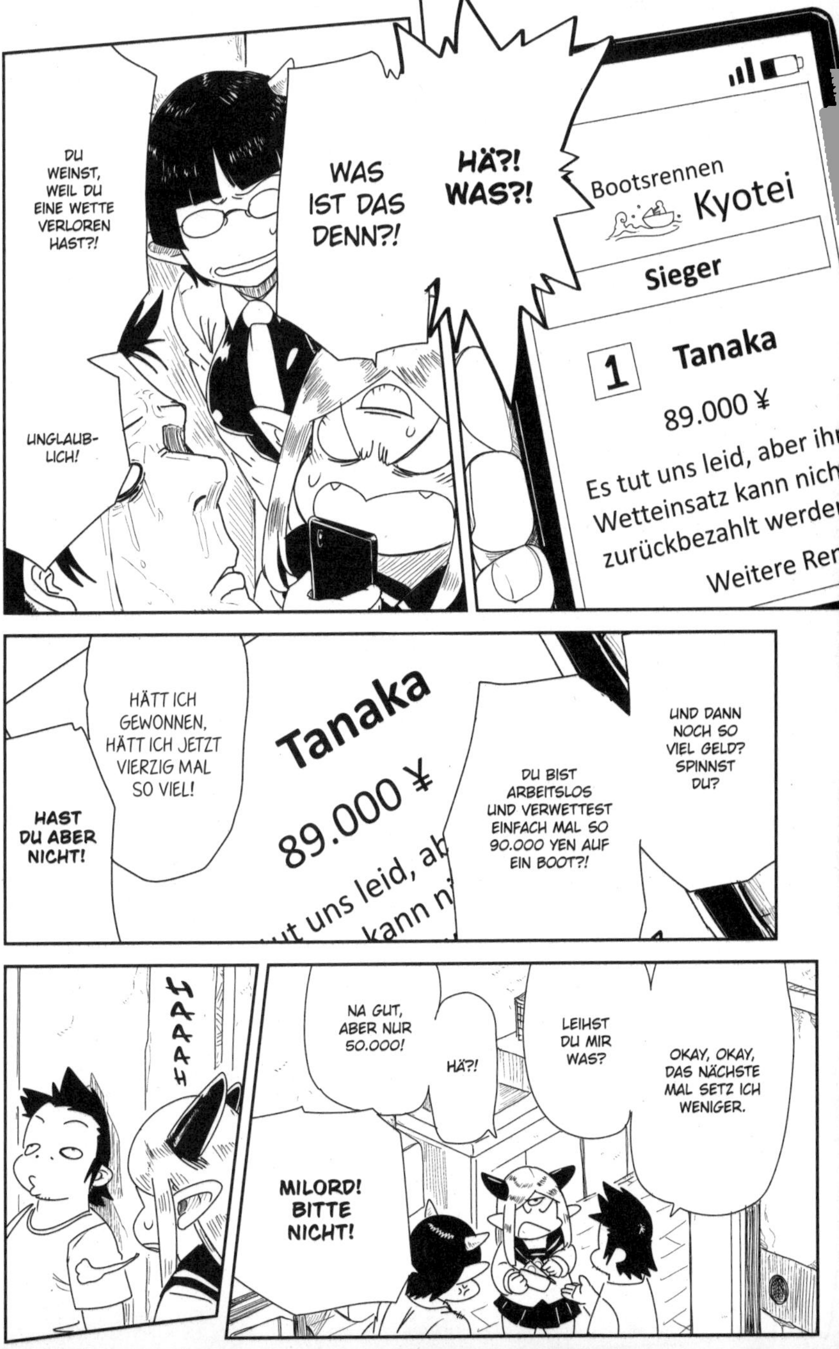
Bootsrennen
Kyotei
Sieger
1 Tanaka
89.000 ¥
Es tut uns leid, aber ihr
Wetteinsatz kann nich
zurückbezahlt werder
Weitere Rer
HÄ?! WAS?!
WAS IST DAS DENN?!
DU WEINST, WEIL DU EINE WETTE VERLOREN HAST?!
UNGLAUB-LICH!
UND DANN NOCH SO VIEL GELD? SPINNST DU?
DU BIST ARBEITSLOS UND VERWETTEST EINFACH MAL SO 90.000 YEN AUF EIN BOOT?!
Tanaka
89.000 ¥
HÄTT ICH GEWONNEN, HÄTT ICH JETZT VIERZIG MAL SO VIEL!
HAST DU ABER NICHT!
OKAY, OKAY, DAS NÄCHSTE MAL SETZ ICH WENIGER.
LEIHST DU MIR WAS?
HÄ?!
NA GUT, ABER NUR 50.000!
MILORD! BITTE NICHT!
HAAAH

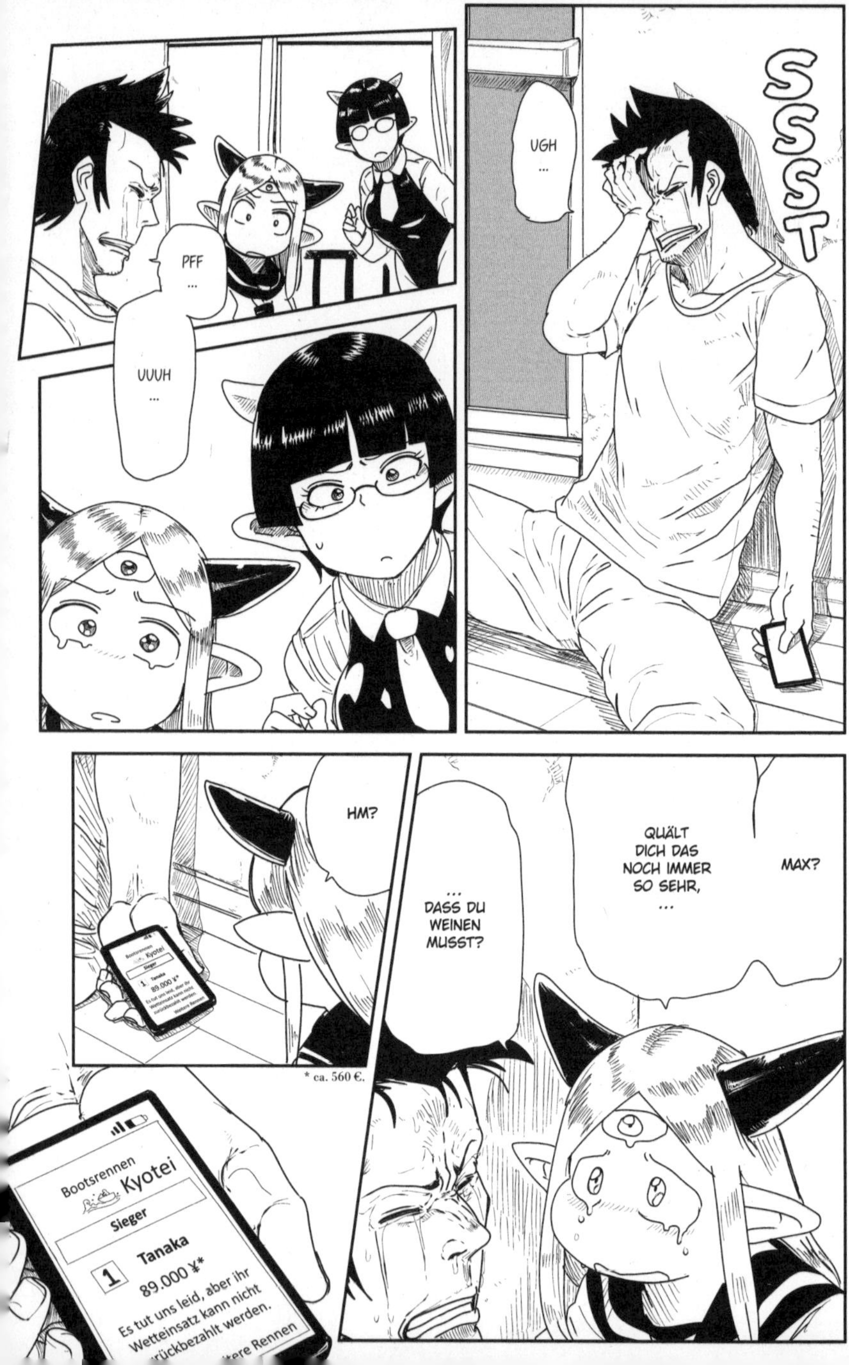
SSST
UGH ...
PFF ...
UUUH ...
MAX?
QUÄLT DICH DAS NOCH IMMER SO SEHR, ...
... DASS DU WEINEN MUSST?
HM?
Bootsrennen
Kyotei
Sieger
1
Tanaka
89.000 ¥*
Es tut uns leid, aber ihr
Wetteinsatz kann nicht
* ca. 560 €.

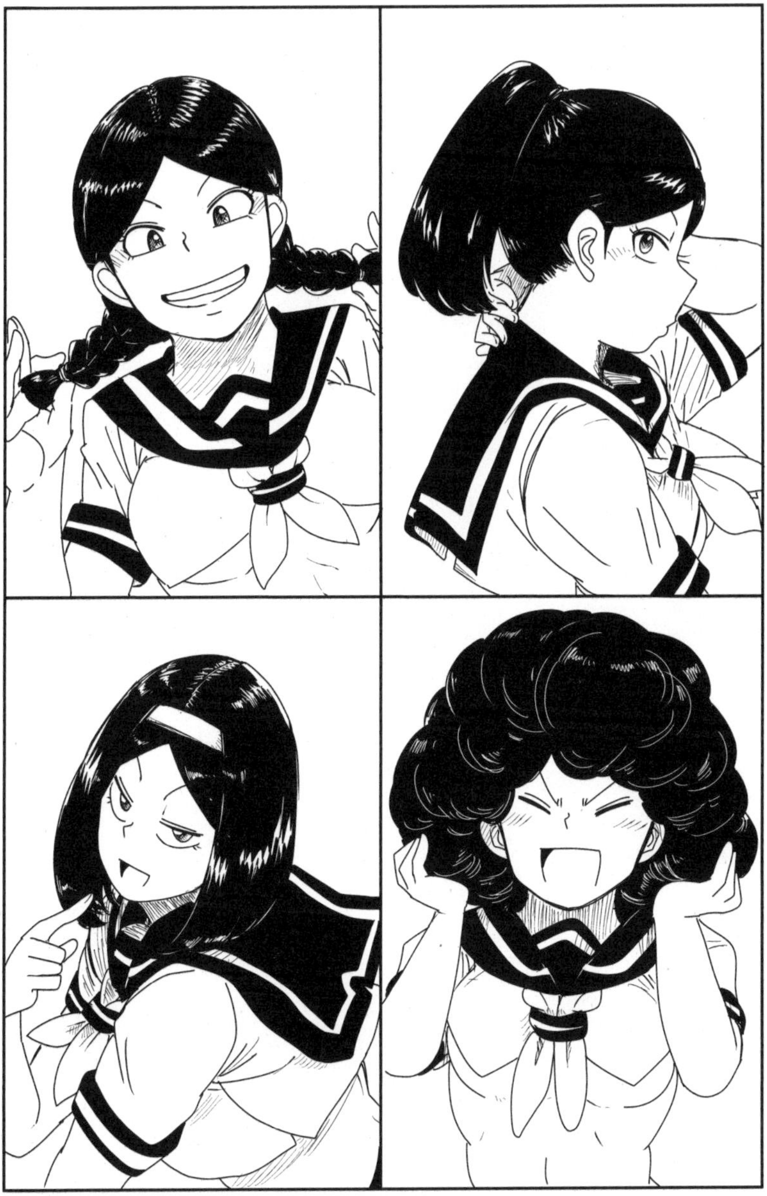

KAPITEL 20

Die Verstrickungen des Helden

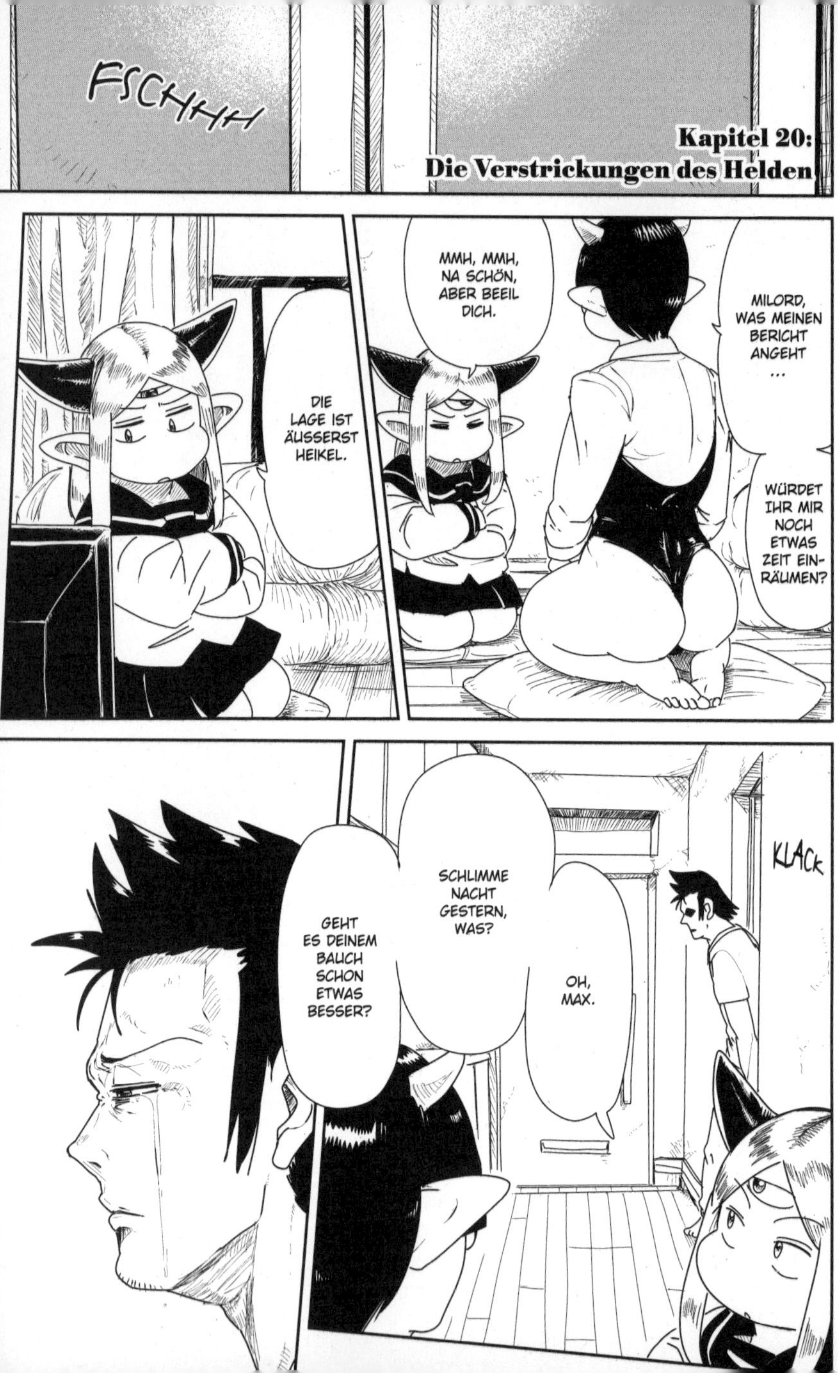
FSCHHH
Kapitel 20:
Die Verstrickungen des Helden
MILORD, WAS MEINEN BERICHT ANGEHT …
WÜRDET IHR MIR NOCH ETWAS ZEIT EINRÄUMEN?
MMH, MMH, NA SCHÖN, ABER BEEIL DICH.
DIE LAGE IST ÄUSSERST HEIKEL.
KLACK
OH, MAX.
SCHLIMME NACHT GESTERN, WAS?
GEHT ES DEINEM BAUCH SCHON ETWAS BESSER?

LEVEL 1
DEMON LORD & ONE ROOM HERO

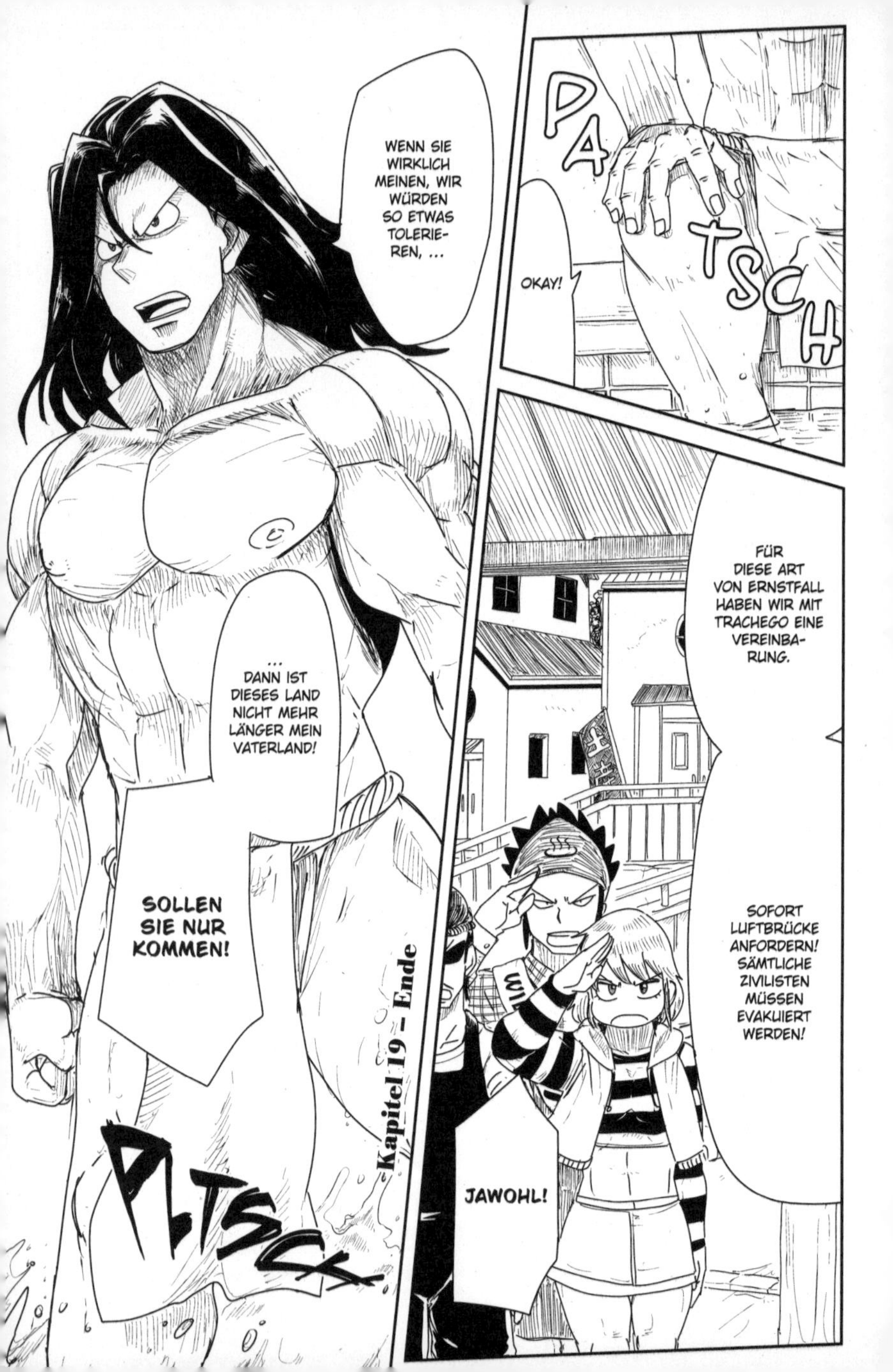
PATSCH
OKAY!
FÜR DIESE ART VON ERNSTFALL HABEN WIR MIT TRACHEGO EINE VEREINBARUNG.
SOFORT LUFTBRÜCKE ANFORDERN! SÄMTLICHE ZIVILISTEN MÜSSEN EVAKUIERT WERDEN!
JAWOHL!
WENN SIE WIRKLICH MEINEN, WIR WÜRDEN SO ETWAS TOLERIEREN, …
… DANN IST DIESES LAND NICHT MEHR LÄNGER MEIN VATERLAND!
SOLLEN SIE NUR KOMMEN!
PLTSCH
Kapitel 19 – Ende

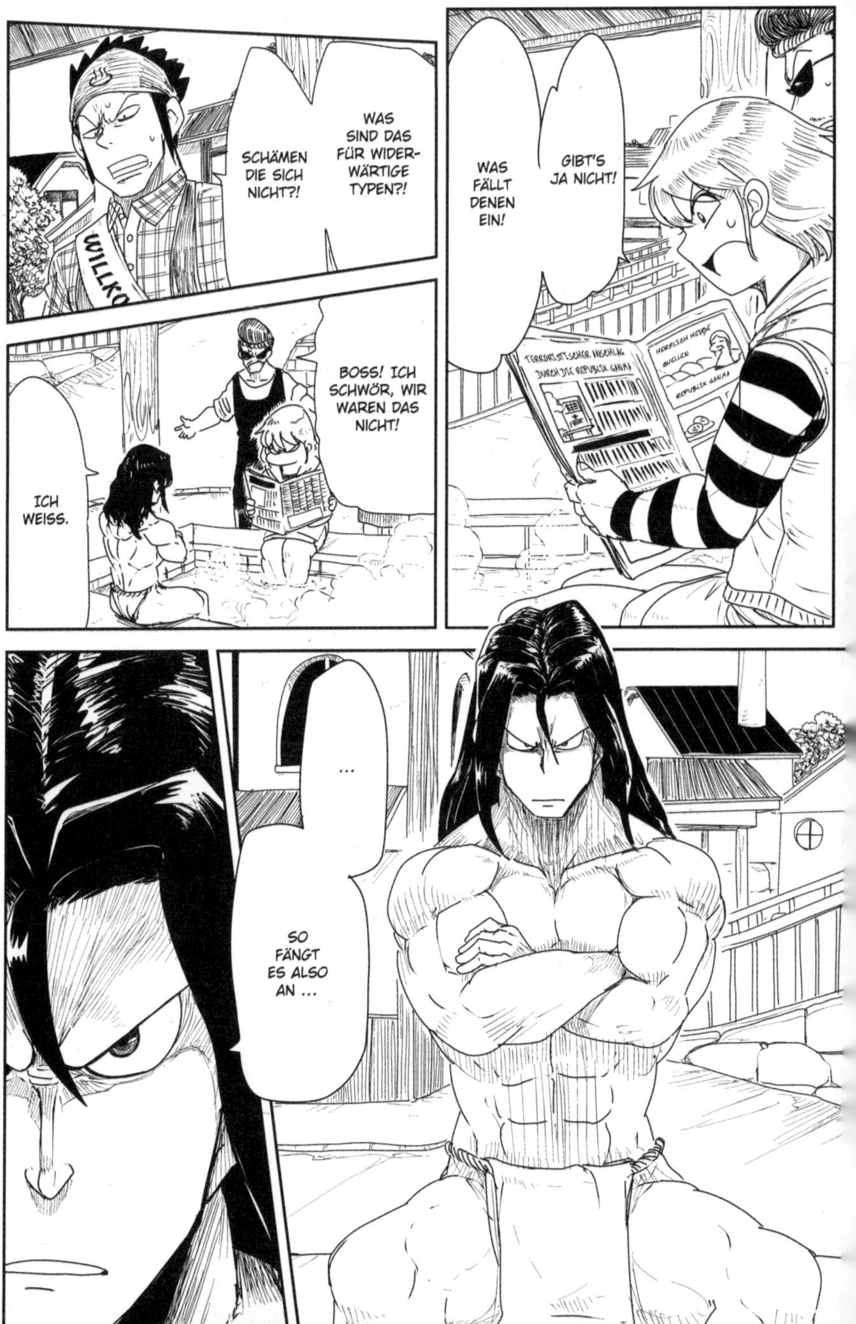
GIBT'S JA NICHT!
WAS FÄLLT DENEN EIN!
TERRORISTISCHER ANSCHLAG DURCH DIE REPUBLIK GANMA
REPUBLIK GANMA
WAS SIND DAS FÜR WIDER-WÄRTIGE TYPEN?!
SCHÄMEN DIE SICH NICHT?!
WILLKO
BOSS! ICH SCHWÖR, WIR WAREN DAS NICHT!
ICH WEISS.
...
SO FÄNGT ES ALSO AN ...

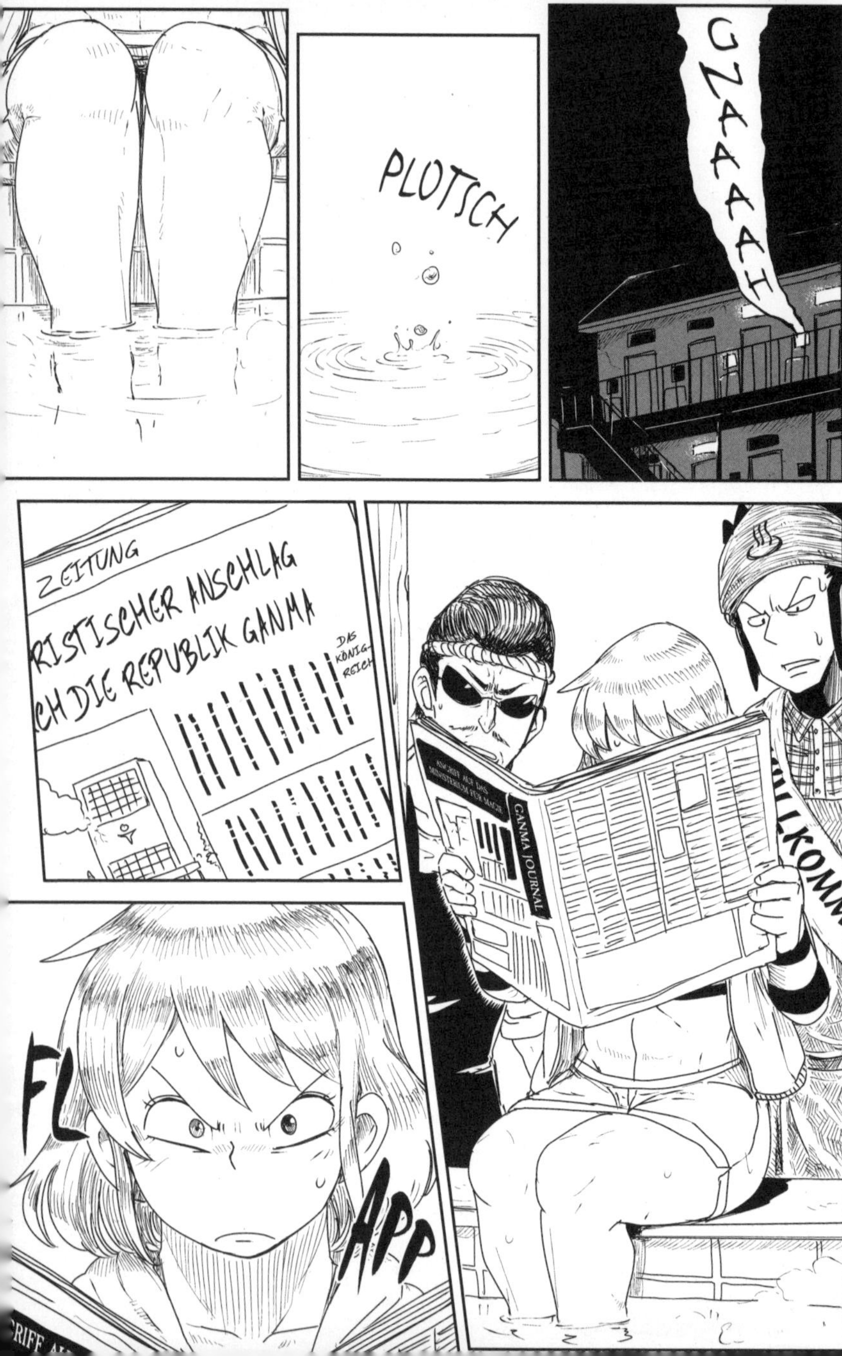
PLOTSCH
GNAAAAH
ZEITUNG
RISTISCHER ANSCHLAG
CH DIE REPUBLIK GANMA
DAS KÖNIG-REICH
ANGRIFF AUF DAS MINISTERIUM FÜR MAGIE
GANMA JOURNAL
LLKOMM
FL
APP
RIFF A

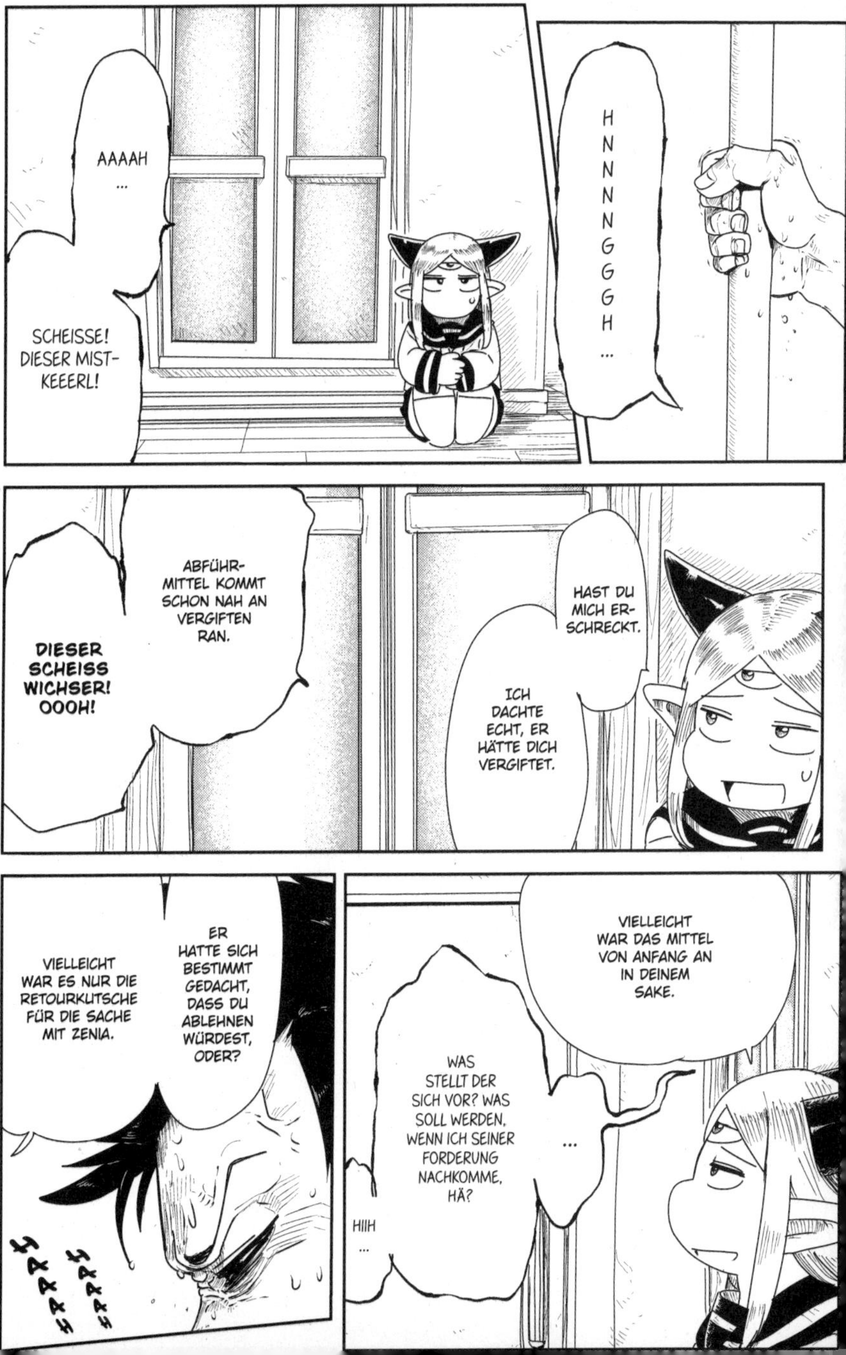

(Die arg unappetitlichen Geräusche haben wir rausgenommen.)

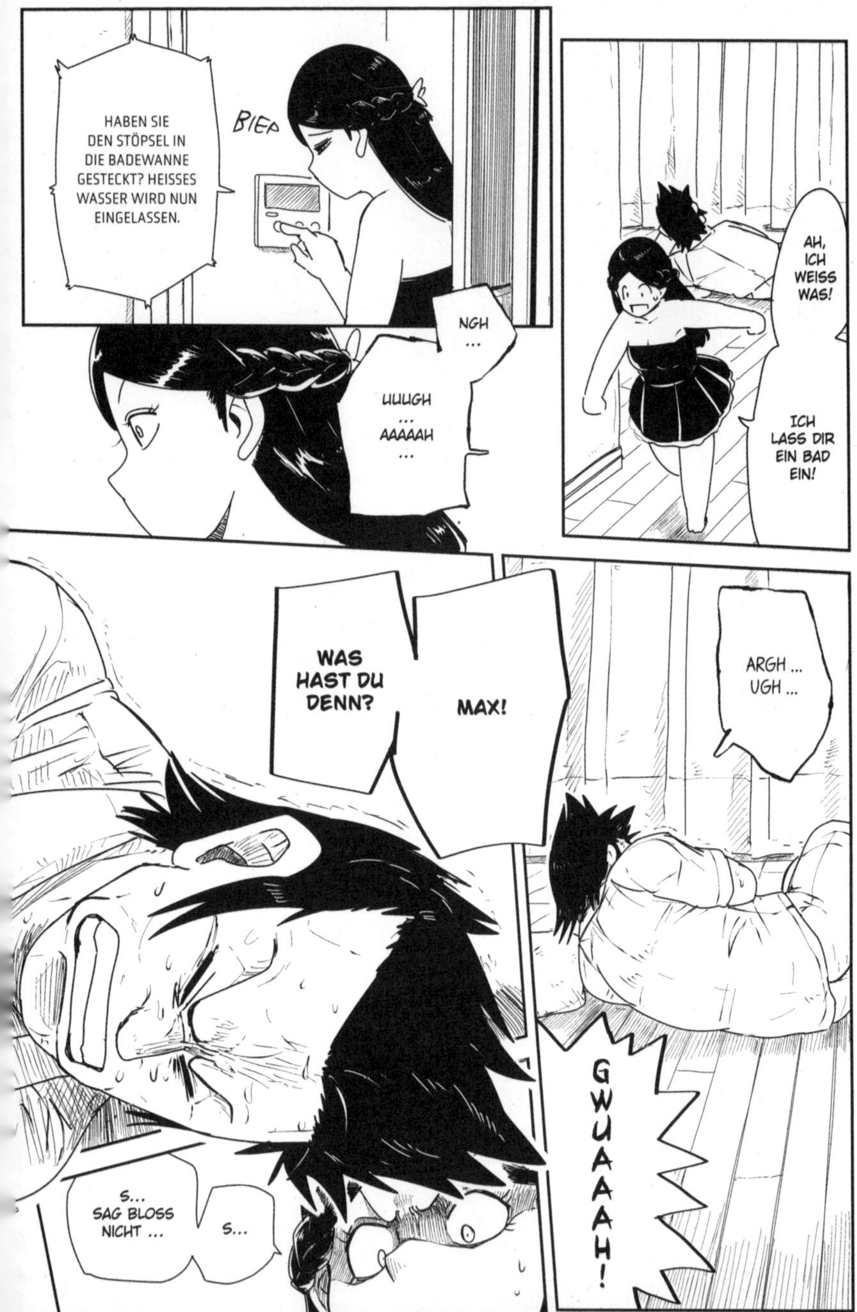
HABEN SIE DEN STÖPSEL IN DIE BADEWANNE GESTECKT? HEISSES WASSER WIRD NUN EINGELASSEN.
BIEP
AH, ICH WEISS WAS!
ICH LASS DIR EIN BAD EIN!
NGH ...
UUUGH ... AAAAAH ...
ARGH ... UGH ...
MAX!
WAS HAST DU DENN?
GWUAAAAH!
S...
S... SAG BLOSS NICHT ...

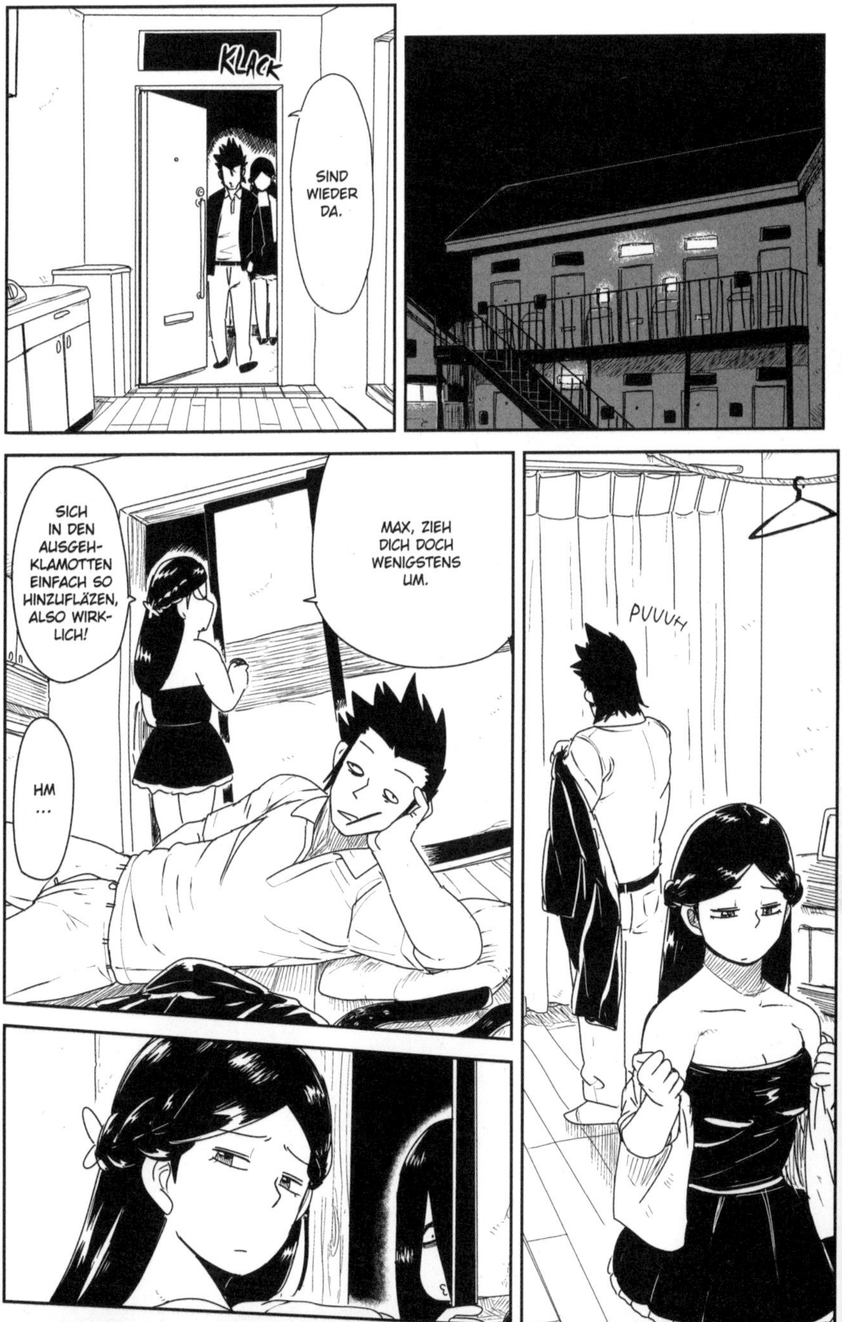

KLACK
SIND WIEDER DA.
PUUUH
MAX, ZIEH DICH DOCH WENIGSTENS UM.
SICH IN DEN AUSGEH-KLAMOTTEN EINFACH SO HINZUFLÄZEN, ALSO WIRKLICH!
HM …

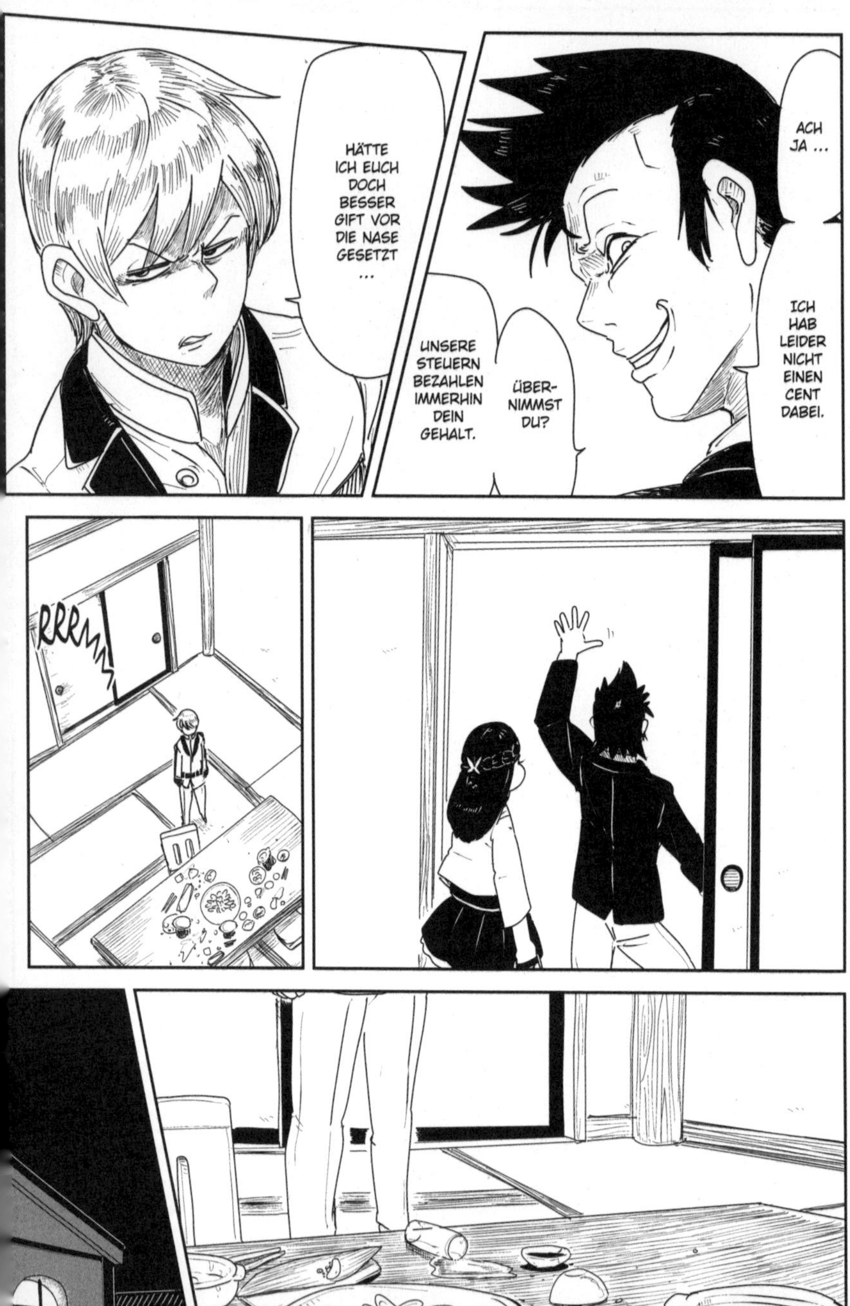
ACH JA …
ICH HAB LEIDER NICHT EINEN CENT DABEI.
ÜBER-NIMMST DU?
UNSERE STEUERN BEZAHLEN IMMERHIN DEIN GEHALT.
HÄTTE ICH EUCH DOCH BESSER GIFT VOR DIE NASE GESETZT …

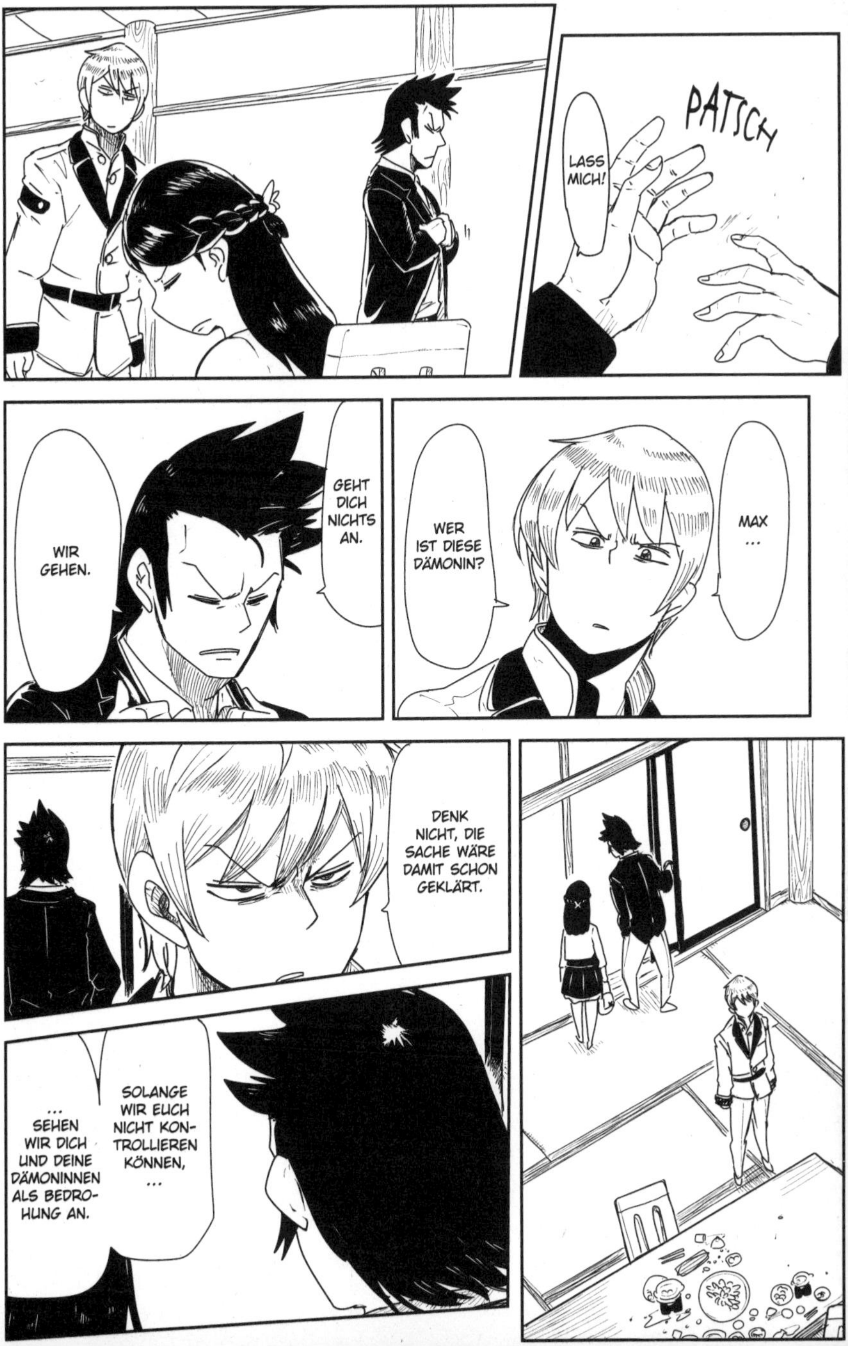
PATSCH
LASS MICH!
MAX ...
WER IST DIESE DÄMONIN?
GEHT DICH NICHTS AN.
WIR GEHEN.
DENK NICHT, DIE SACHE WÄRE DAMIT SCHON GEKLÄRT.
SOLANGE WIR EUCH NICHT KONTROLLIEREN KÖNNEN, ...
... SEHEN WIR DICH UND DEINE DÄMONINNEN ALS BEDROHUNG AN.

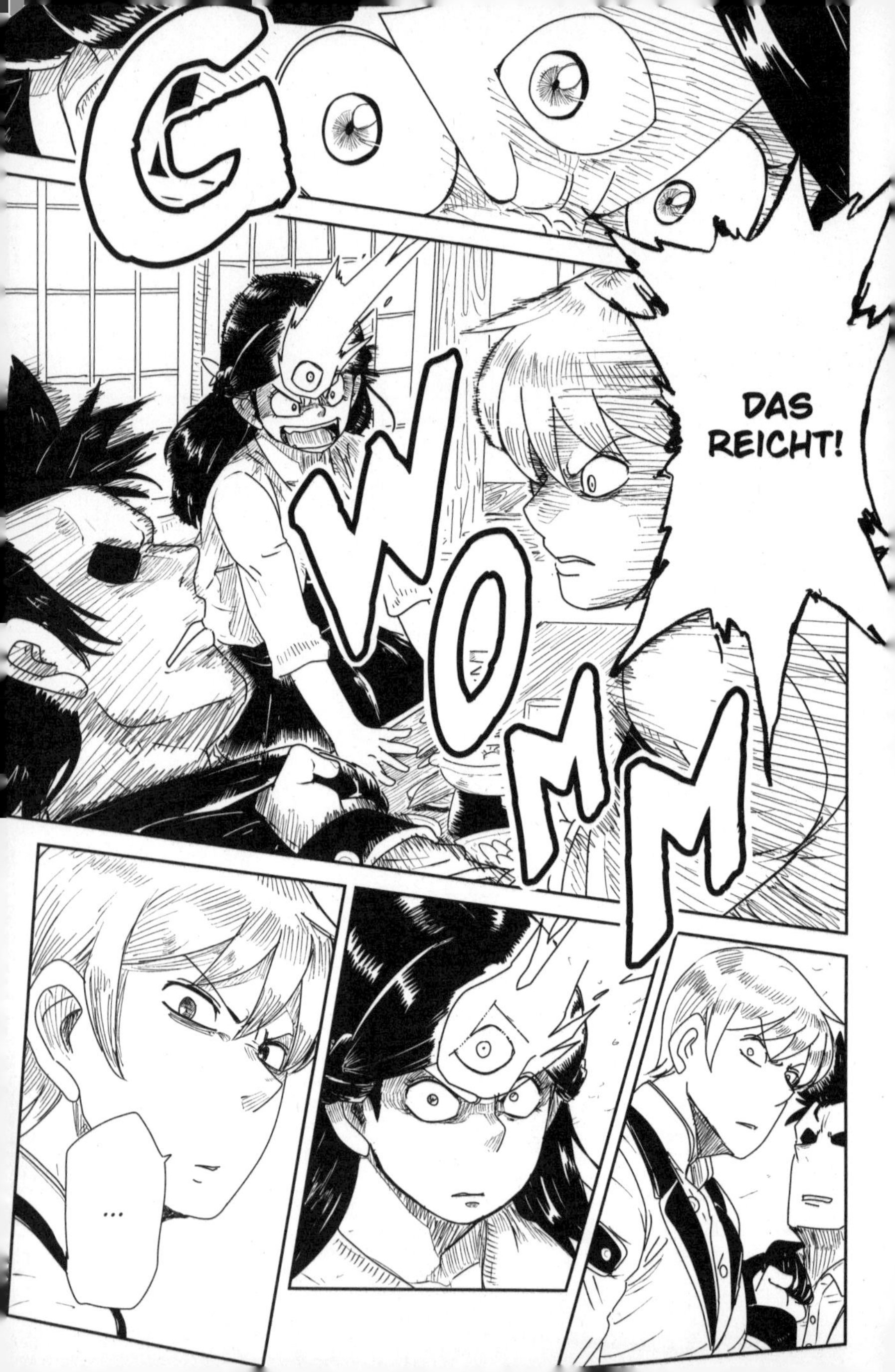
GOOO
WOMMM
DAS REICHT!
...

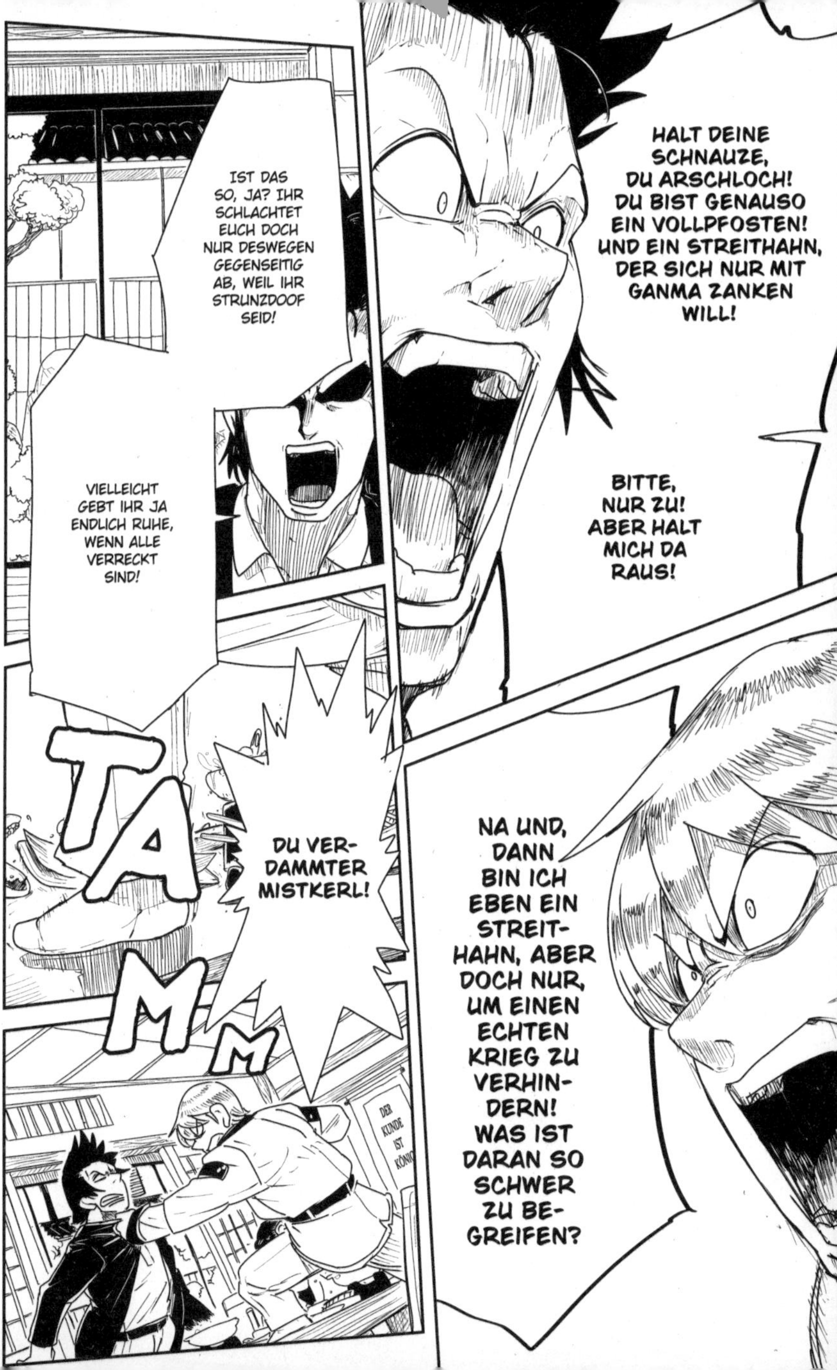
HALT DEINE SCHNAUZE, DU ARSCHLOCH! DU BIST GENAUSO EIN VOLLPFOSTEN! UND EIN STREITHAHN, DER SICH NUR MIT GANMA ZANKEN WILL!
BITTE, NUR ZU! ABER HALT MICH DA RAUS!
IST DAS SO, JA? IHR SCHLACHTET EUCH DOCH NUR DESWEGEN GEGENSEITIG AB, WEIL IHR STRUNZDOOF SEID!
VIELLEICHT GEBT IHR JA ENDLICH RUHE, WENN ALLE VERRECKT SIND!
NA UND, DANN BIN ICH EBEN EIN STREIT-HAHN, ABER DOCH NUR, UM EINEN ECHTEN KRIEG ZU VERHIN-DERN! WAS IST DARAN SO SCHWER ZU BE-GREIFEN?
DU VER-DAMMTER MISTKERL!
TAMMm
DER KUNDE IST

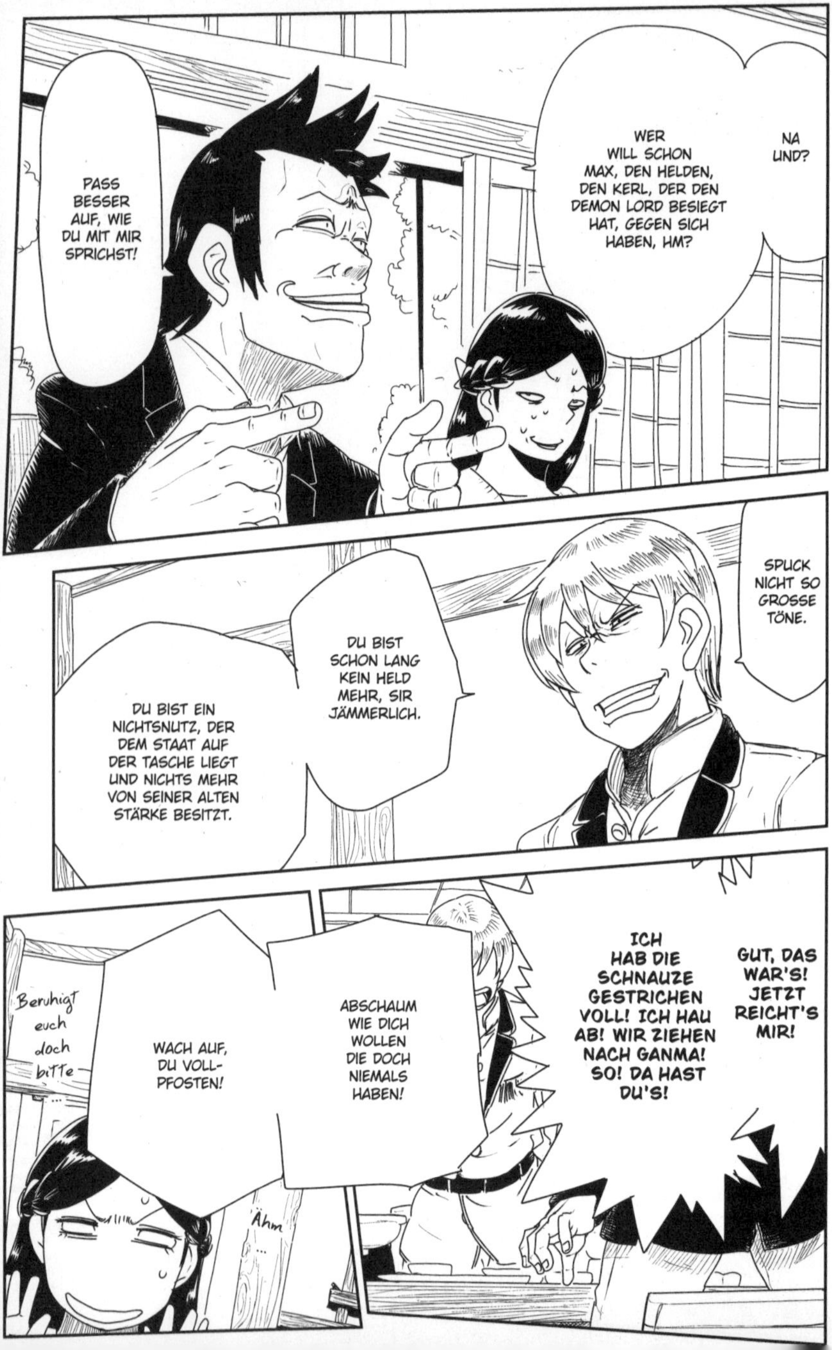

NA UND?
WER WILL SCHON MAX, DEN HELDEN, DEN KERL, DER DEN DEMON LORD BESIEGT HAT, GEGEN SICH HABEN, HM?
PASS BESSER AUF, WIE DU MIT MIR SPRICHST!
SPUCK NICHT SO GROSSE TÖNE.
DU BIST SCHON LANG KEIN HELD MEHR, SIR JÄMMERLICH.
DU BIST EIN NICHTSNUTZ, DER DEM STAAT AUF DER TASCHE LIEGT UND NICHTS MEHR VON SEINER ALTEN STÄRKE BESITZT.
GUT, DAS WAR'S! JETZT REICHT'S MIR!
ICH HAB DIE SCHNAUZE GESTRICHEN VOLL! ICH HAU AB! WIR ZIEHEN NACH GANMA! SO! DA HAST DU'S!
ABSCHAUM WIE DICH WOLLEN DIE DOCH NIEMALS HABEN!
WACH AUF, DU VOLL-PFOSTEN!
Beruhigt euch doch bitte ...
Ähm ...

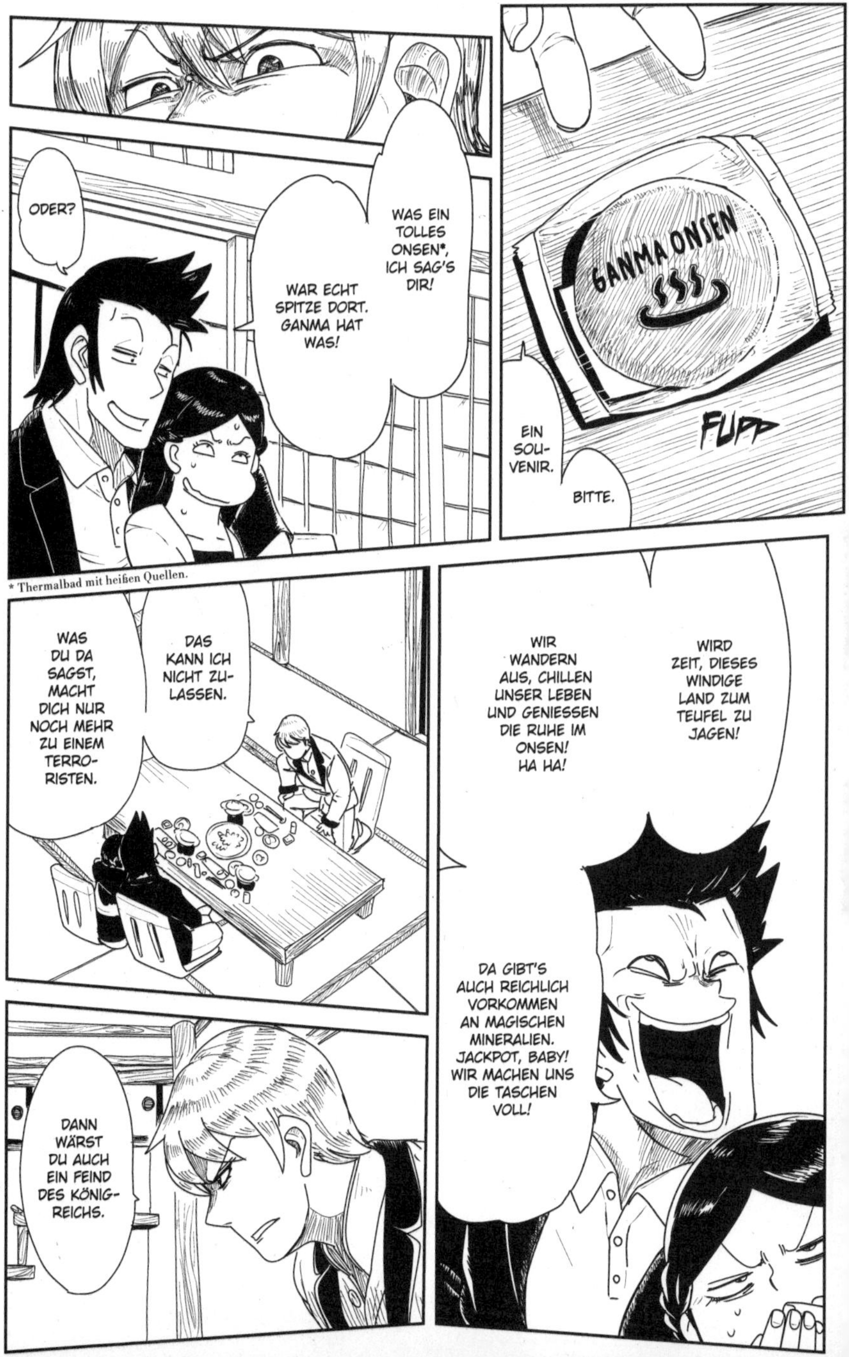

* Thermalbad mit heißen Quellen.

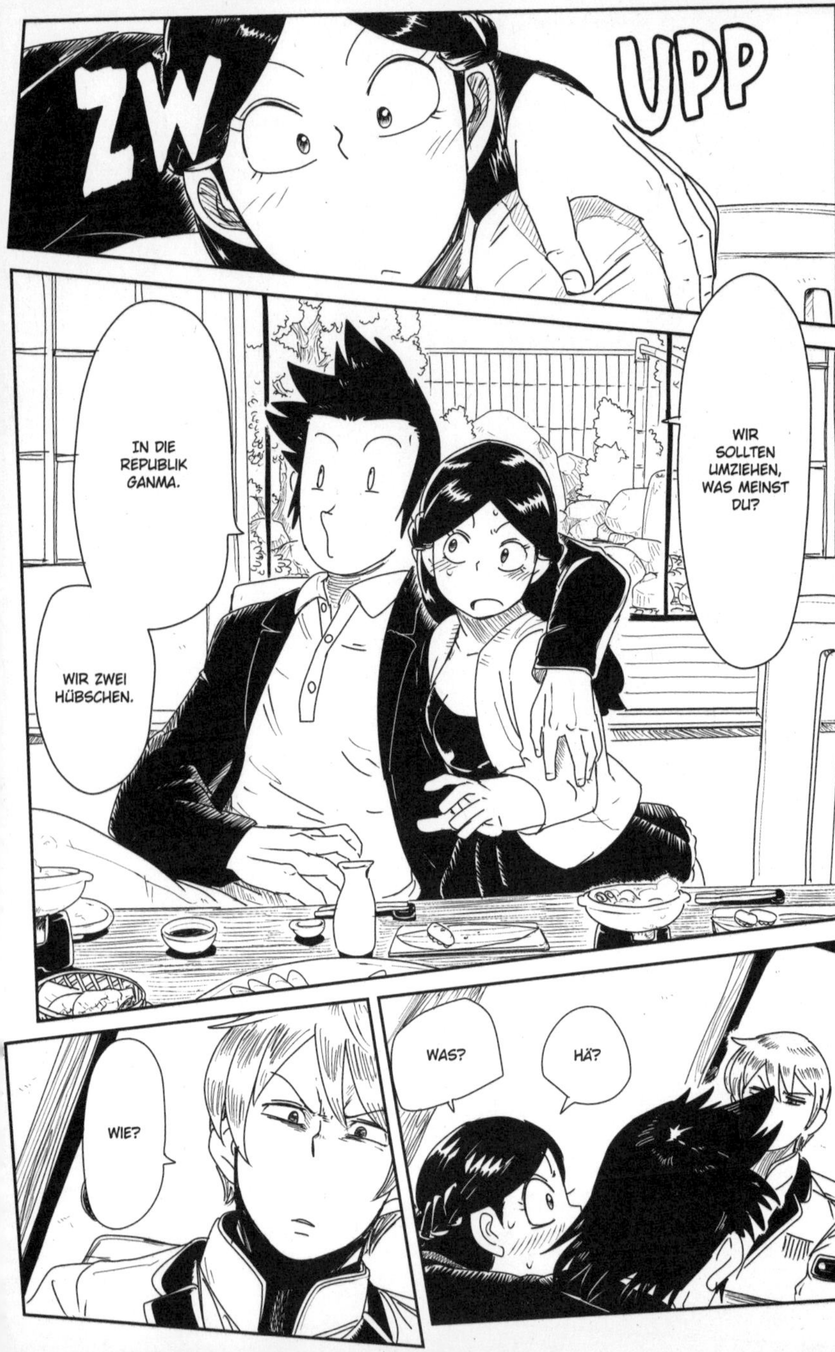
ZW
UPP
WIR SOLLTEN UMZIEHEN, WAS MEINST DU?
IN DIE REPUBLIK GANMA.
WIR ZWEI HÜBSCHEN.
HÄ?
WAS?
WIE?

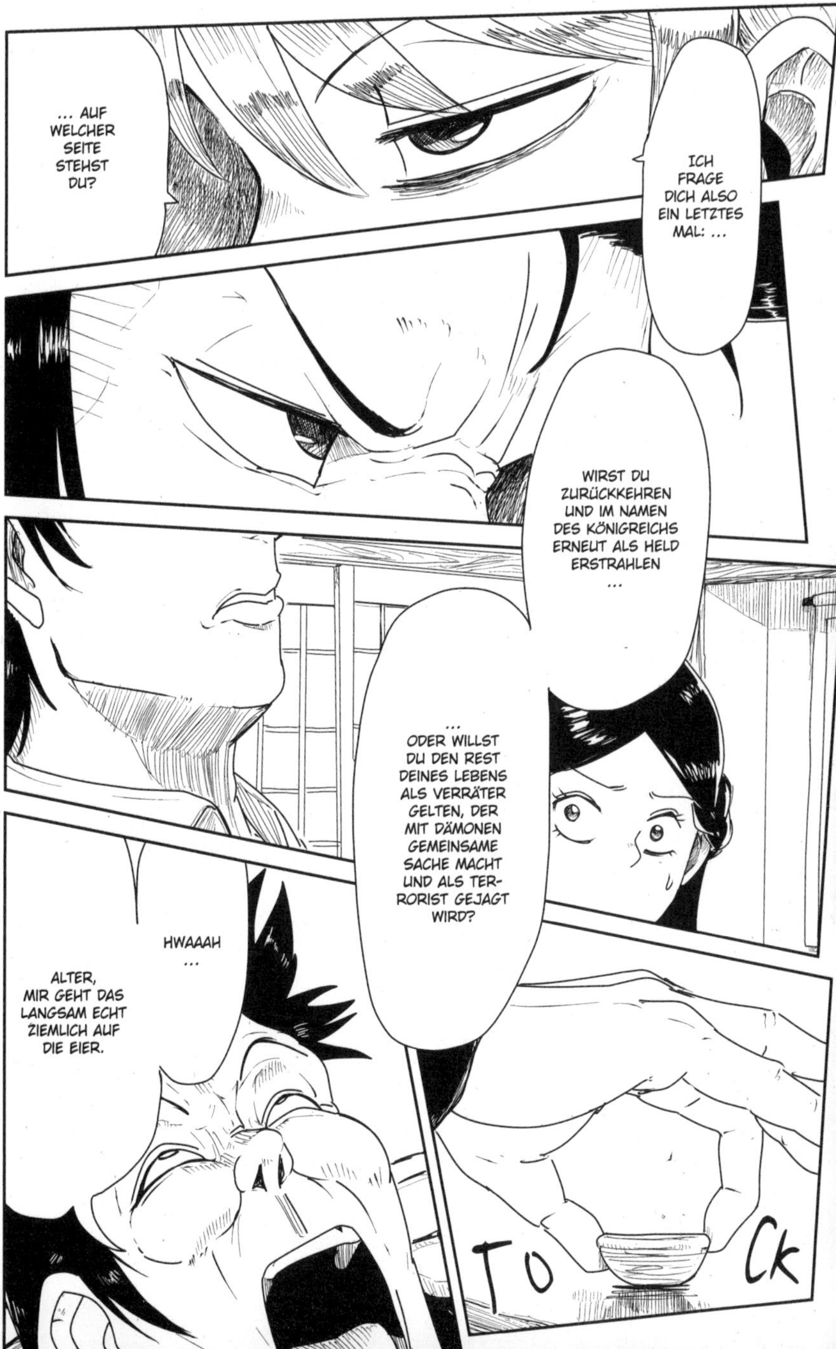
ICH FRAGE DICH ALSO EIN LETZTES MAL: ...
... AUF WELCHER SEITE STEHST DU?
WIRST DU ZURÜCKKEHREN UND IM NAMEN DES KÖNIGREICHS ERNEUT ALS HELD ERSTRAHLEN ...
... ODER WILLST DU DEN REST DEINES LEBENS ALS VERRÄTER GELTEN, DER MIT DÄMONEN GEMEINSAME SACHE MACHT UND ALS TER-RORIST GEJAGT WIRD?
TOCK
HWAAAH ...
ALTER, MIR GEHT DAS LANGSAM ECHT ZIEMLICH AUF DIE EIER.

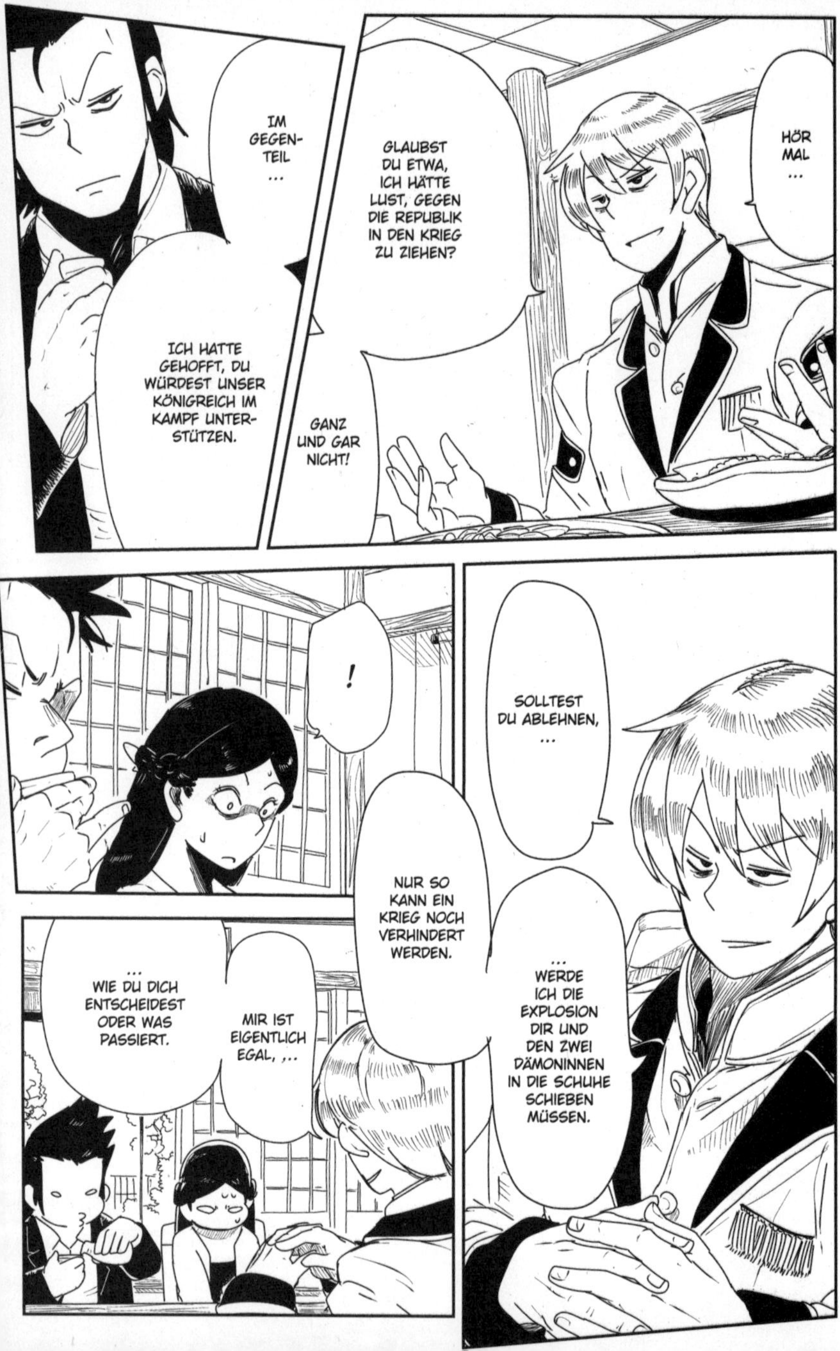
HÖR MAL ...
GLAUBST DU ETWA, ICH HÄTTE LUST, GEGEN DIE REPUBLIK IN DEN KRIEG ZU ZIEHEN?
GANZ UND GAR NICHT!
IM GEGENTEIL ...
ICH HATTE GEHOFFT, DU WÜRDEST UNSER KÖNIGREICH IM KAMPF UNTERSTÜTZEN.
SOLLTEST DU ABLEHNEN, ...
... WERDE ICH DIE EXPLOSION DIR UND DEN ZWEI DÄMONINNEN IN DIE SCHUHE SCHIEBEN MÜSSEN.
NUR SO KANN EIN KRIEG NOCH VERHINDERT WERDEN.
!
MIR IST EIGENTLICH EGAL, ...
... WIE DU DICH ENTSCHEIDEST ODER WAS PASSIERT.

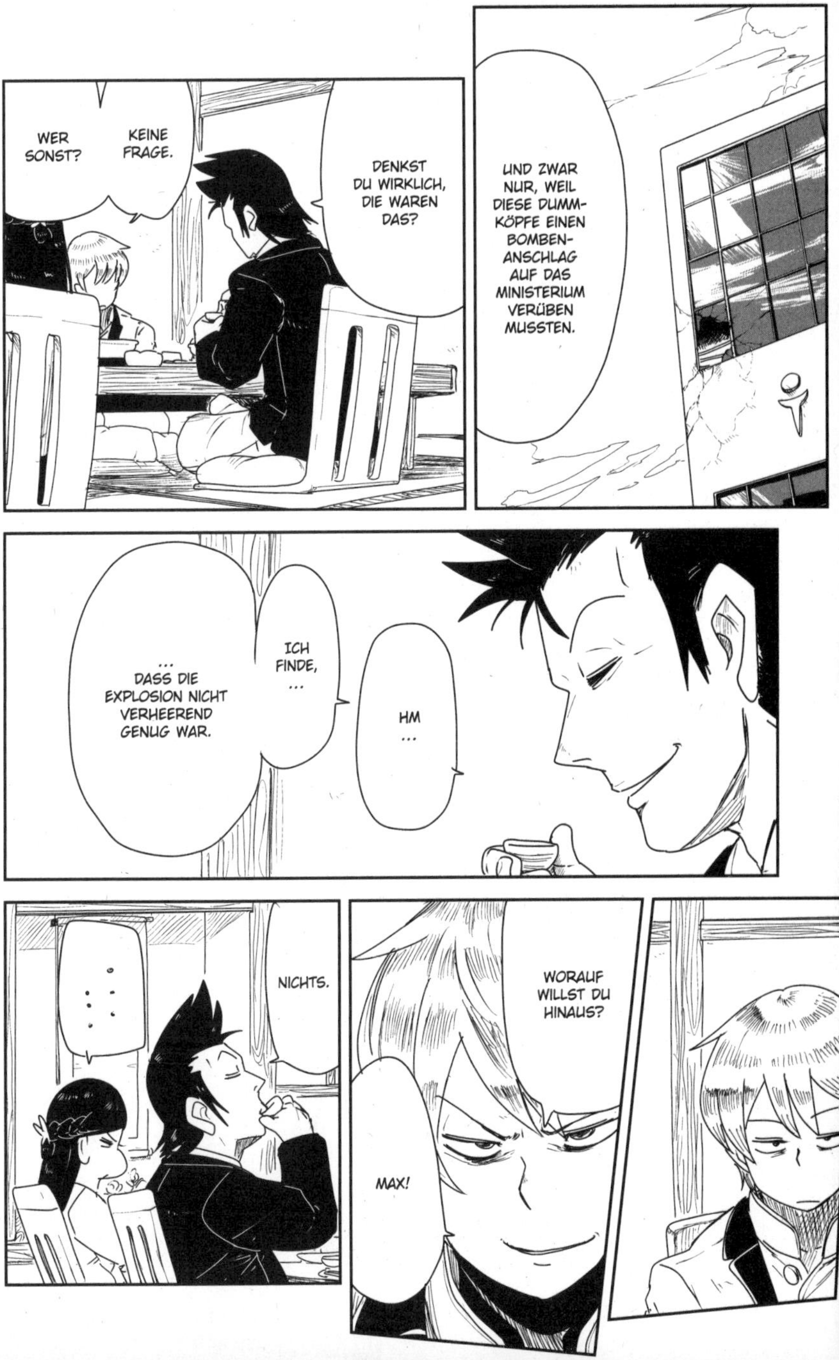
UND ZWAR NUR, WEIL DIESE DUMMKÖPFE EINEN BOMBENANSCHLAG AUF DAS MINISTERIUM VERÜBEN MUSSTEN.
DENKST DU WIRKLICH, DIE WAREN DAS?
KEINE FRAGE.
WER SONST?
HM ...
ICH FINDE, ...
... DASS DIE EXPLOSION NICHT VERHEEREND GENUG WAR.
WORAUF WILLST DU HINAUS?
MAX!
NICHTS.

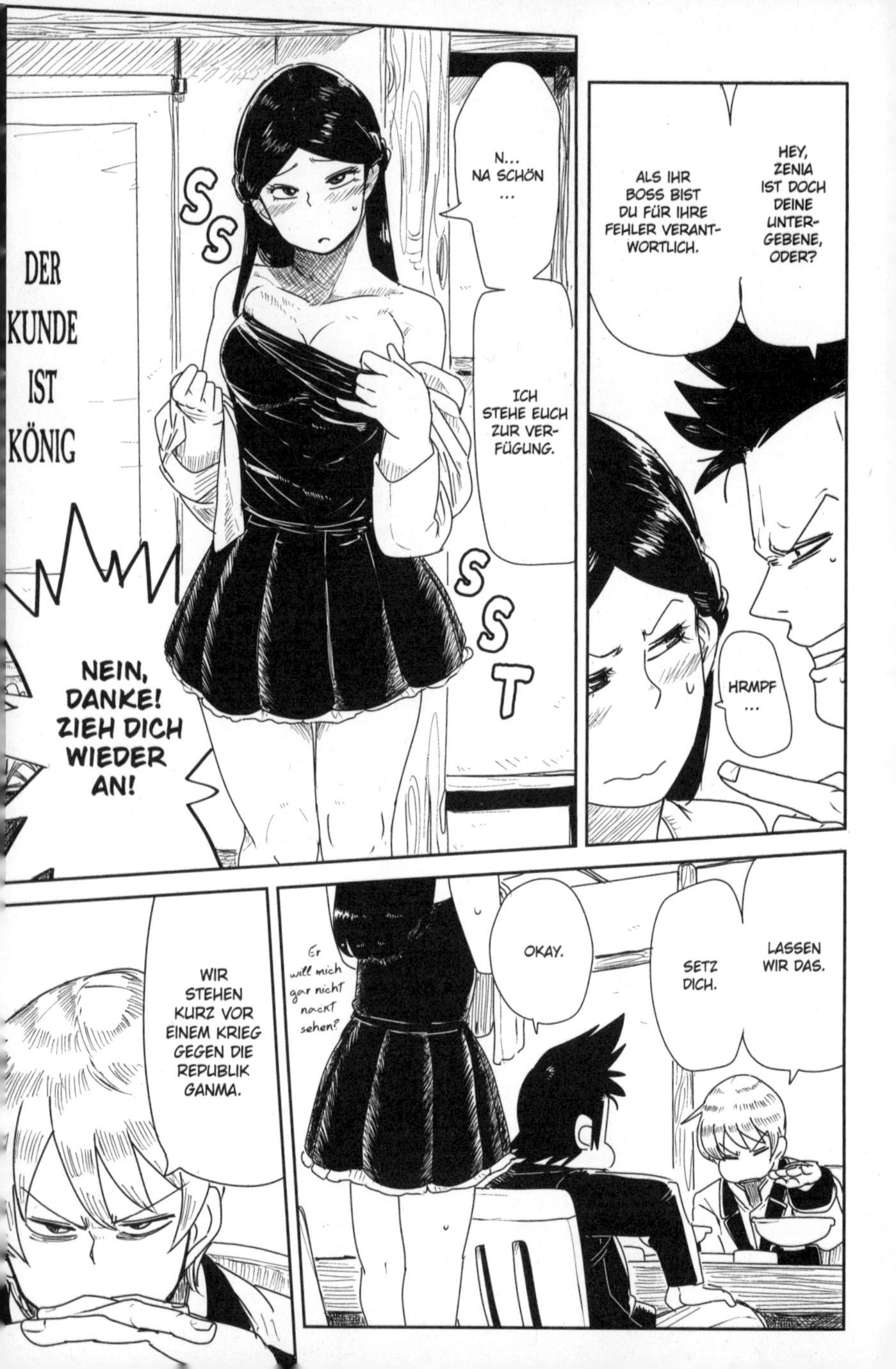
HEY, ZENIA IST DOCH DEINE UNTER-GEBENE, ODER?
ALS IHR BOSS BIST DU FÜR IHRE FEHLER VERANT-WORTLICH.
HRMPF …
N… NA SCHÖN …
ICH STEHE EUCH ZUR VER-FÜGUNG.
SS
SST
DER KUNDE IST KÖNIG
NEIN, DANKE! ZIEH DICH WIEDER AN!
LASSEN WIR DAS.
SETZ DICH.
OKAY.
Er will mich gar nicht nackt sehen?
WIR STEHEN KURZ VOR EINEM KRIEG GEGEN DIE REPUBLIK GANMA.

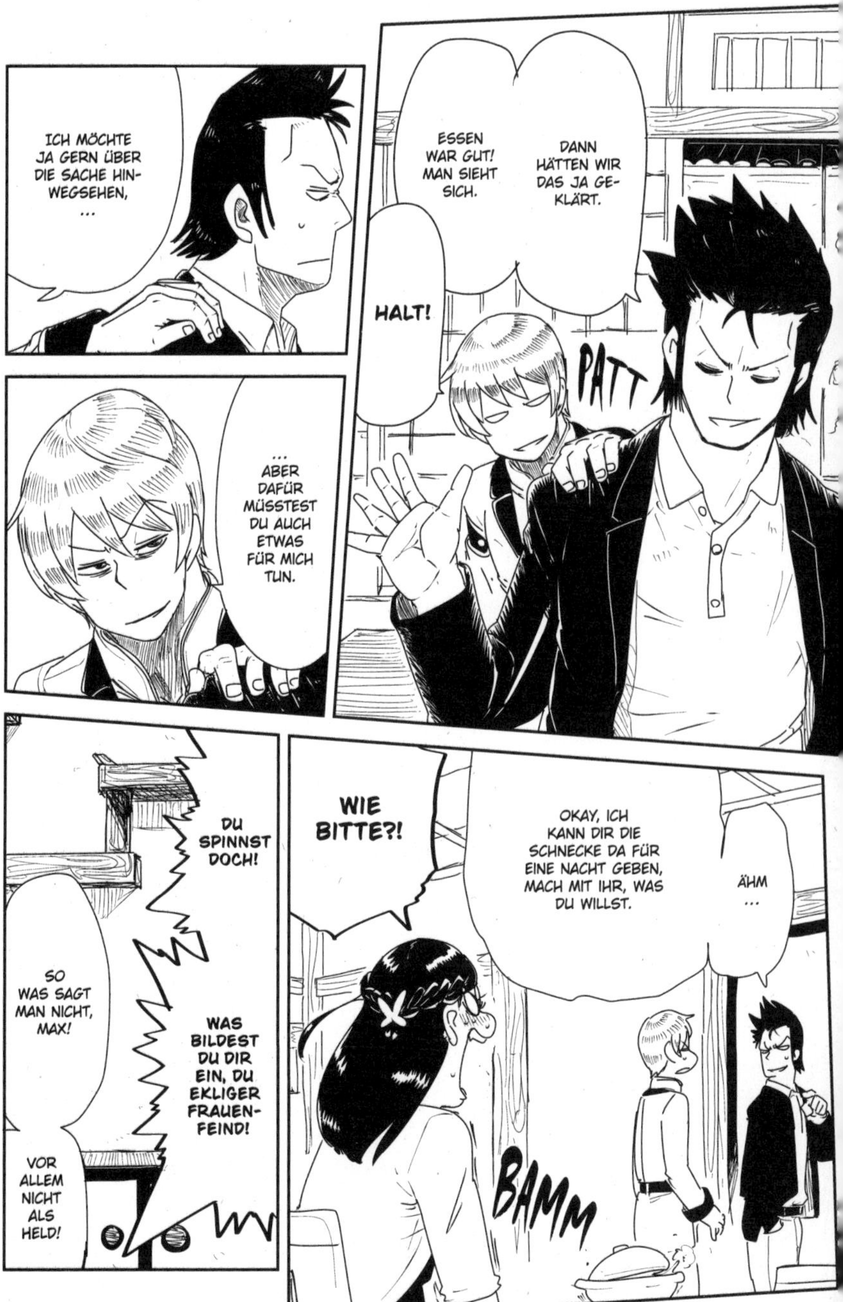
DANN HÄTTEN WIR DAS JA GE-KLÄRT.
ESSEN WAR GUT! MAN SIEHT SICH.
HALT!
PATT
ICH MÖCHTE JA GERN ÜBER DIE SACHE HIN-WEGSEHEN, ...
... ABER DAFÜR MÜSSTEST DU AUCH ETWAS FÜR MICH TUN.
ÄHM ...
OKAY, ICH KANN DIR DIE SCHNECKE DA FÜR EINE NACHT GEBEN, MACH MIT IHR, WAS DU WILLST.
WIE BITTE?!
BAMM
DU SPINNST DOCH!
WAS BILDEST DU DIR EIN, DU EKLIGER FRAUEN-FEIND!
SO WAS SAGT MAN NICHT, MAX!
VOR ALLEM NICHT ALS HELD!

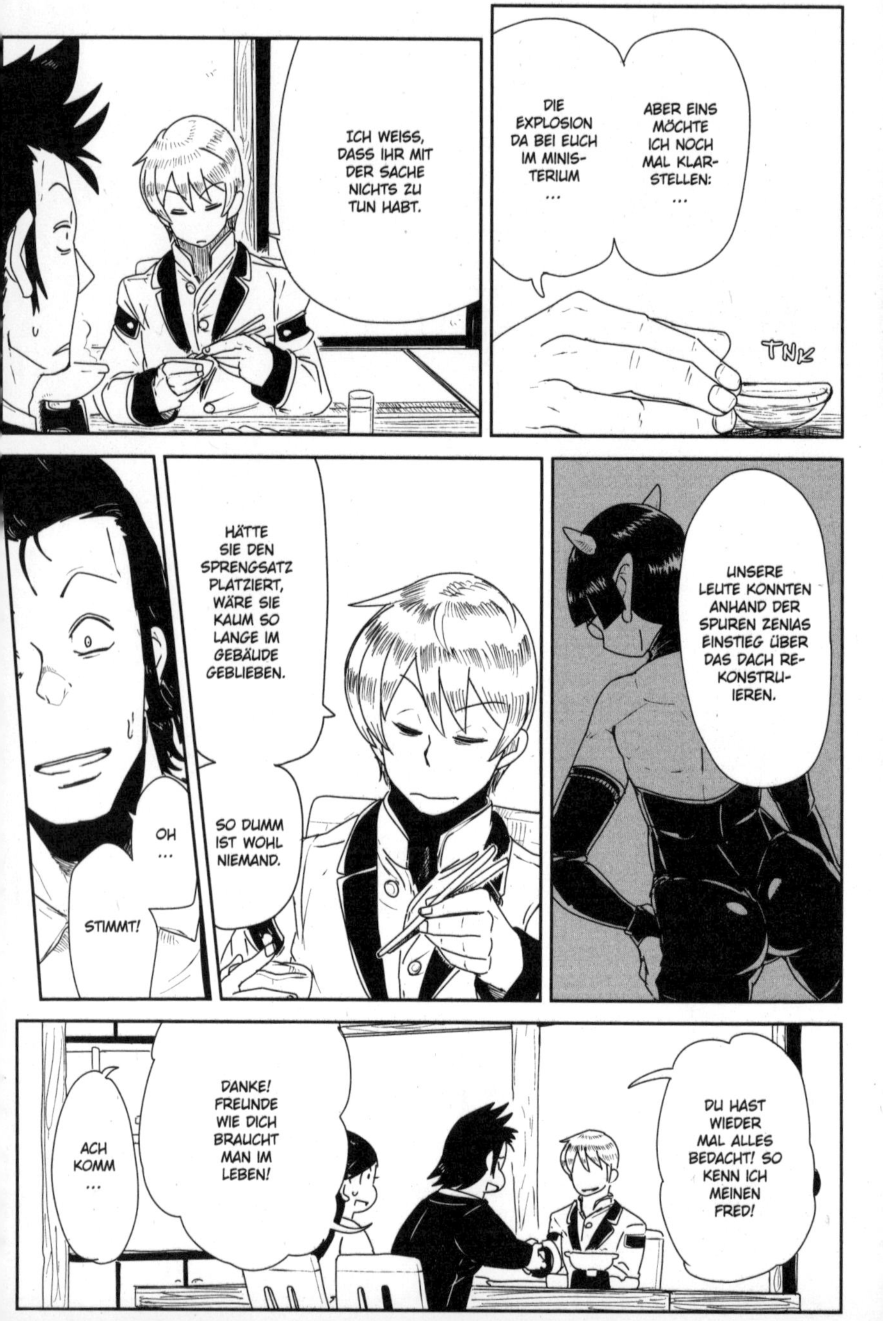

ABER EINS MÖCHTE ICH NOCH MAL KLAR-STELLEN: …
DIE EXPLOSION DA BEI EUCH IM MINIS-TERIUM …
TNK
ICH WEISS, DASS IHR MIT DER SACHE NICHTS ZU TUN HABT.
UNSERE LEUTE KONNTEN ANHAND DER SPUREN ZENIAS EINSTIEG ÜBER DAS DACH RE-KONSTRU-IEREN.
HÄTTE SIE DEN SPRENGSATZ PLATZIERT, WÄRE SIE KAUM SO LANGE IM GEBÄUDE GEBLIEBEN.
SO DUMM IST WOHL NIEMAND.
OH …
STIMMT!
DU HAST WIEDER MAL ALLES BEDACHT! SO KENN ICH MEINEN FRED!
DANKE! FREUNDE WIE DICH BRAUCHT MAN IM LEBEN!
ACH KOMM …

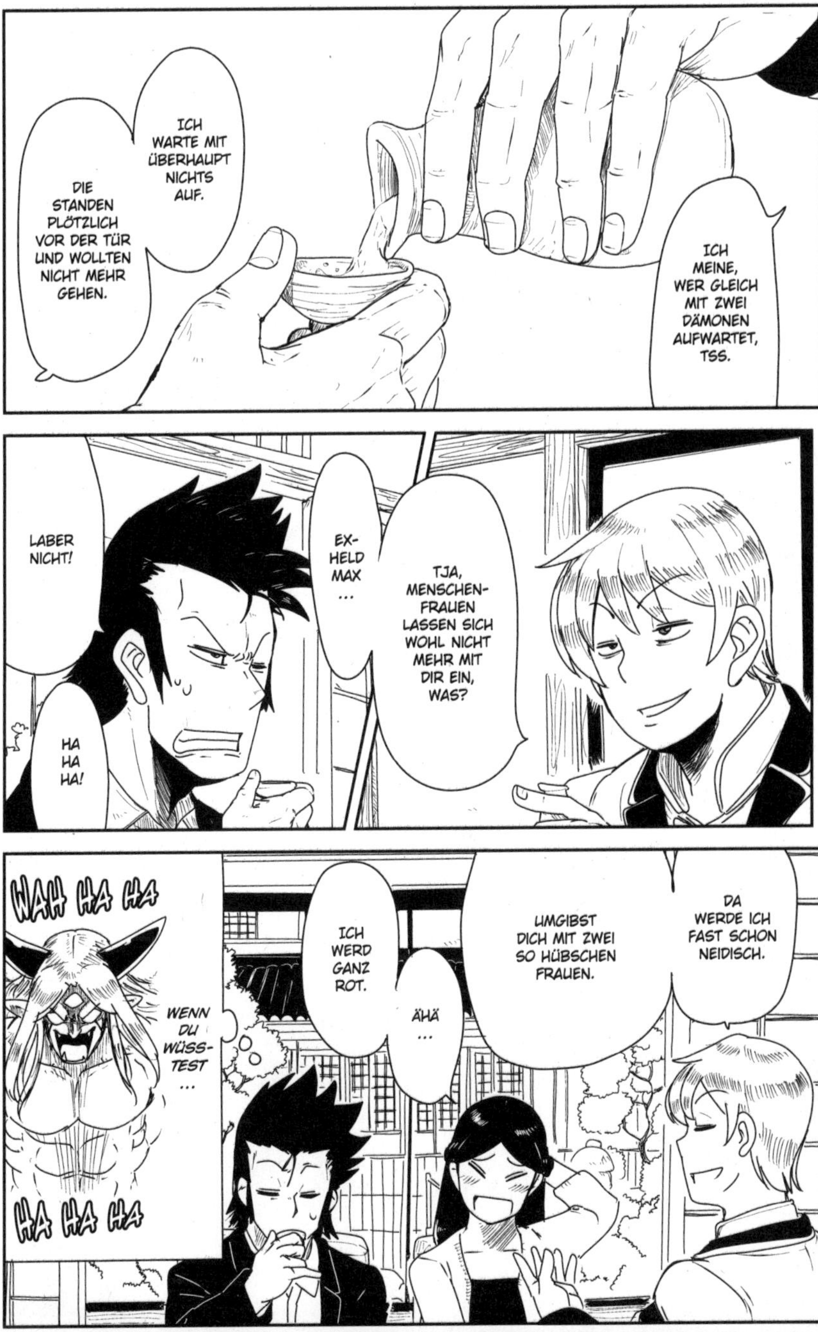

ICH MEINE, WER GLEICH MIT ZWEI DÄMONEN AUFWARTET, TSS.
ICH WARTE MIT ÜBERHAUPT NICHTS AUF.
DIE STANDEN PLÖTZLICH VOR DER TÜR UND WOLLTEN NICHT MEHR GEHEN.
TJA, MENSCHEN-FRAUEN LASSEN SICH WOHL NICHT MEHR MIT DIR EIN, WAS?
EX-HELD MAX ...
LABER NICHT!
HA HA HA!
DA WERDE ICH FAST SCHON NEIDISCH.
UMGIBST DICH MIT ZWEI SO HÜBSCHEN FRAUEN.
ÄHÄ ...
ICH WERD GANZ ROT.
WENN DU WÜSS-TEST ...
WAH HA HA
HA HA HA

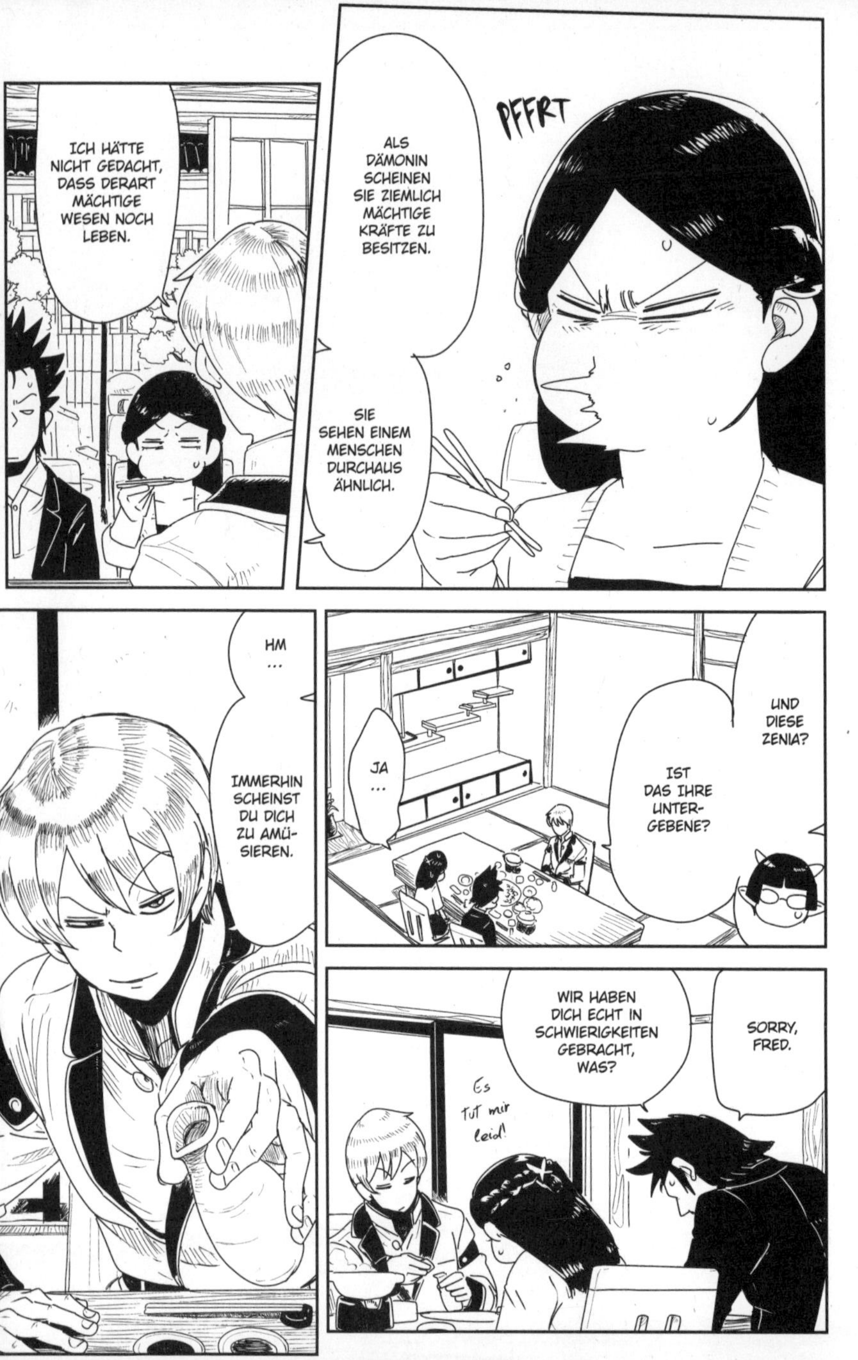

PFFRT
ALS DÄMONIN SCHEINEN SIE ZIEMLICH MÄCHTIGE KRÄFTE ZU BESITZEN.
SIE SEHEN EINEM MENSCHEN DURCHAUS ÄHNLICH.
ICH HÄTTE NICHT GEDACHT, DASS DERART MÄCHTIGE WESEN NOCH LEBEN.
UND DIESE ZENIA?
IST DAS IHRE UNTER-GEBENE?
JA ...
SORRY, FRED.
WIR HABEN DICH ECHT IN SCHWIERIGKEITEN GEBRACHT, WAS?
Es tut mir leid!
HM ...
IMMERHIN SCHEINST DU DICH ZU AMÜ-SIEREN.

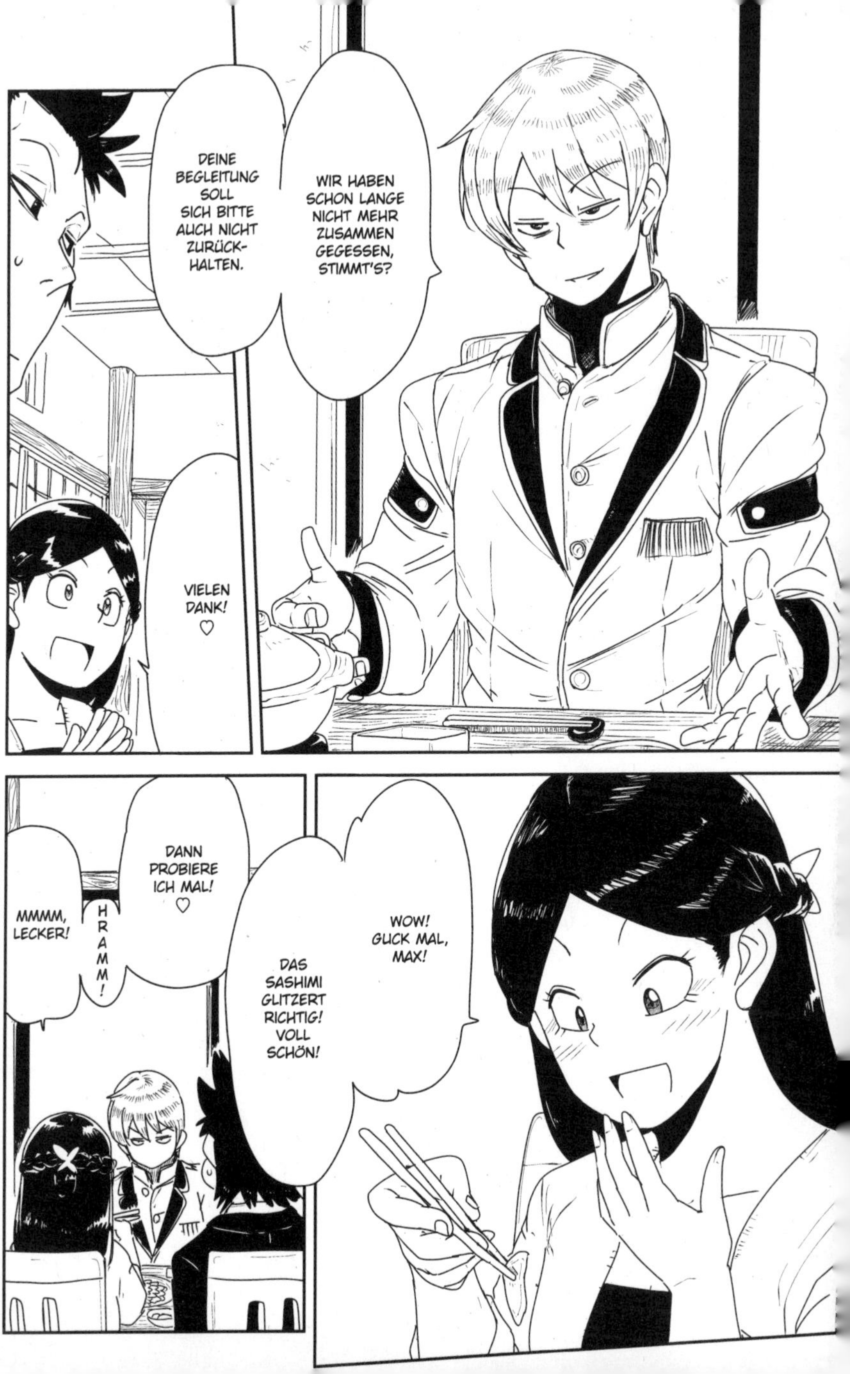
WIR HABEN SCHON LANGE NICHT MEHR ZUSAMMEN GEGESSEN, STIMMT'S?
DEINE BEGLEITUNG SOLL SICH BITTE AUCH NICHT ZURÜCK-HALTEN.
VIELEN DANK! ♡
WOW! GUCK MAL, MAX!
DAS SASHIMI GLITZERT RICHTIG! VOLL SCHÖN!
DANN PROBIERE ICH MAL! ♡
HRAMM!
MMMM, LECKER!

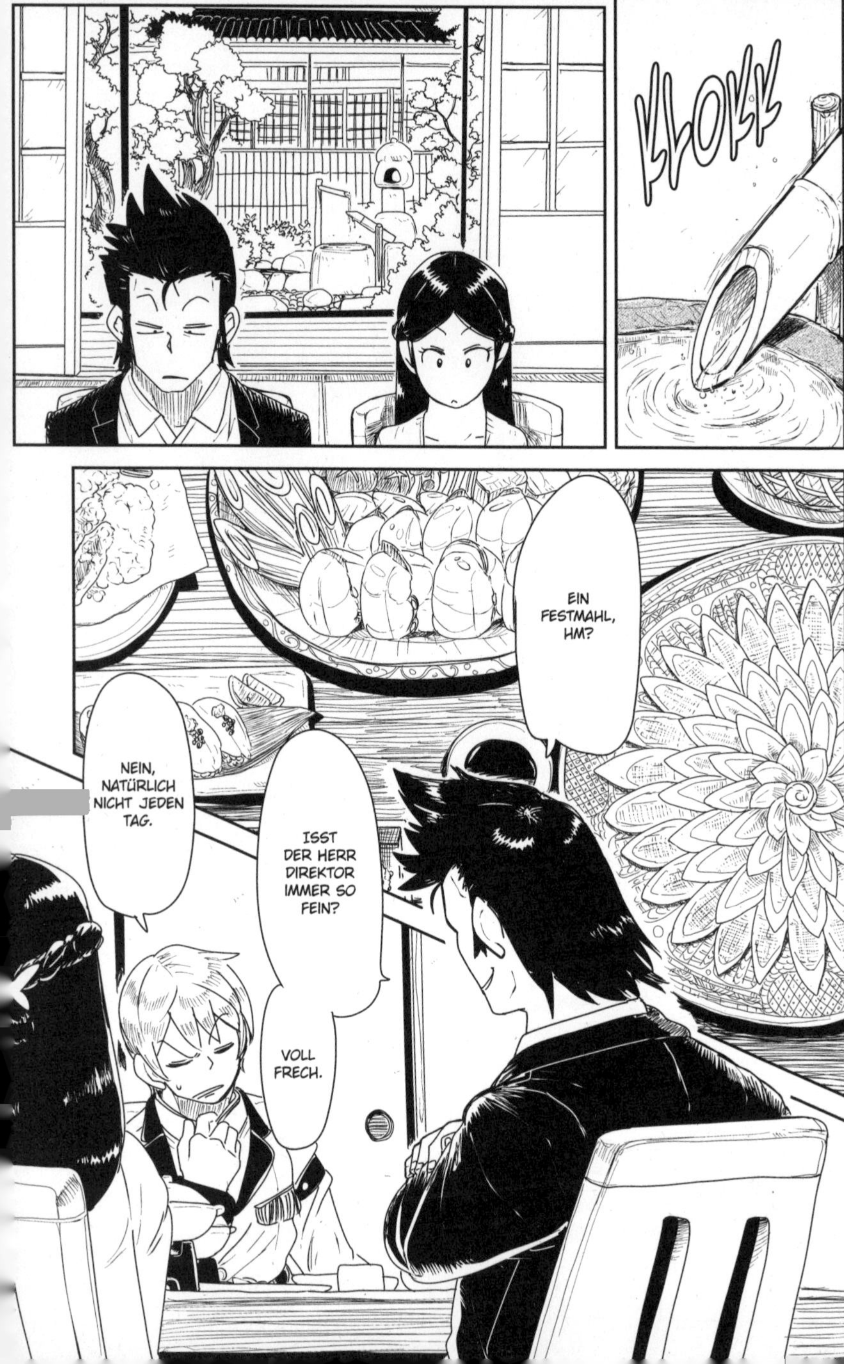
KLOKK
EIN FESTMAHL, HM?
ISST DER HERR DIREKTOR IMMER SO FEIN?
NEIN, NATÜRLICH NICHT JEDEN TAG.
VOLL FRECH.

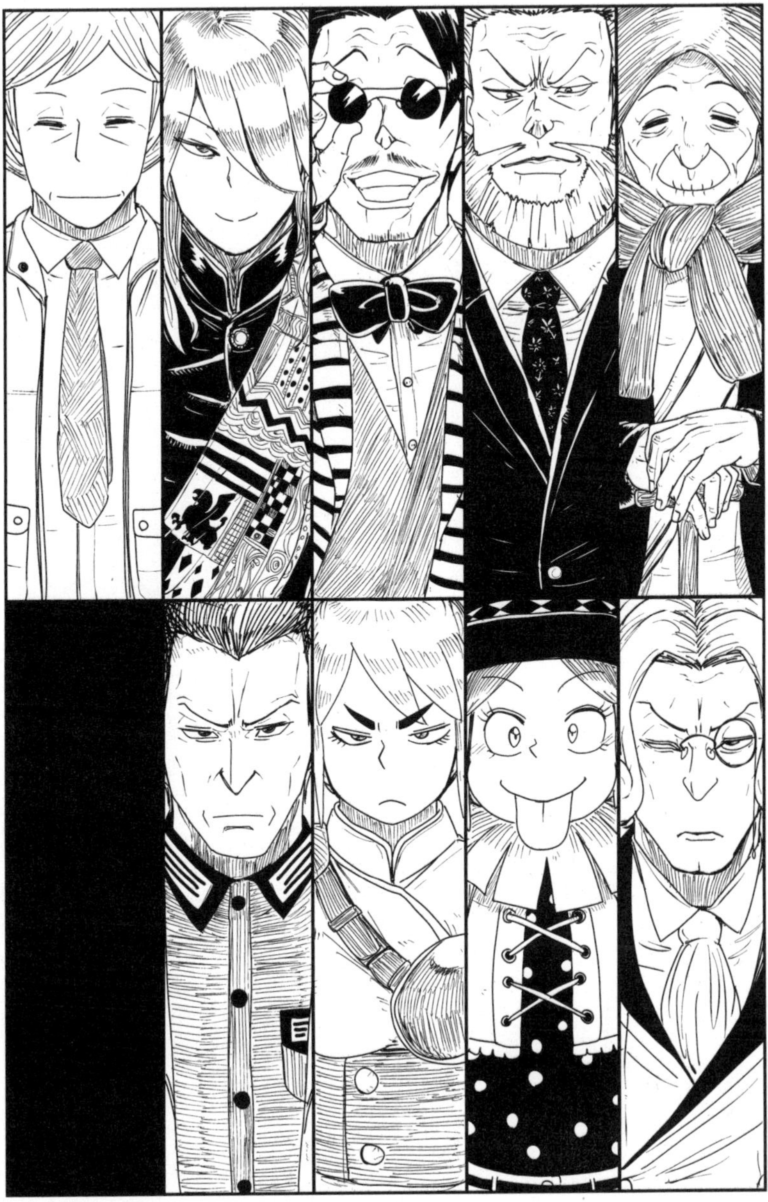

KAPITEL 19 Umbruch

Kapitel 19: Umbruch

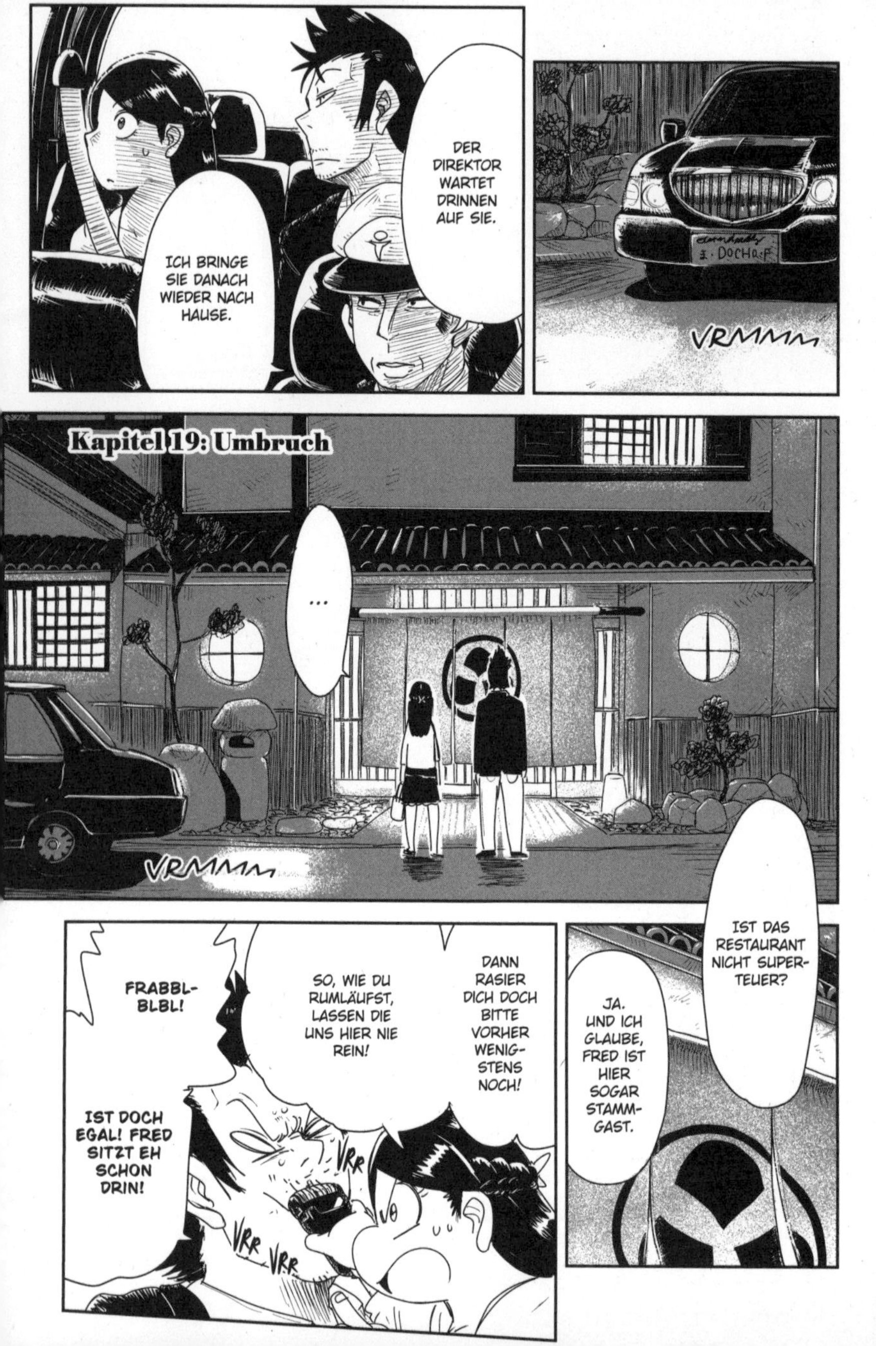

LEVEL 1 DEMON LORD & ONE ROOM HERO

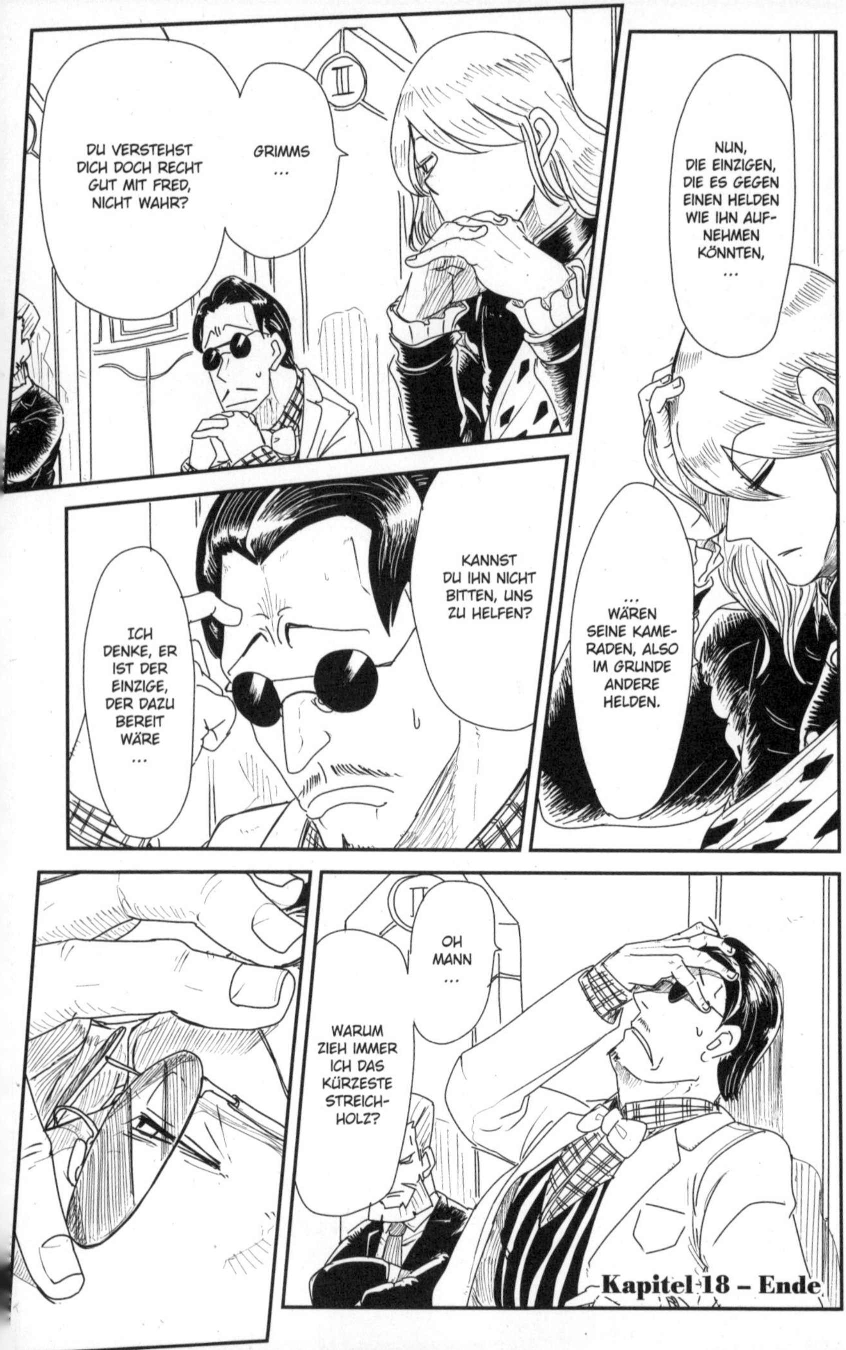
GRIMMS …
DU VERSTEHST DICH DOCH RECHT GUT MIT FRED, NICHT WAHR?
KANNST DU IHN NICHT BITTEN, UNS ZU HELFEN?
ICH DENKE, ER IST DER EINZIGE, DER DAZU BEREIT WÄRE …
NUN, DIE EINZIGEN, DIE ES GEGEN EINEN HELDEN WIE IHN AUF-NEHMEN KÖNNTEN, …
… WÄREN SEINE KAME-RADEN, ALSO IM GRUNDE ANDERE HELDEN.
OH MANN …
WARUM ZIEH IMMER ICH DAS KÜRZESTE STREICH-HOLZ?
Kapitel 18 – Ende

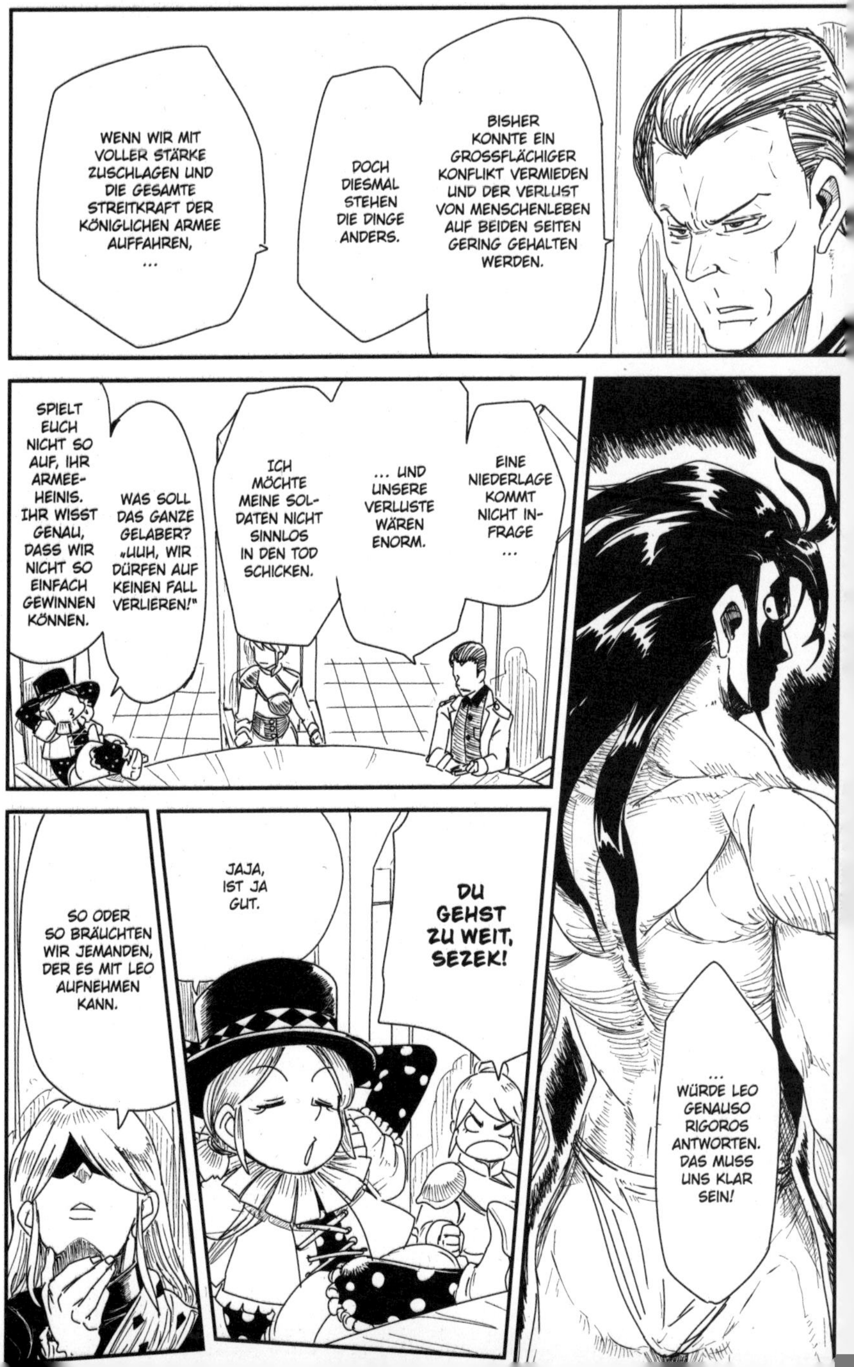
BISHER KONNTE EIN GROSSFLÄCHIGER KONFLIKT VERMIEDEN UND DER VERLUST VON MENSCHENLEBEN AUF BEIDEN SEITEN GERING GEHALTEN WERDEN.
DOCH DIESMAL STEHEN DIE DINGE ANDERS.
WENN WIR MIT VOLLER STÄRKE ZUSCHLAGEN UND DIE GESAMTE STREITKRAFT DER KÖNIGLICHEN ARMEE AUFFAHREN, …
EINE NIEDERLAGE KOMMT NICHT INFRAGE …
… UND UNSERE VERLUSTE WÄREN ENORM.
ICH MÖCHTE MEINE SOLDATEN NICHT SINNLOS IN DEN TOD SCHICKEN.
WAS SOLL DAS GANZE GELABER? „UUH, WIR DÜRFEN AUF KEINEN FALL VERLIEREN!"
SPIELT EUCH NICHT SO AUF, IHR ARMEE-HEINIS. IHR WISST GENAU, DASS WIR NICHT SO EINFACH GEWINNEN KÖNNEN.
DU GEHST ZU WEIT, SEZEK!
JAJA, IST JA GUT.
SO ODER SO BRÄUCHTEN WIR JEMANDEN, DER ES MIT LEO AUFNEHMEN KANN.
… WÜRDE LEO GENAUSO RIGOROS ANTWORTEN. DAS MUSS UNS KLAR SEIN!

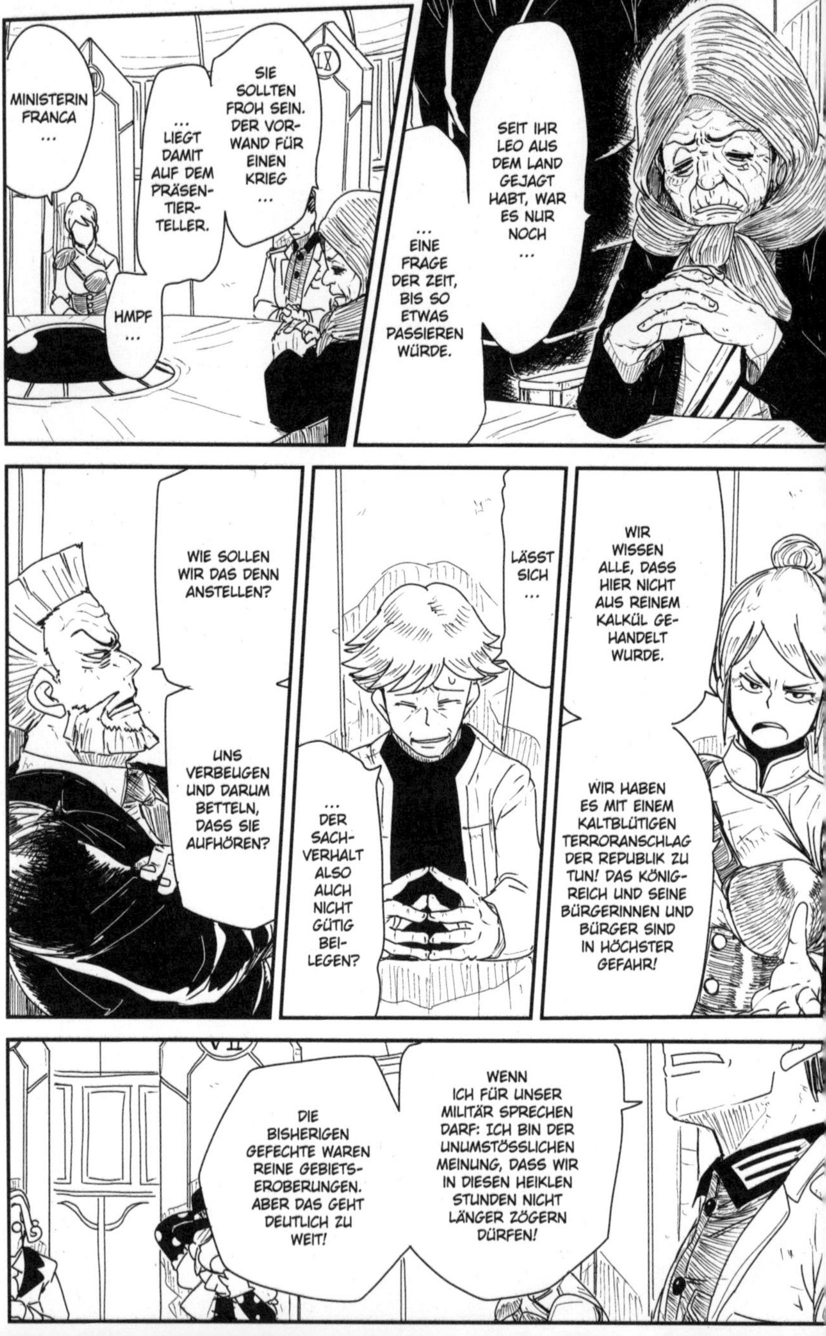
SEIT IHR LEO AUS DEM LAND GEJAGT HABT, WAR ES NUR NOCH …
… EINE FRAGE DER ZEIT, BIS SO ETWAS PASSIEREN WÜRDE.
SIE SOLLTEN FROH SEIN. DER VORWAND FÜR EINEN KRIEG …
… LIEGT DAMIT AUF DEM PRÄSENTIERTELLER.
HMPF …
MINISTERIN FRANCA …
WIR WISSEN ALLE, DASS HIER NICHT AUS REINEM KALKÜL GEHANDELT WURDE.
WIR HABEN ES MIT EINEM KALTBLÜTIGEN TERRORANSCHLAG DER REPUBLIK ZU TUN! DAS KÖNIGREICH UND SEINE BÜRGERINNEN UND BÜRGER SIND IN HÖCHSTER GEFAHR!
LÄSST SICH …
… DER SACHVERHALT ALSO AUCH NICHT GÜTIG BEILEGEN?
WIE SOLLEN WIR DAS DENN ANSTELLEN?
UNS VERBEUGEN UND DARUM BETTELN, DASS SIE AUFHÖREN?
WENN ICH FÜR UNSER MILITÄR SPRECHEN DARF: ICH BIN DER UNUMSTÖSSLICHEN MEINUNG, DASS WIR IN DIESEN HEIKLEN STUNDEN NICHT LÄNGER ZÖGERN DÜRFEN!
DIE BISHERIGEN GEFECHTE WAREN REINE GEBIETSEROBERUNGEN. ABER DAS GEHT DEUTLICH ZU WEIT!

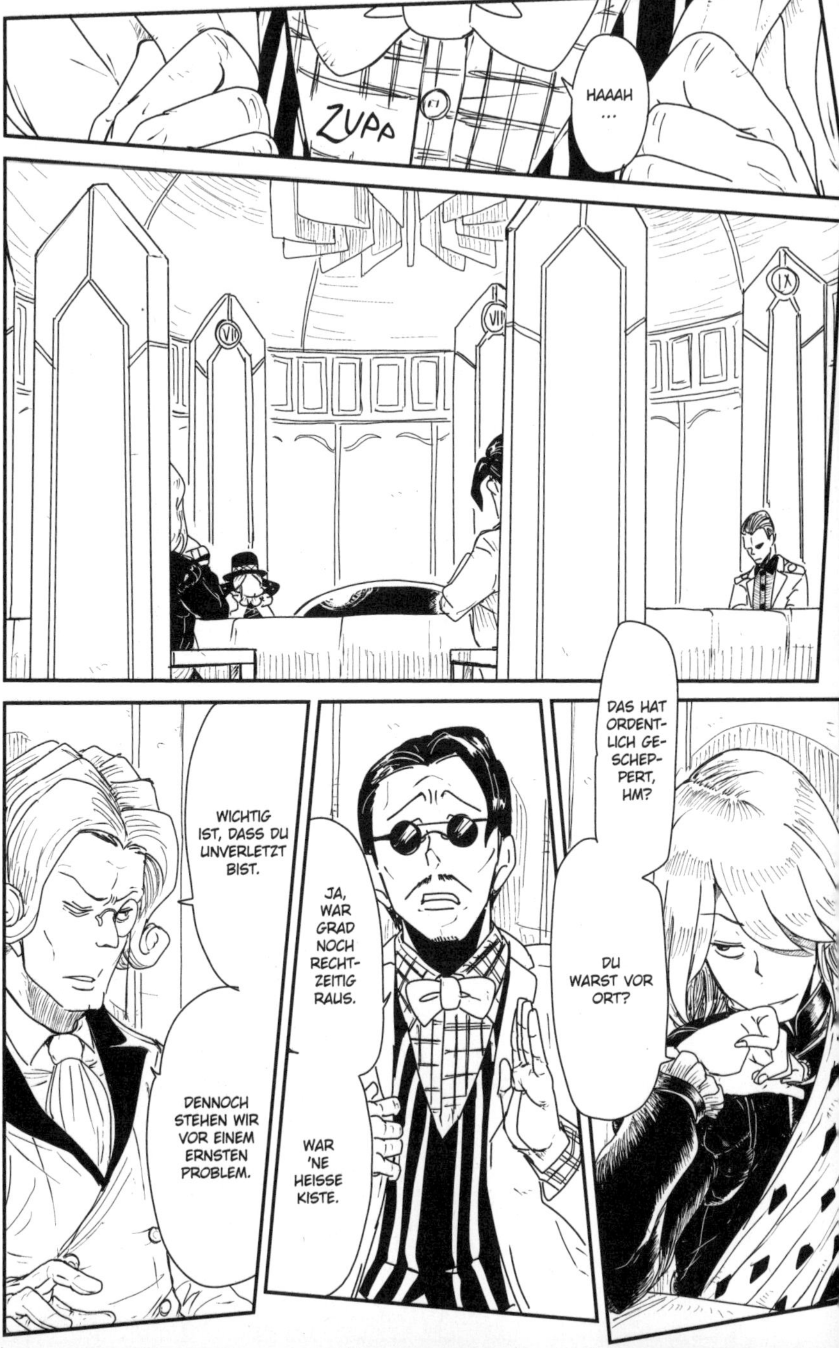
HAAAH ...
ZUPP
IX
VIII
VII
DAS HAT ORDENT-LICH GE-SCHEP-PERT, HM?
DU WARST VOR ORT?
JA, WAR GRAD NOCH RECHT-ZEITIG RAUS.
WAR 'NE HEISSE KISTE.
WICHTIG IST, DASS DU UNVERLETZT BIST.
DENNOCH STEHEN WIR VOR EINEM ERNSTEN PROBLEM.

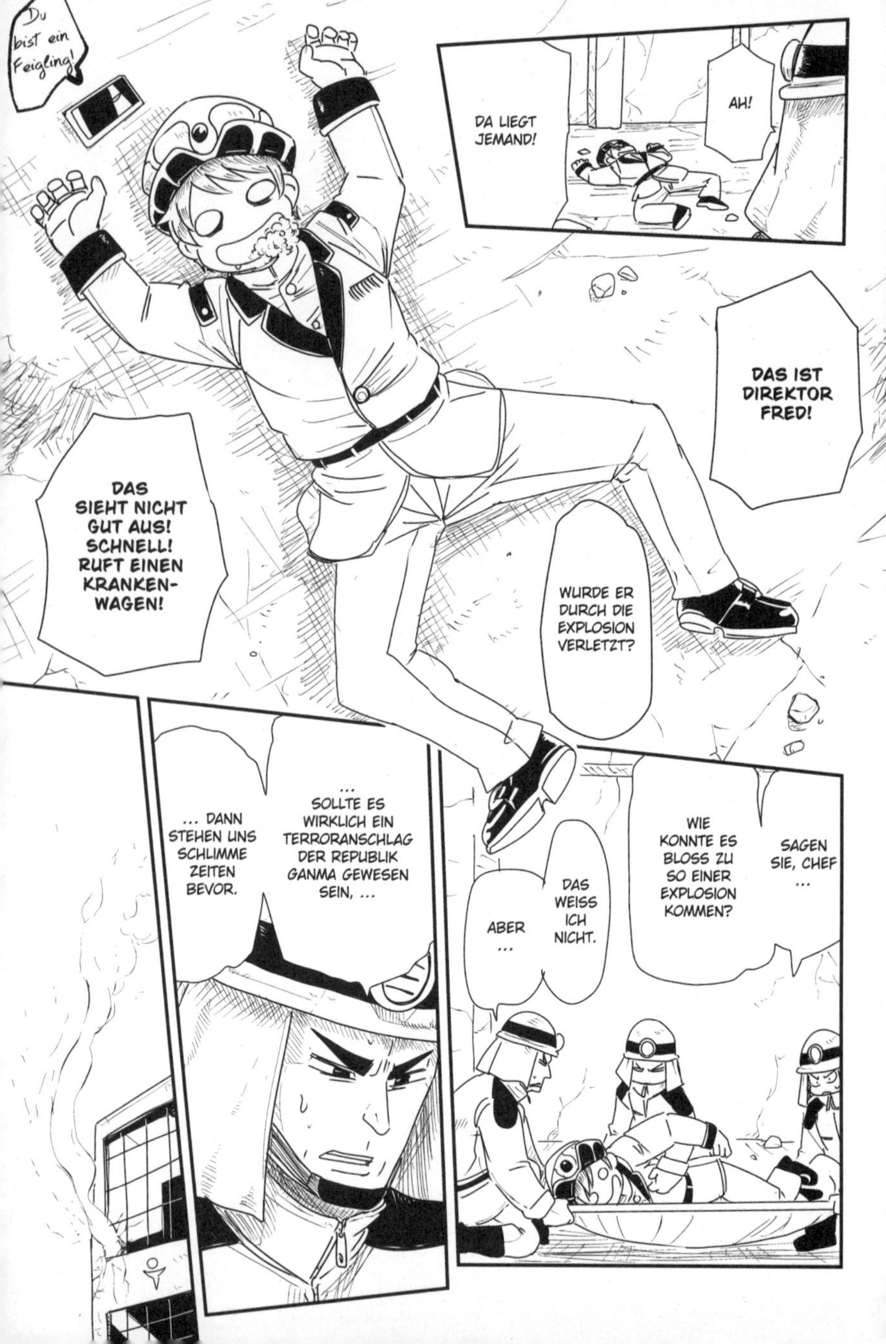
AH!
DA LIEGT JEMAND!
DAS IST DIREKTOR FRED!
WURDE ER DURCH DIE EXPLOSION VERLETZT?
DAS SIEHT NICHT GUT AUS! SCHNELL! RUFT EINEN KRANKEN-WAGEN!
Du bist ein Feigling!
SAGEN SIE, CHEF ...
WIE KONNTE ES BLOSS ZU SO EINER EXPLOSION KOMMEN?
DAS WEISS ICH NICHT.
ABER ...
... SOLLTE ES WIRKLICH EIN TERRORANSCHLAG DER REPUBLIK GANMA GEWESEN SEIN, ...
... DANN STEHEN UNS SCHLIMME ZEITEN BEVOR.

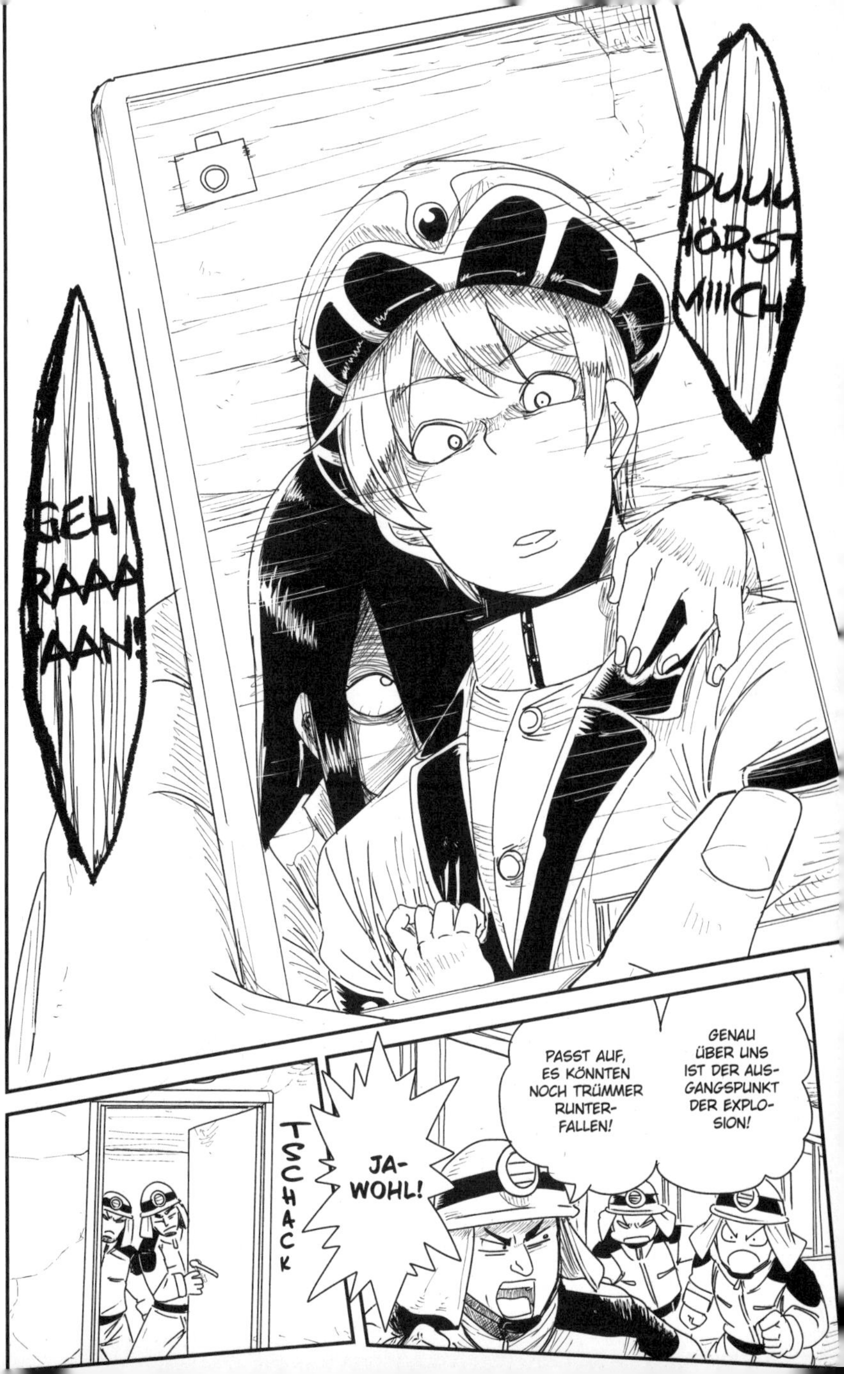
DUUU HÖRST MIIICH
GEH RAAA AAN!
GENAU ÜBER UNS IST DER AUS-GANGSPUNKT DER EXPLO-SION!
PASST AUF, ES KÖNNTEN NOCH TRÜMMER RUNTER-FALLEN!
JA-WOHL!
TSCHACK

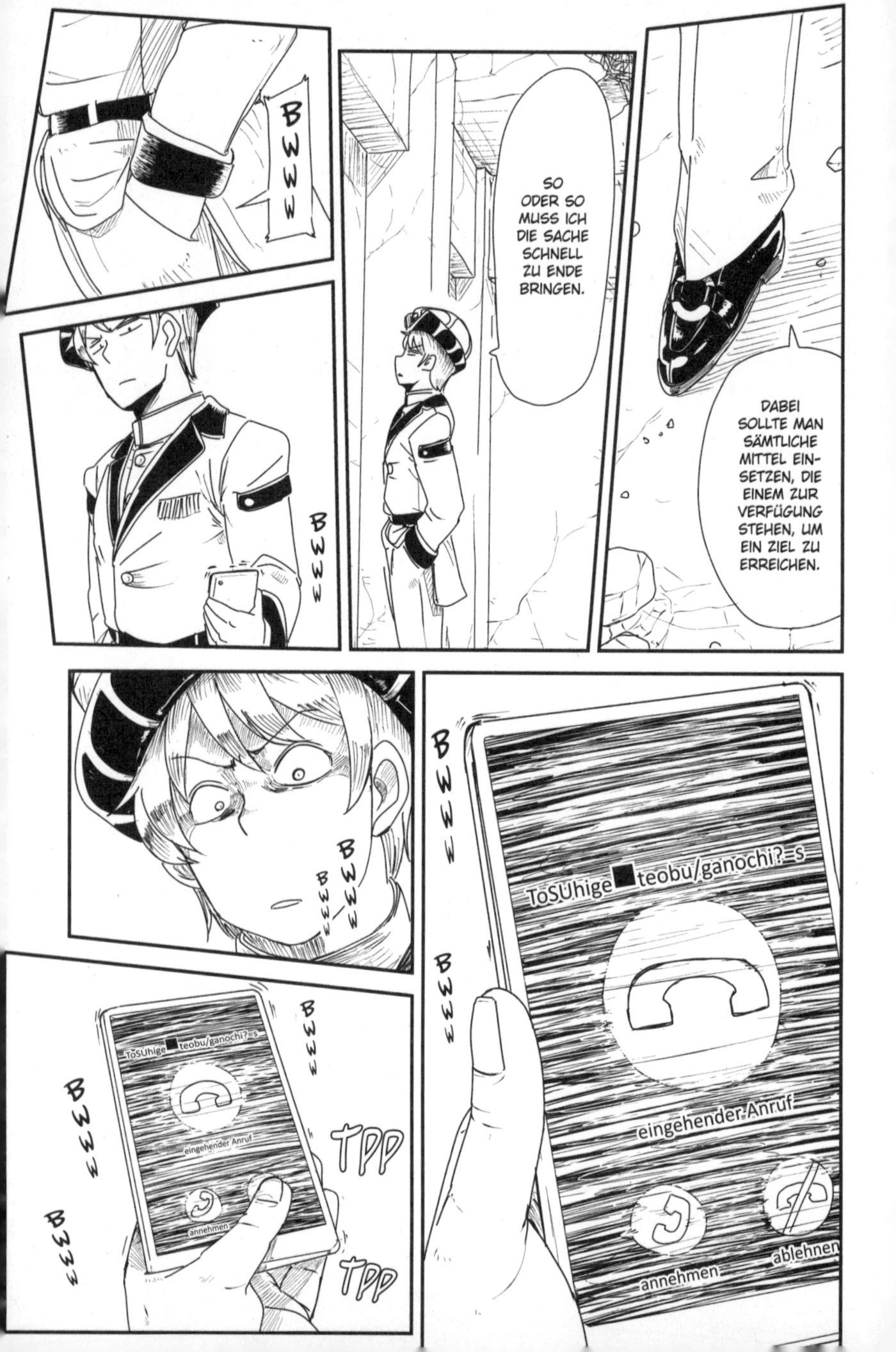
DABEI SOLLTE MAN SÄMTLICHE MITTEL EIN-SETZEN, DIE EINEM ZUR VERFÜGUNG STEHEN, UM EIN ZIEL ZU ERREICHEN.
SO ODER SO MUSS ICH DIE SACHE SCHNELL ZU ENDE BRINGEN.
BWWW
BWWW
BWWW
ToSUhige■teobu/ganochi?=s
eingehender Anruf
annehmen
ablehnen
BWWW
BWWW
BWWW
BWWW
ToSUhige■teobu/ganochi?=s
eingehender Anruf
annehmen
TPP
TPP
BWWW
BWWW

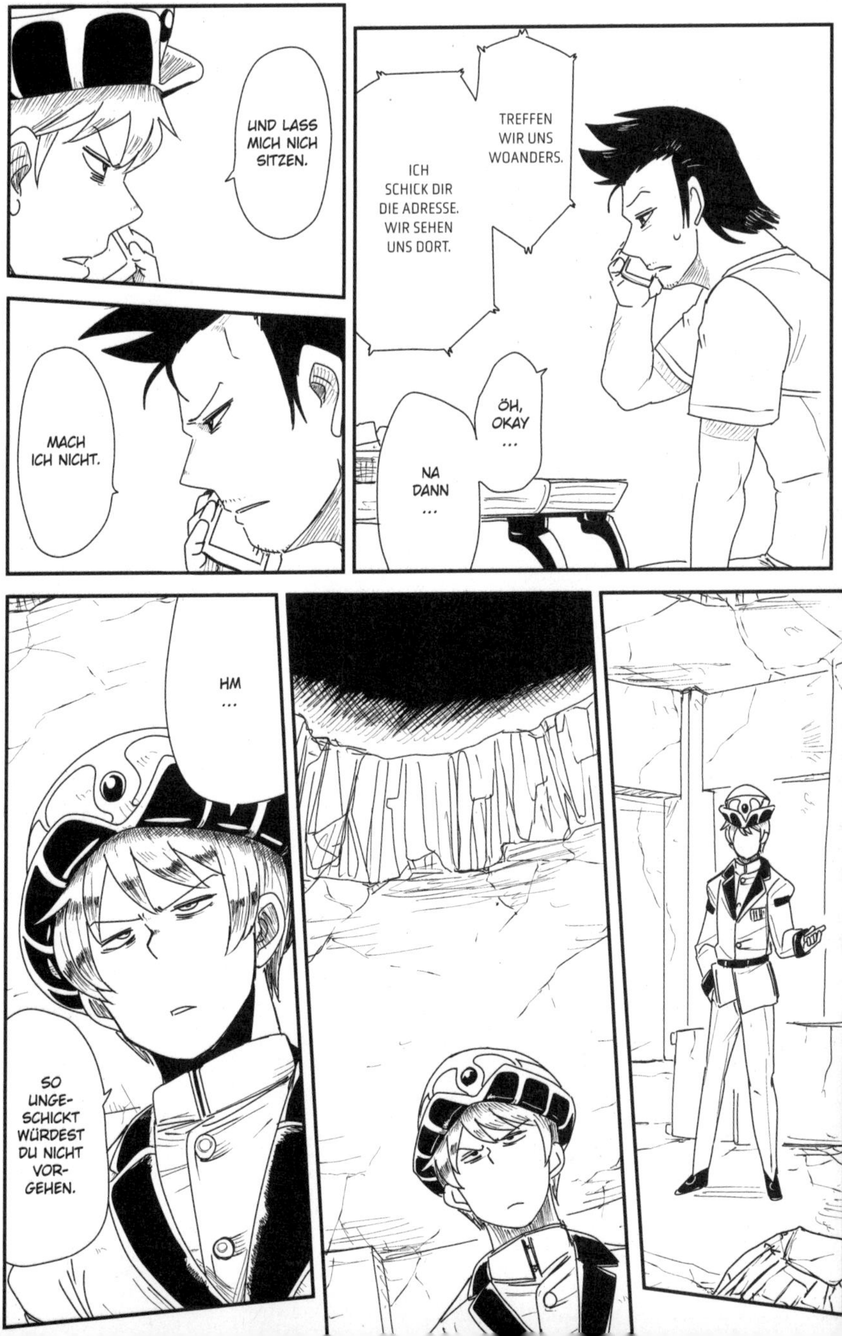
UND LASS MICH NICH SITZEN.
MACH ICH NICHT.
TREFFEN WIR UNS WOANDERS.
ICH SCHICK DIR DIE ADRESSE. WIR SEHEN UNS DORT.
ÖH, OKAY …
NA DANN …
HM …
SO UNGE-SCHICKT WÜRDEST DU NICHT VOR-GEHEN.

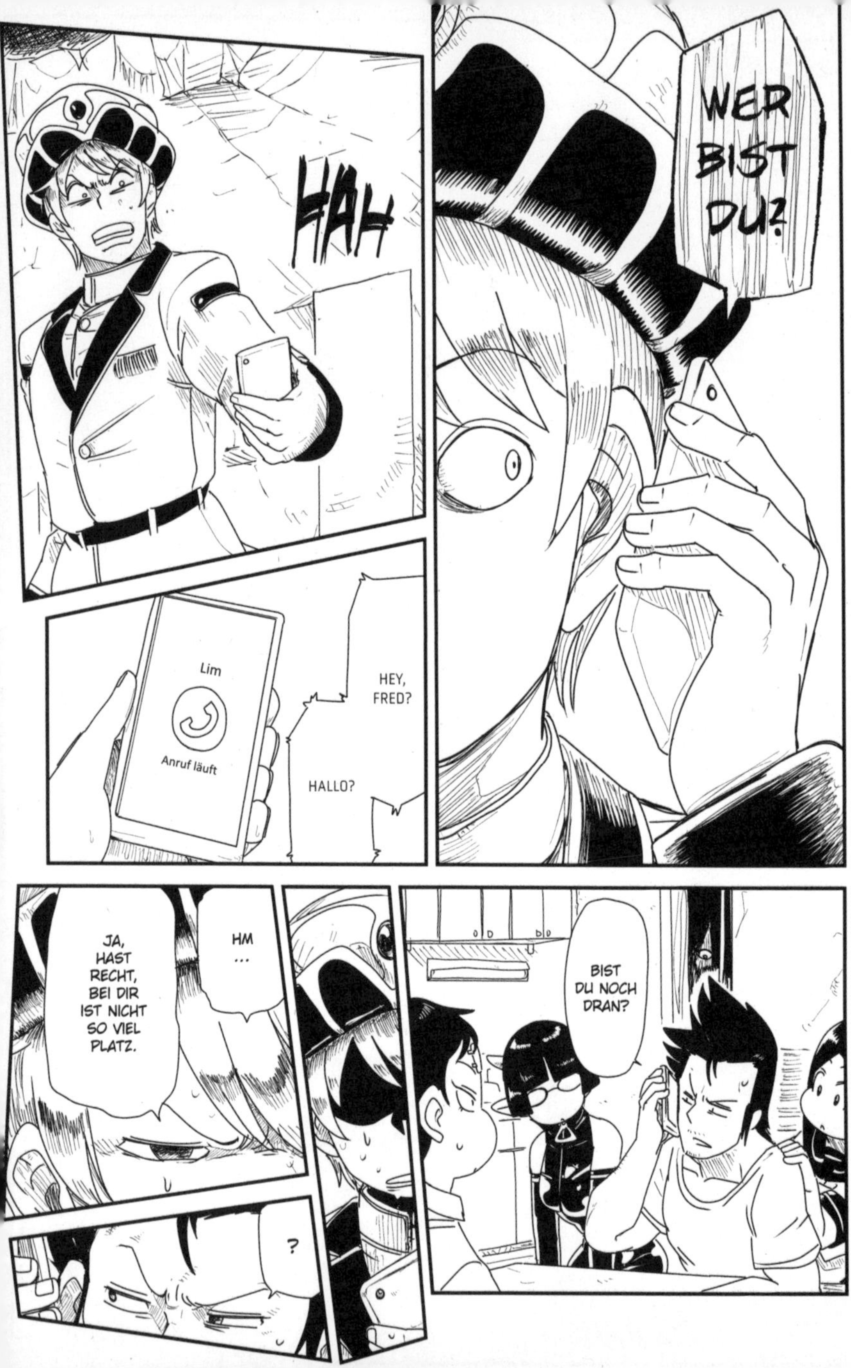
HAH
Lim
Anruf läuft
HEY, FRED?
HALLO?
WER BIST DU?
BIST DU NOCH DRAN?
HM …
JA, HAST RECHT, BEI DIR IST NICHT SO VIEL PLATZ.
?

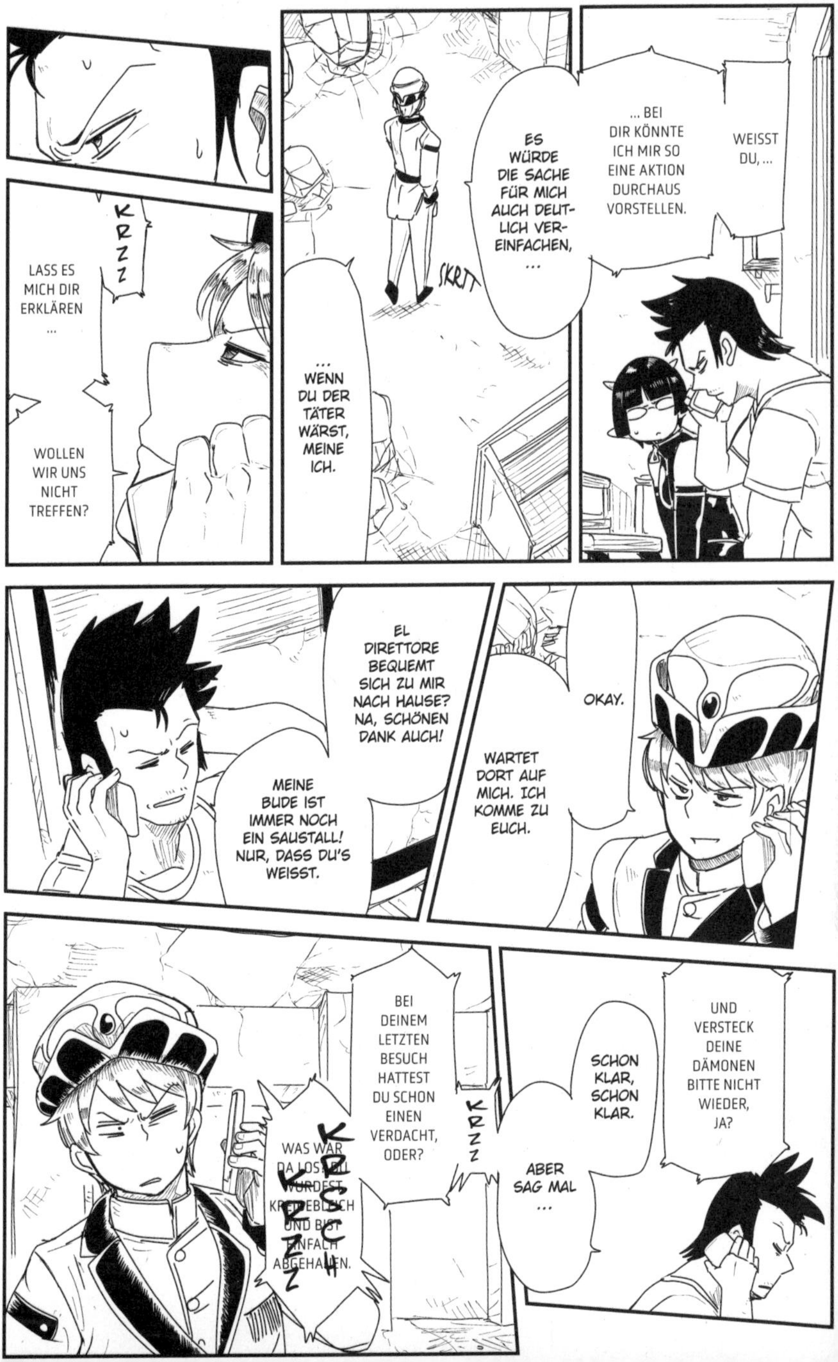
WEISST DU, ...
... BEI DIR KÖNNTE ICH MIR SO EINE AKTION DURCHAUS VORSTELLEN.
ES WÜRDE DIE SACHE FÜR MICH AUCH DEUTLICH VEREINFACHEN, ...
SKRIT
... WENN DU DER TÄTER WÄRST, MEINE ICH.
KRZZ
LASS ES MICH DIR ERKLÄREN ...
WOLLEN WIR UNS NICHT TREFFEN?
OKAY.
WARTET DORT AUF MICH. ICH KOMME ZU EUCH.
EL DIRETTORE BEQUEMT SICH ZU MIR NACH HAUSE? NA, SCHÖNEN DANK AUCH!
MEINE BUDE IST IMMER NOCH EIN SAUSTALL! NUR, DASS DU'S WEISST.
UND VERSTECK DEINE DÄMONEN BITTE NICHT WIEDER, JA?
SCHON KLAR, SCHON KLAR.
ABER SAG MAL ...
BEI DEINEM LETZTEN BESUCH HATTEST DU SCHON EINEN VERDACHT, ODER?
KRZZ
WAS WAR DA LOS? DU WURDEST KREIDEBLEICH UND BIST EINFACH ABGEHAUEN.
KRSCH
KRZZ

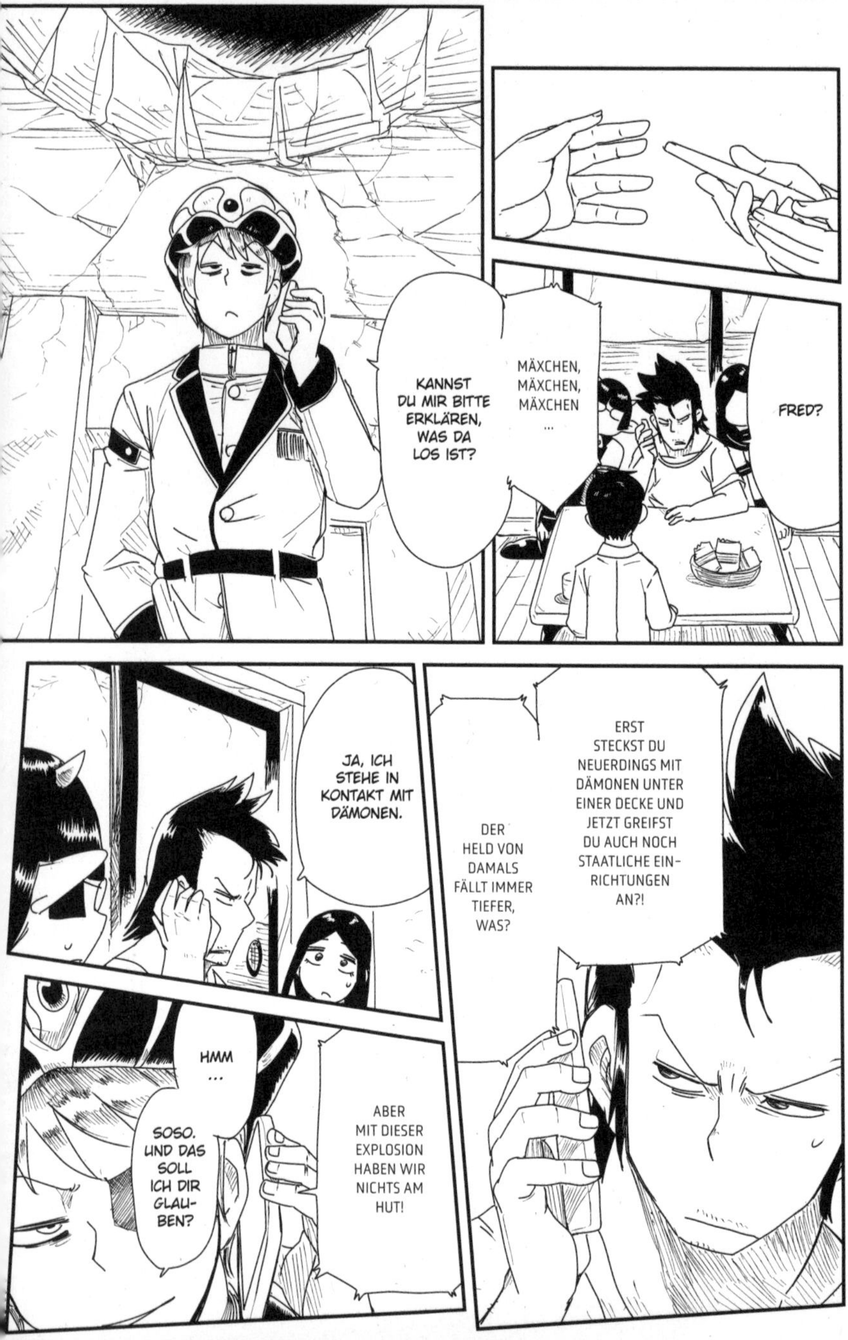
FRED?
MÄXCHEN, MÄXCHEN, MÄXCHEN ...
KANNST DU MIR BITTE ERKLÄREN, WAS DA LOS IST?
ERST STECKST DU NEUERDINGS MIT DÄMONEN UNTER EINER DECKE UND JETZT GREIFST DU AUCH NOCH STAATLICHE EIN-RICHTUNGEN AN?!
DER HELD VON DAMALS FÄLLT IMMER TIEFER, WAS?
JA, ICH STEHE IN KONTAKT MIT DÄMONEN.
ABER MIT DIESER EXPLOSION HABEN WIR NICHTS AM HUT!
HMM ...
SOSO. UND DAS SOLL ICH DIR GLAU-BEN?

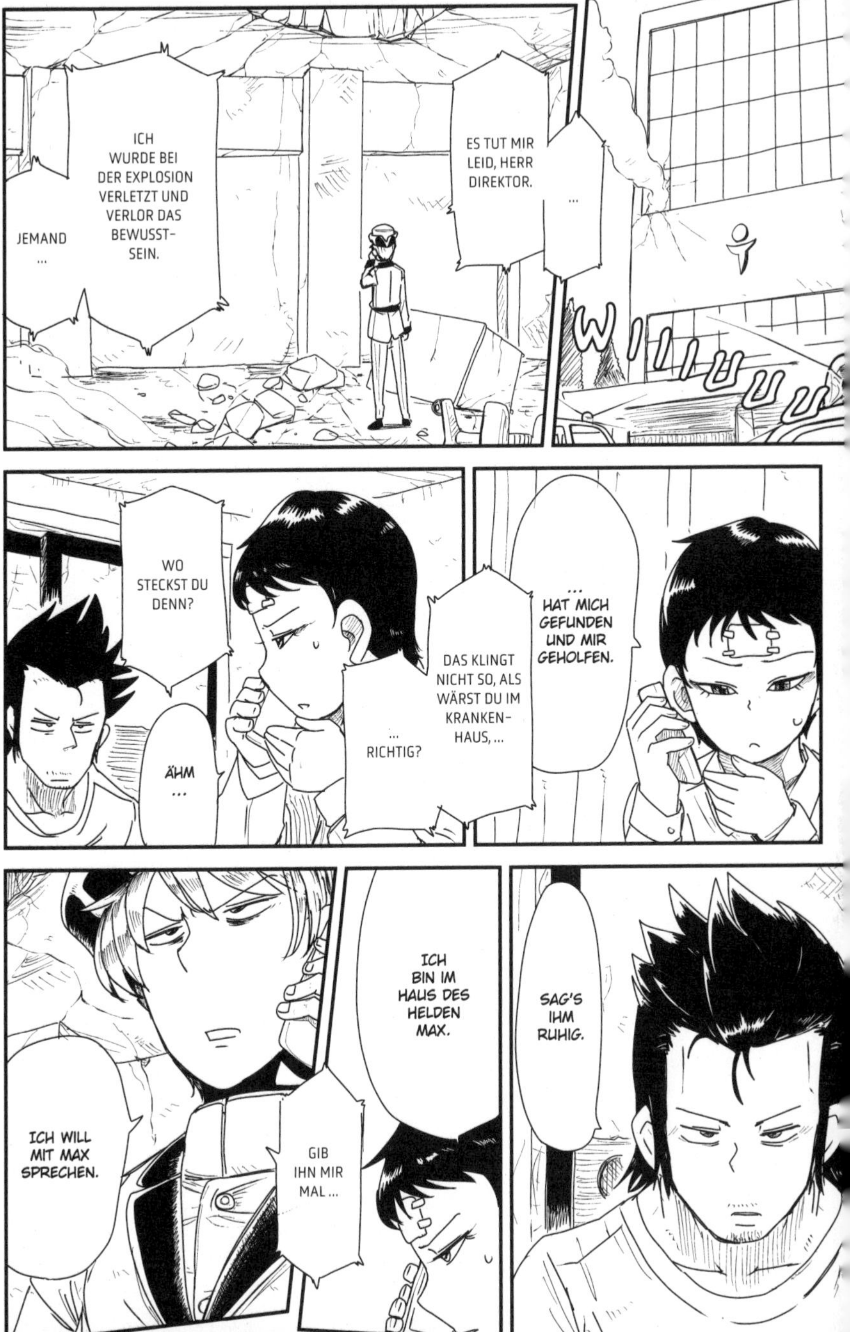

WIIIIUUUU
...
ES TUT MIR LEID, HERR DIREKTOR.
ICH WURDE BEI DER EXPLOSION VERLETZT UND VERLOR DAS BEWUSST-SEIN.
JEMAND ...
... HAT MICH GEFUNDEN UND MIR GEHOLFEN.
DAS KLINGT NICHT SO, ALS WÄRST DU IM KRANKEN-HAUS, ...
... RICHTIG?
WO STECKST DU DENN?
ÄHM ...
SAG'S IHM RUHIG.
ICH BIN IM HAUS DES HELDEN MAX.
GIB IHN MIR MAL ...
ICH WILL MIT MAX SPRECHEN.

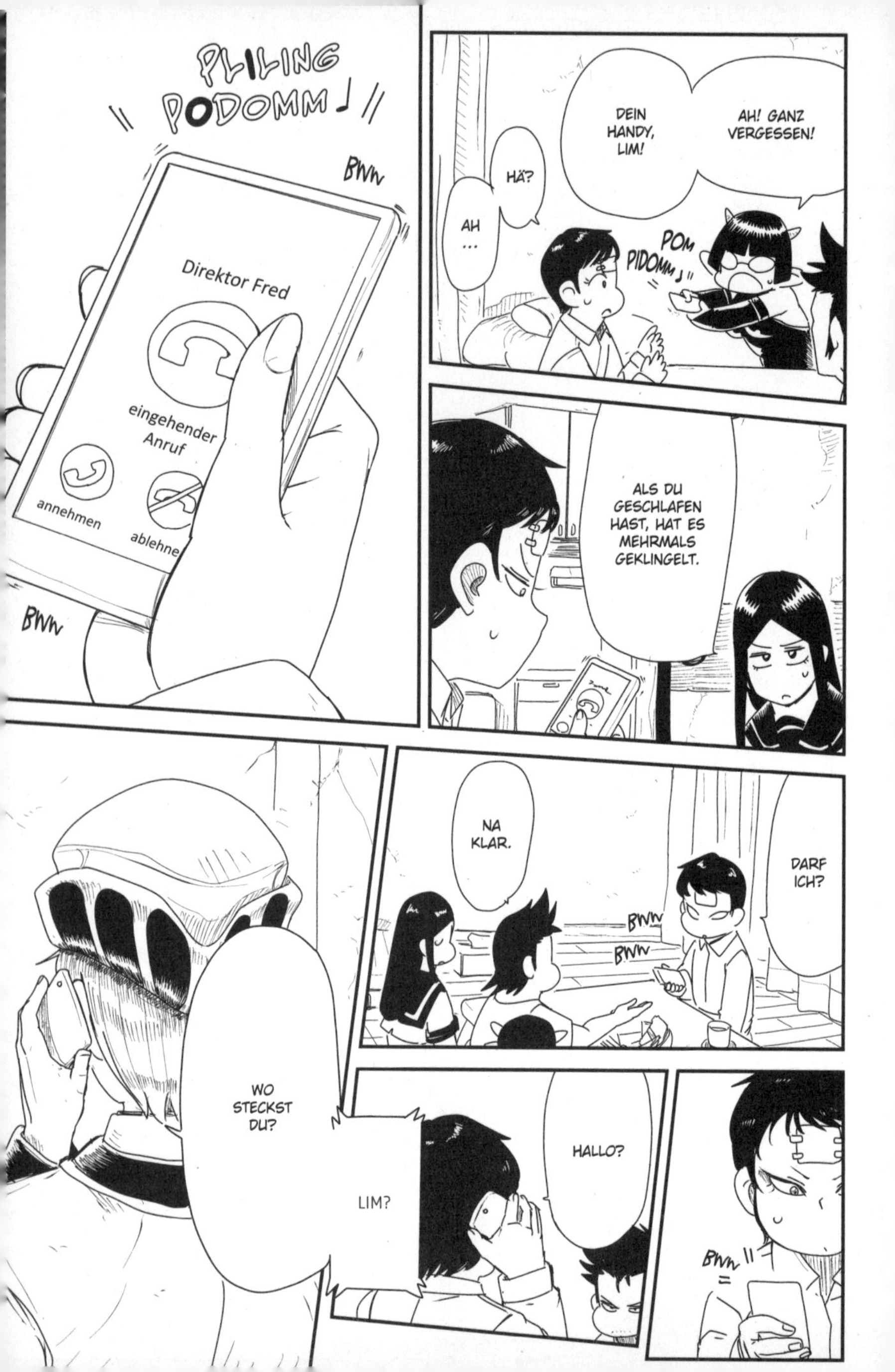
DEIN HANDY, LIM!
AH! GANZ VERGESSEN!
HÄ?
AH ...
POM PIDOMM
PLILING PODOMM
BWW
Direktor Fred
eingehender Anruf
annehmen
ablehne
BWW
ALS DU GESCHLAFEN HAST, HAT ES MEHRMALS GEKLINGELT.
DARF ICH?
NA KLAR.
BWW
BWW
HALLO?
BWW
LIM?
WO STECKST DU?

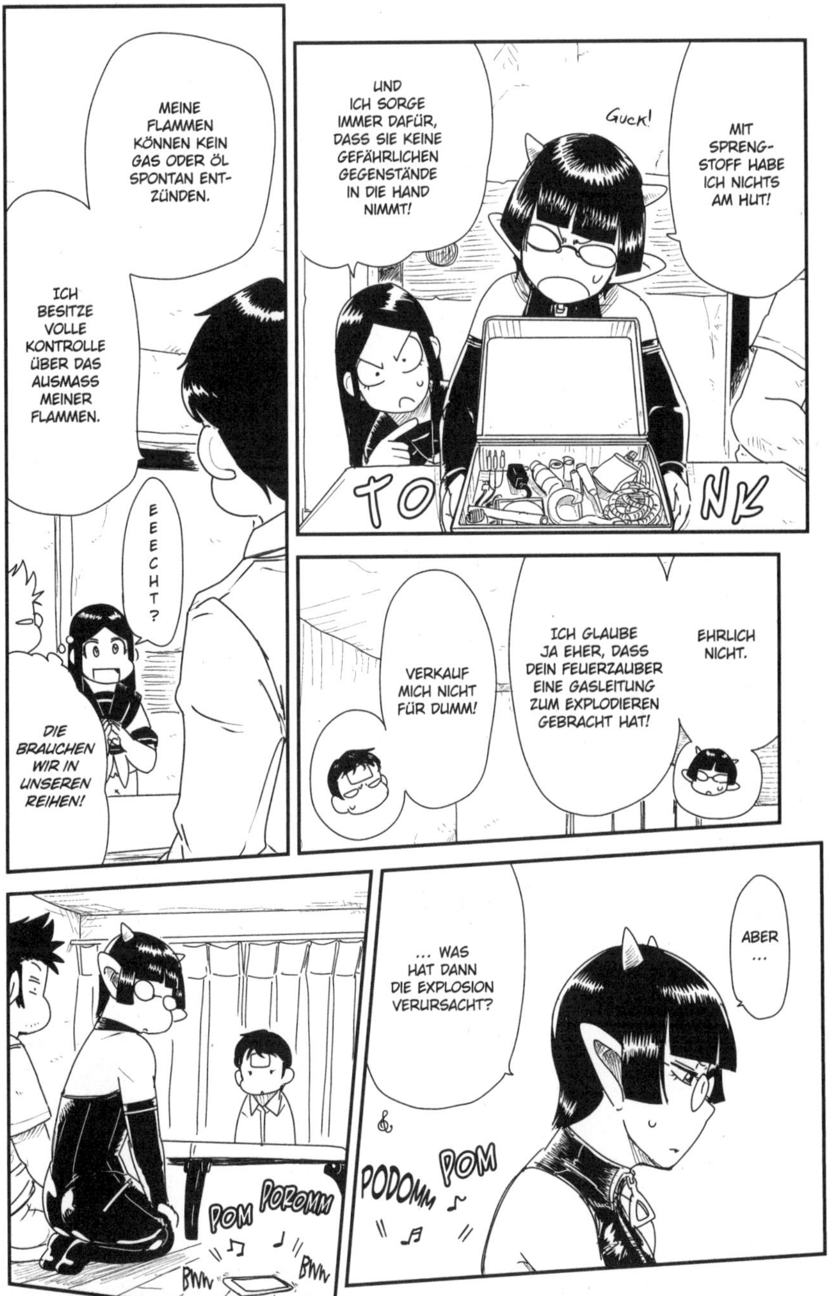
MIT SPRENG-STOFF HABE ICH NICHTS AM HUT!
GUCK!
UND ICH SORGE IMMER DAFÜR, DASS SIE KEINE GEFÄHRLICHEN GEGENSTÄNDE IN DIE HAND NIMMT!
TONK
EHRLICH NICHT.
ICH GLAUBE JA EHER, DASS DEIN FEUERZAUBER EINE GASLEITUNG ZUM EXPLODIEREN GEBRACHT HAT!
VERKAUF MICH NICHT FÜR DUMM!
MEINE FLAMMEN KÖNNEN KEIN GAS ODER ÖL SPONTAN ENT-ZÜNDEN.
ICH BESITZE VOLLE KONTROLLE ÜBER DAS AUSMASS MEINER FLAMMEN.
EEECHT?
DIE BRAUCHEN WIR IN UNSEREN REIHEN!
ABER ...
... WAS HAT DANN DIE EXPLOSION VERURSACHT?
PODOMM POM
POM POROMM
BWW BWW

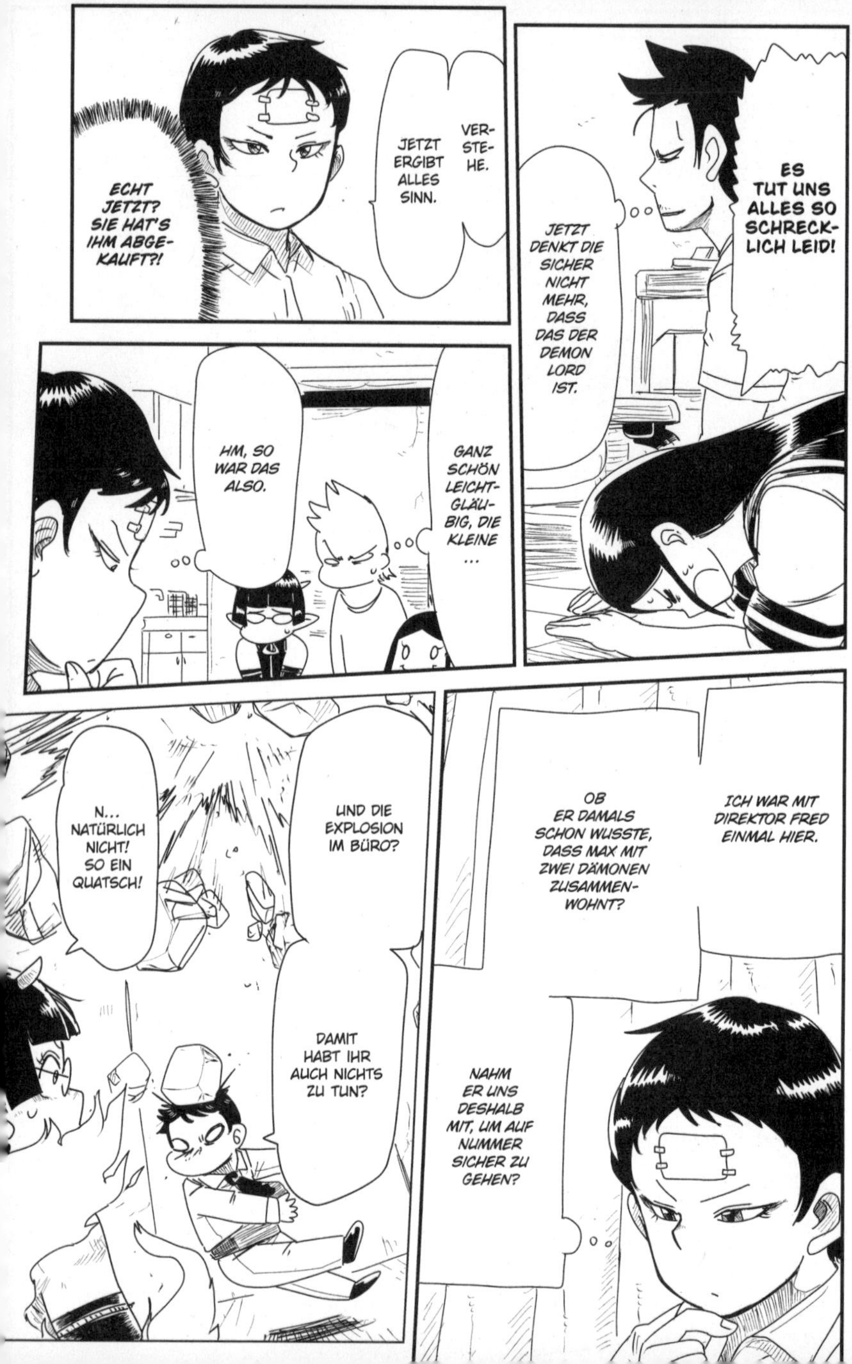
ES TUT UNS ALLES SO SCHRECK-LICH LEID!
JETZT DENKT DIE SICHER NICHT MEHR, DASS DAS DER DEMON LORD IST.
VER-STE-HE.
JETZT ERGIBT ALLES SINN.
ECHT JETZT? SIE HAT'S IHM ABGE-KAUFT?!
GANZ SCHÖN LEICHT-GLÄU-BIG, DIE KLEINE …
HM, SO WAR DAS ALSO.
ICH WAR MIT DIREKTOR FRED EINMAL HIER.
OB ER DAMALS SCHON WUSSTE, DASS MAX MIT ZWEI DÄMONEN ZUSAMMEN-WOHNT?
NAHM ER UNS DESHALB MIT, UM AUF NUMMER SICHER ZU GEHEN?
UND DIE EXPLOSION IM BÜRO?
DAMIT HABT IHR AUCH NICHTS ZU TUN?
N… NATÜRLICH NICHT! SO EIN QUATSCH!

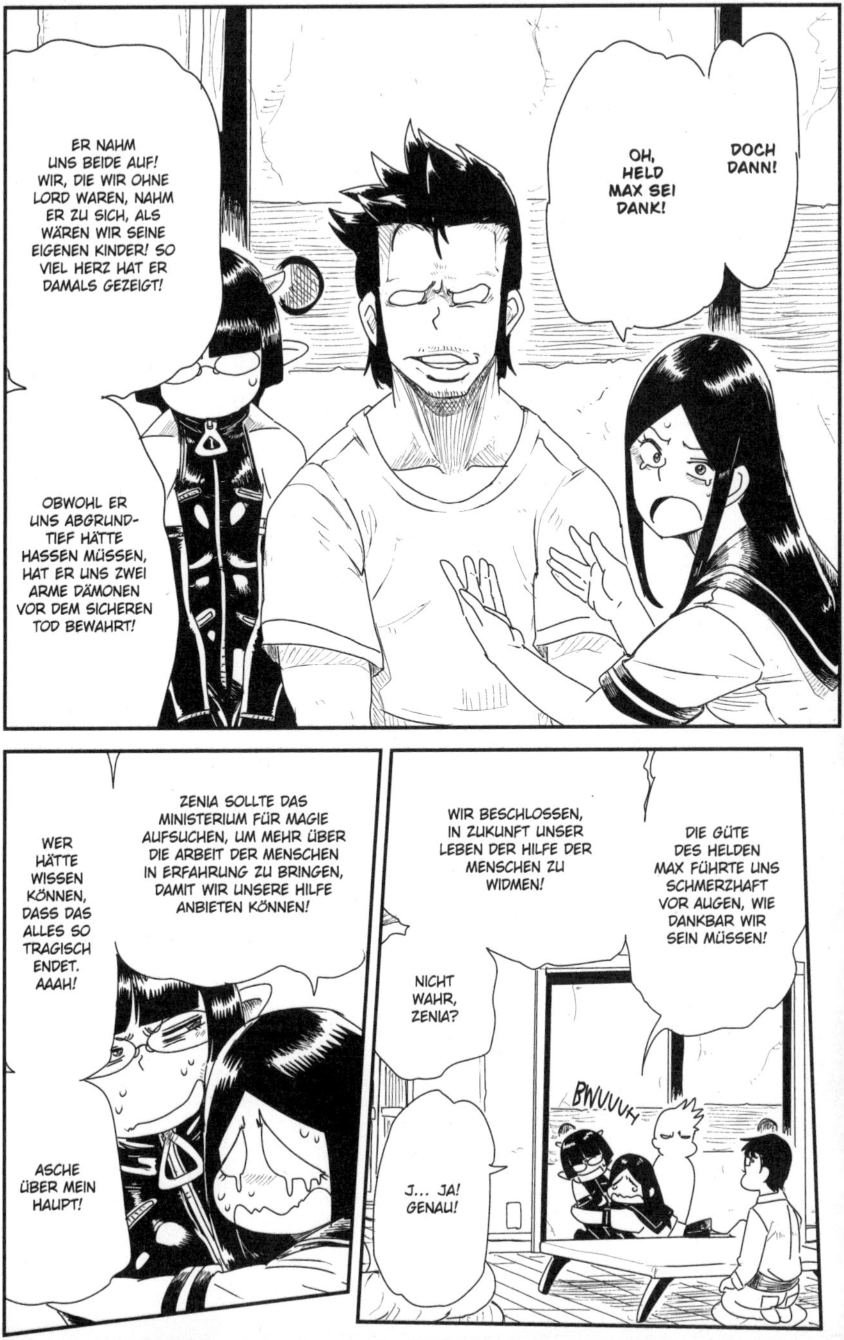
ER NAHM UNS BEIDE AUF! WIR, DIE WIR OHNE LORD WAREN, NAHM ER ZU SICH, ALS WÄREN WIR SEINE EIGENEN KINDER! SO VIEL HERZ HAT ER DAMALS GEZEIGT!
OH, HELD MAX SEI DANK!
DOCH DANN!
OBWOHL ER UNS ABGRUND-TIEF HÄTTE HASSEN MÜSSEN, HAT ER UNS ZWEI ARME DÄMONEN VOR DEM SICHEREN TOD BEWAHRT!
WER HÄTTE WISSEN KÖNNEN, DASS DAS ALLES SO TRAGISCH ENDET. AAAH!
ZENIA SOLLTE DAS MINISTERIUM FÜR MAGIE AUFSUCHEN, UM MEHR ÜBER DIE ARBEIT DER MENSCHEN IN ERFAHRUNG ZU BRINGEN, DAMIT WIR UNSERE HILFE ANBIETEN KÖNNEN!
ASCHE ÜBER MEIN HAUPT!
WIR BESCHLOSSEN, IN ZUKUNFT UNSER LEBEN DER HILFE DER MENSCHEN ZU WIDMEN!
DIE GÜTE DES HELDEN MAX FÜHRTE UNS SCHMERZHAFT VOR AUGEN, WIE DANKBAR WIR SEIN MÜSSEN!
NICHT WAHR, ZENIA?
BWUUUH
J… JA! GENAU!

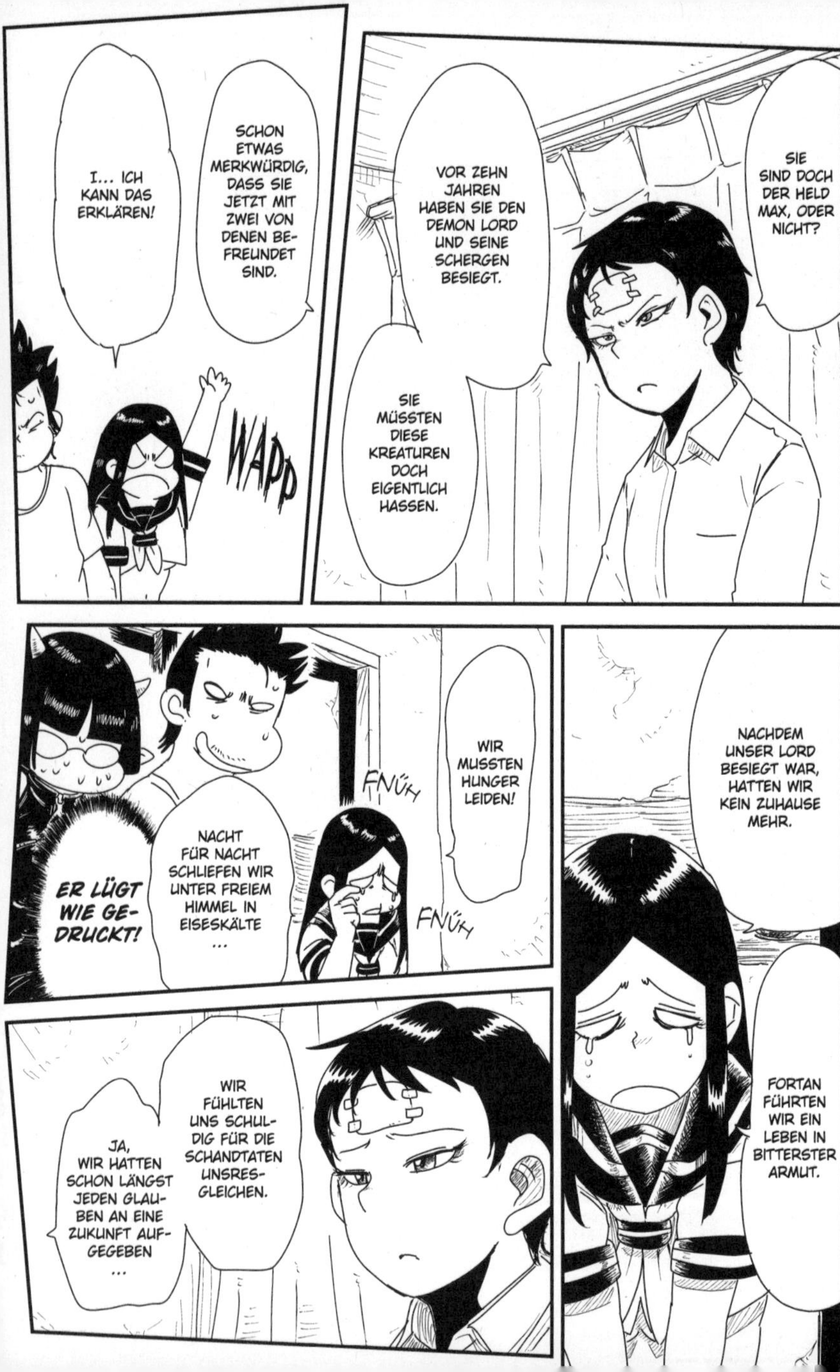
SIE SIND DOCH DER HELD MAX, ODER NICHT?
VOR ZEHN JAHREN HABEN SIE DEN DEMON LORD UND SEINE SCHERGEN BESIEGT.
SIE MÜSSTEN DIESE KREATUREN DOCH EIGENTLICH HASSEN.
SCHON ETWAS MERKWÜRDIG, DASS SIE JETZT MIT ZWEI VON DENEN BE-FREUNDET SIND.
I… ICH KANN DAS ERKLÄREN!
WAPP
NACHDEM UNSER LORD BESIEGT WAR, HATTEN WIR KEIN ZUHAUSE MEHR.
FORTAN FÜHRTEN WIR EIN LEBEN IN BITTERSTER ARMUT.
WIR MUSSTEN HUNGER LEIDEN!
FNÜH
FNÜH
NACHT FÜR NACHT SCHLIEFEN WIR UNTER FREIEM HIMMEL IN EISESKÄLTE …
ER LÜGT WIE GE-DRUCKT!
WIR FÜHLTEN UNS SCHUL-DIG FÜR DIE SCHANDTATEN UNSRES-GLEICHEN.
JA, WIR HATTEN SCHON LÄNGST JEDEN GLAU-BEN AN EINE ZUKUNFT AUF-GEGEBEN …

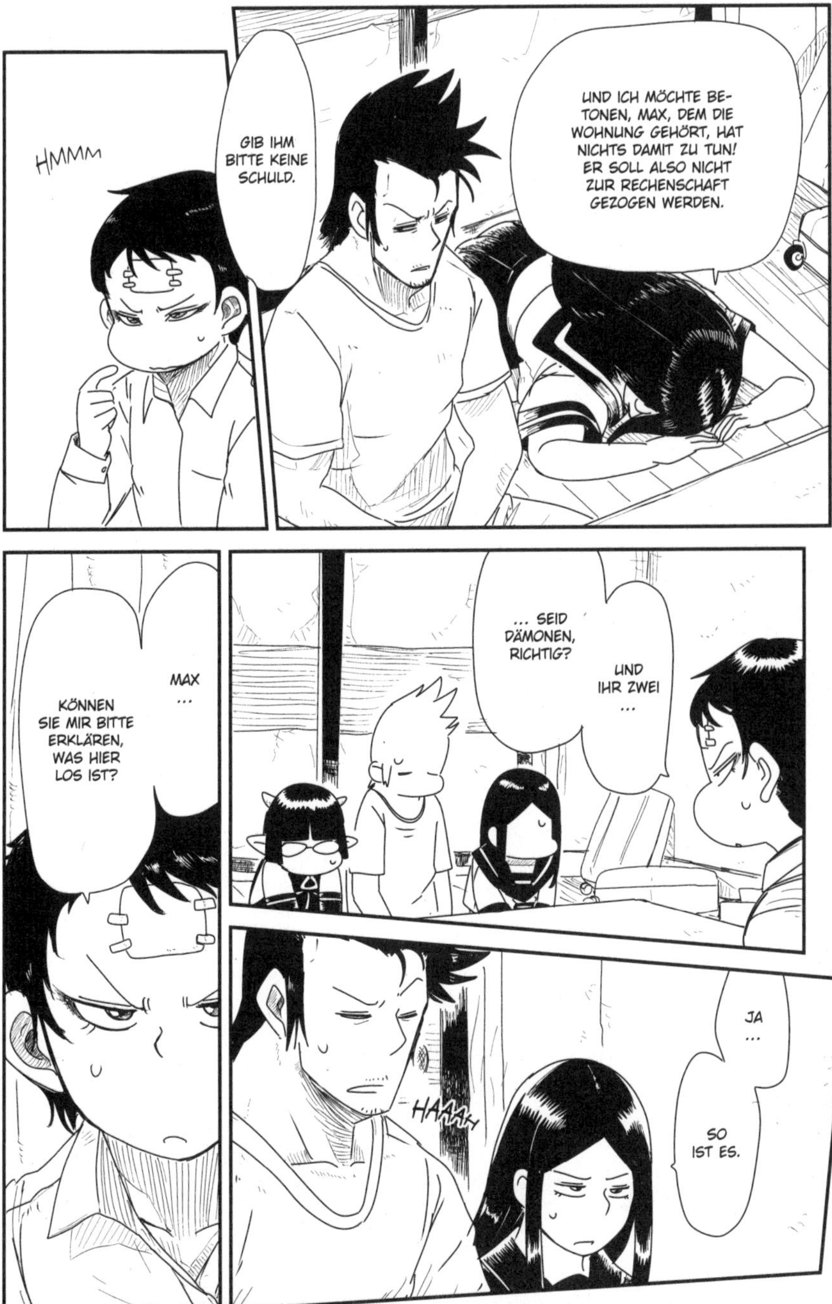
UND ICH MÖCHTE BETONEN, MAX, DEM DIE WOHNUNG GEHÖRT, HAT NICHTS DAMIT ZU TUN! ER SOLL ALSO NICHT ZUR RECHENSCHAFT GEZOGEN WERDEN.
GIB IHM BITTE KEINE SCHULD.
HMMM
UND IHR ZWEI ...
... SEID DÄMONEN, RICHTIG?
MAX ...
KÖNNEN SIE MIR BITTE ERKLÄREN, WAS HIER LOS IST?
JA ...
SO IST ES.
HAAAH

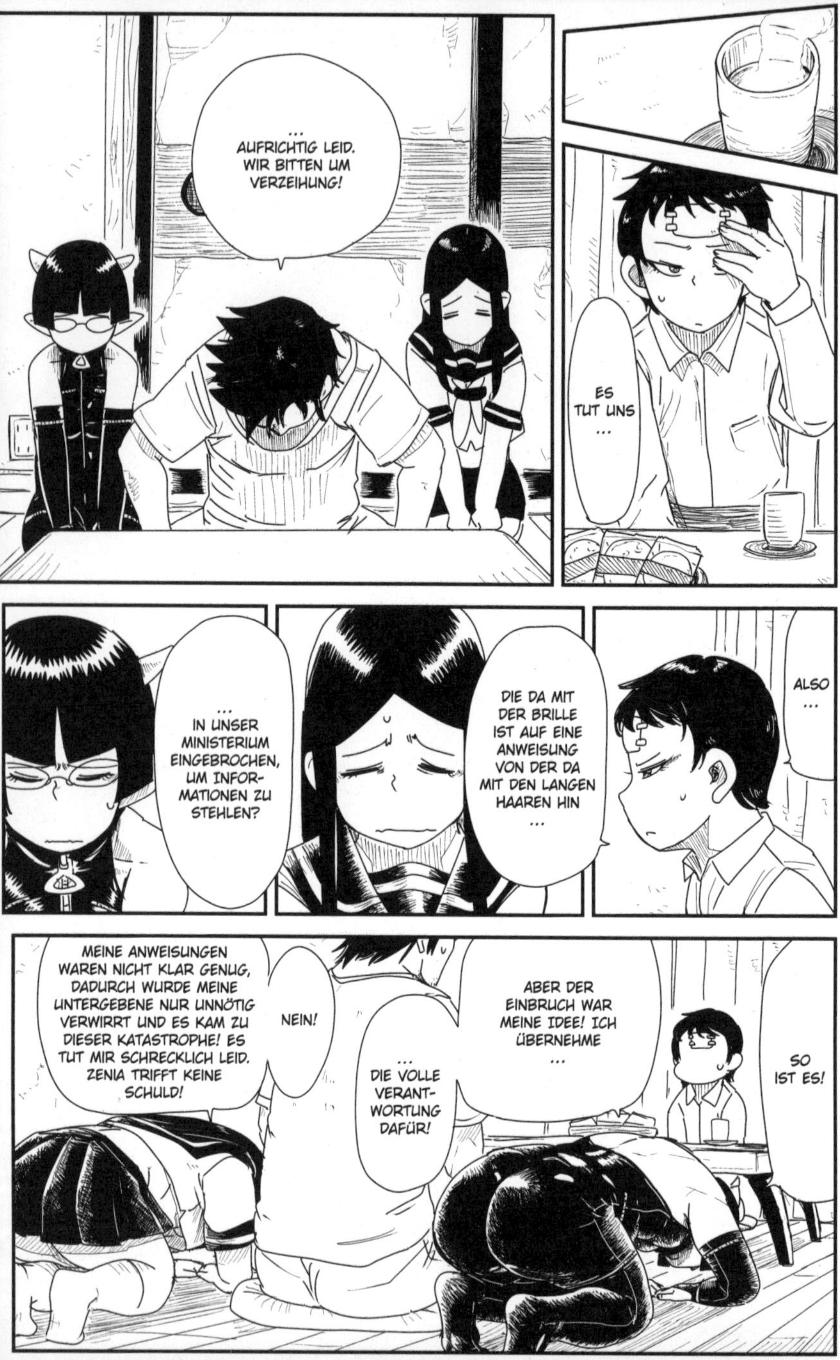

ES TUT UNS …
… AUFRICHTIG LEID. WIR BITTEN UM VERZEIHUNG!
ALSO …
DIE DA MIT DER BRILLE IST AUF EINE ANWEISUNG VON DER DA MIT DEN LANGEN HAAREN HIN …
… IN UNSER MINISTERIUM EINGEBROCHEN, UM INFORMATIONEN ZU STEHLEN?
SO IST ES!
ABER DER EINBRUCH WAR MEINE IDEE! ICH ÜBERNEHME …
… DIE VOLLE VERANTWORTUNG DAFÜR!
NEIN!
MEINE ANWEISUNGEN WAREN NICHT KLAR GENUG, DADURCH WURDE MEINE UNTERGEBENE NUR UNNÖTIG VERWIRRT UND ES KAM ZU DIESER KATASTROPHE! ES TUT MIR SCHRECKLICH LEID. ZENIA TRIFFT KEINE SCHULD!

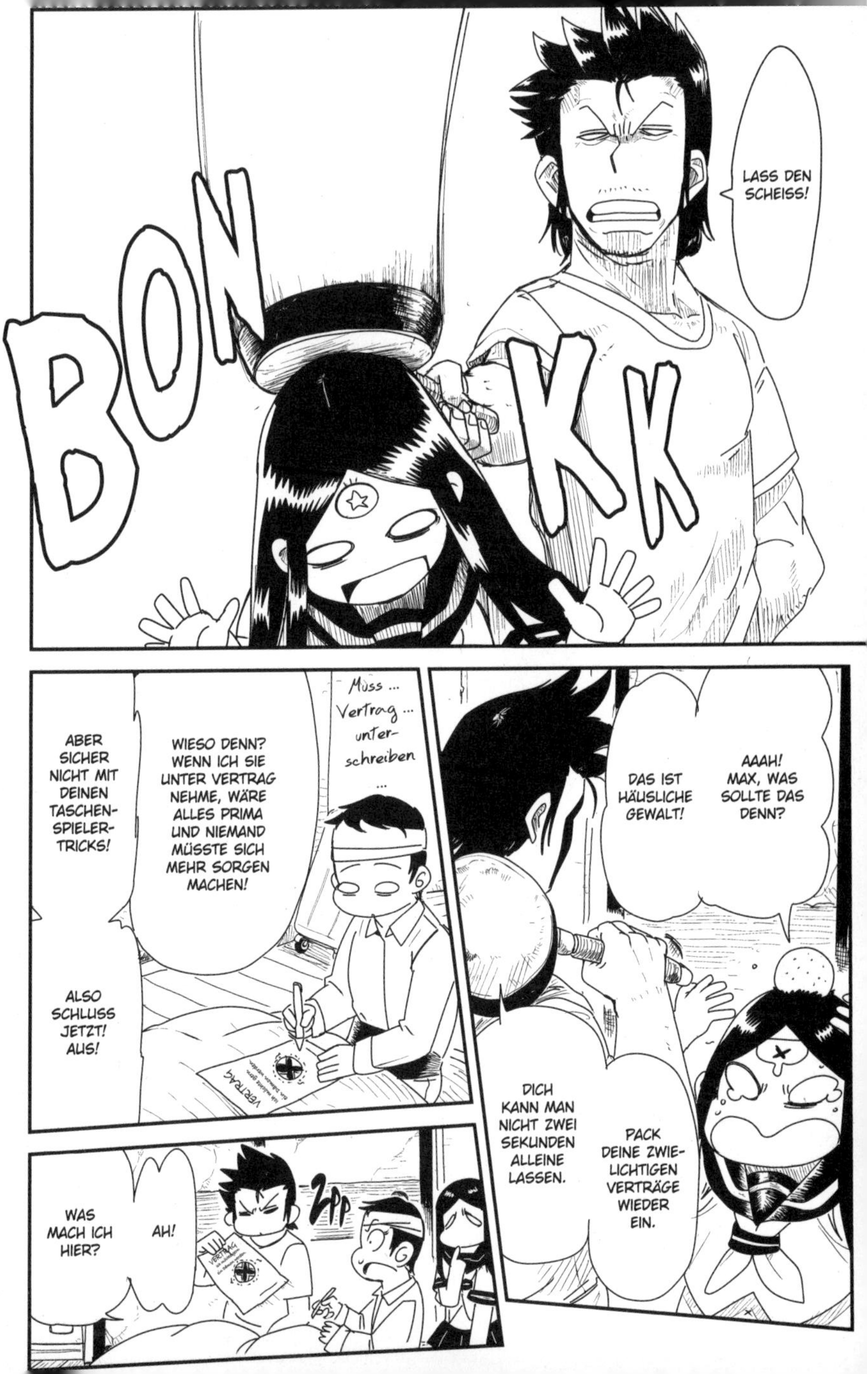

BONK
LASS DEN SCHEISS!
AAAH! MAX, WAS SOLLTE DAS DENN?
DAS IST HÄUSLICHE GEWALT!
PACK DEINE ZWIELICHTIGEN VERTRÄGE WIEDER EIN.
DICH KANN MAN NICHT ZWEI SEKUNDEN ALLEINE LASSEN.
Müss ... Vertrag ... unter-schreiben ...
WIESO DENN? WENN ICH SIE UNTER VERTRAG NEHME, WÄRE ALLES PRIMA UND NIEMAND MÜSSTE SICH MEHR SORGEN MACHEN!
ABER SICHER NICHT MIT DEINEN TASCHEN-SPIELER-TRICKS!
ALSO SCHLUSS JETZT! AUS!
VERTRAG
ZPP
AH!
WAS MACH ICH HIER?
VERTRAG

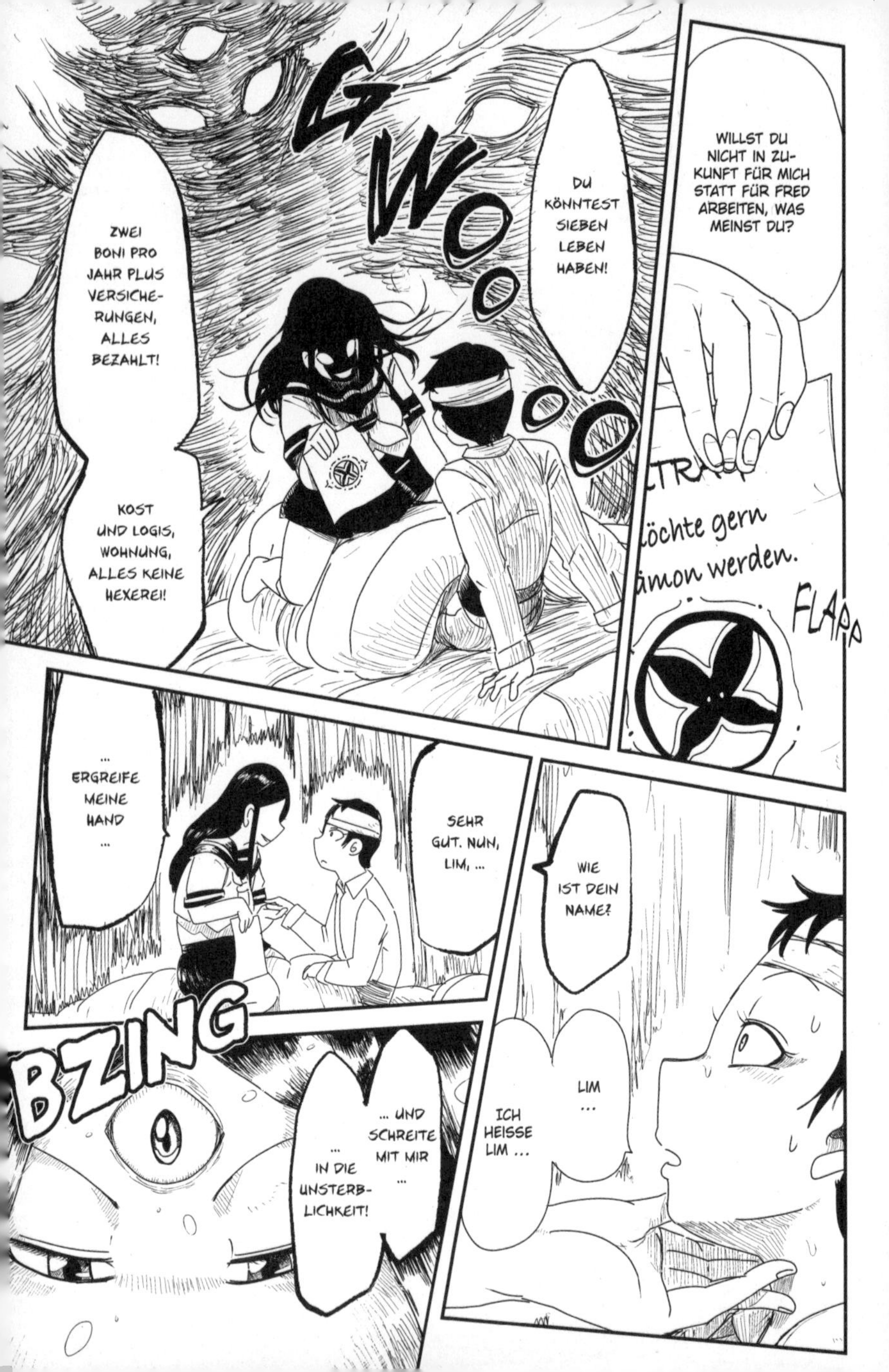

WILLST DU NICHT IN ZUKUNFT FÜR MICH STATT FÜR FRED ARBEITEN, WAS MEINST DU?
FLAPP
GWOOOOO
DU KÖNNTEST SIEBEN LEBEN HABEN!
ZWEI BONI PRO JAHR PLUS VERSICHE-RUNGEN, ALLES BEZAHLT!
KOST UND LOGIS, WOHNUNG, ALLES KEINE HEXEREI!
WIE IST DEIN NAME?
LIM …
ICH HEISSE LIM …
SEHR GUT. NUN, LIM, …
… ERGREIFE MEINE HAND …
BZING
… UND SCHREITE MIT MIR …
… IN DIE UNSTERB-LICHKEIT!

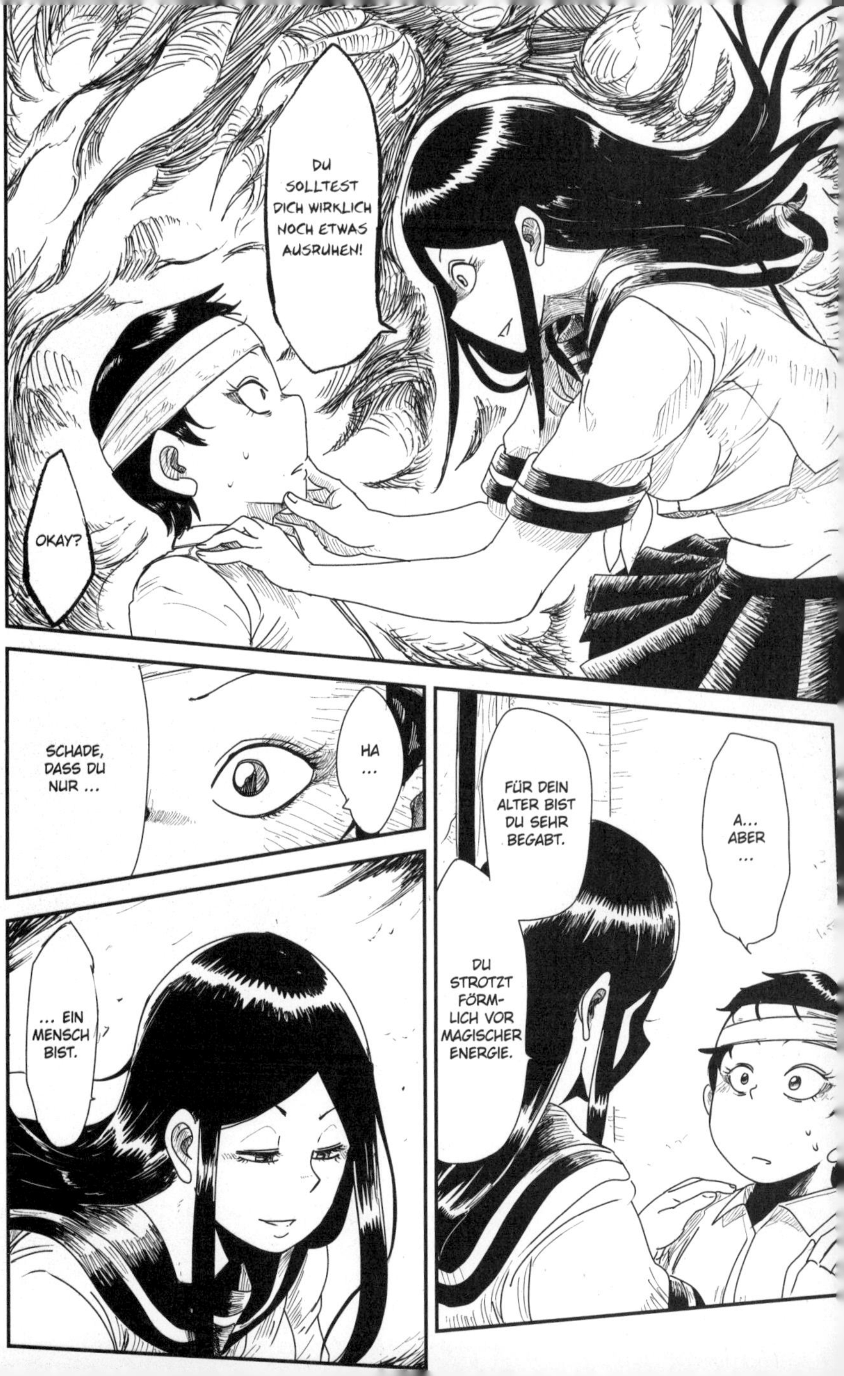
DU SOLLTEST DICH WIRKLICH NOCH ETWAS AUSRUHEN!
OKAY?
A… ABER …
FÜR DEIN ALTER BIST DU SEHR BEGABT.
DU STROTZT FÖRMLICH VOR MAGISCHER ENERGIE.
HA …
SCHADE, DASS DU NUR …
… EIN MENSCH BIST.

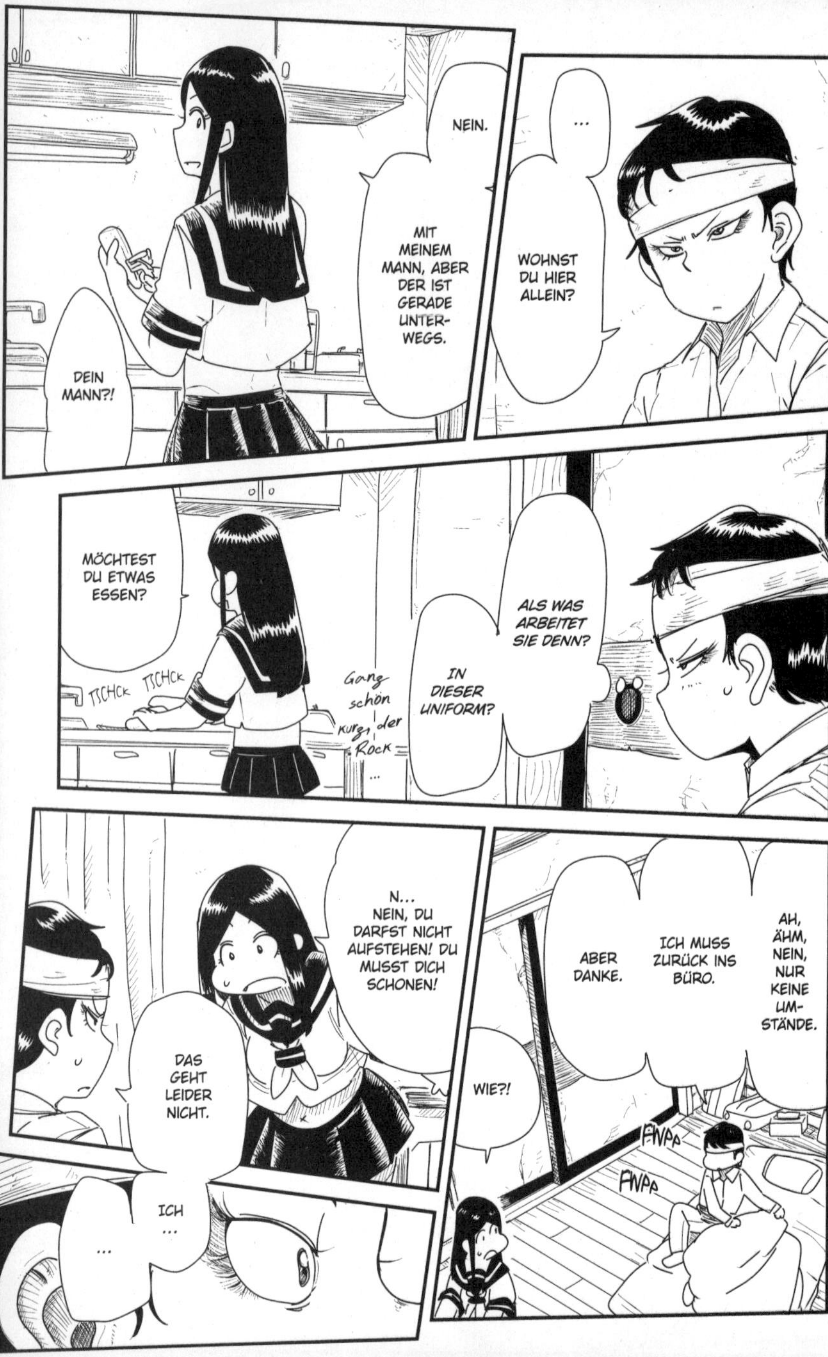
...
WOHNST DU HIER ALLEIN?
NEIN.
MIT MEINEM MANN, ABER DER IST GERADE UNTERWEGS.
DEIN MANN?!
ALS WAS ARBEITET SIE DENN?
IN DIESER UNIFORM?
Ganz schön kurz, der Rock ...
MÖCHTEST DU ETWAS ESSEN?
TSCHCK TSCHCK
AH, ÄHM, NEIN, NUR KEINE UMSTÄNDE.
ICH MUSS ZURÜCK INS BÜRO.
ABER DANKE.
WIE?!
FWPP
FWPP
N... NEIN, DU DARFST NICHT AUFSTEHEN! DU MUSST DICH SCHONEN!
DAS GEHT LEIDER NICHT.
ICH ...
...

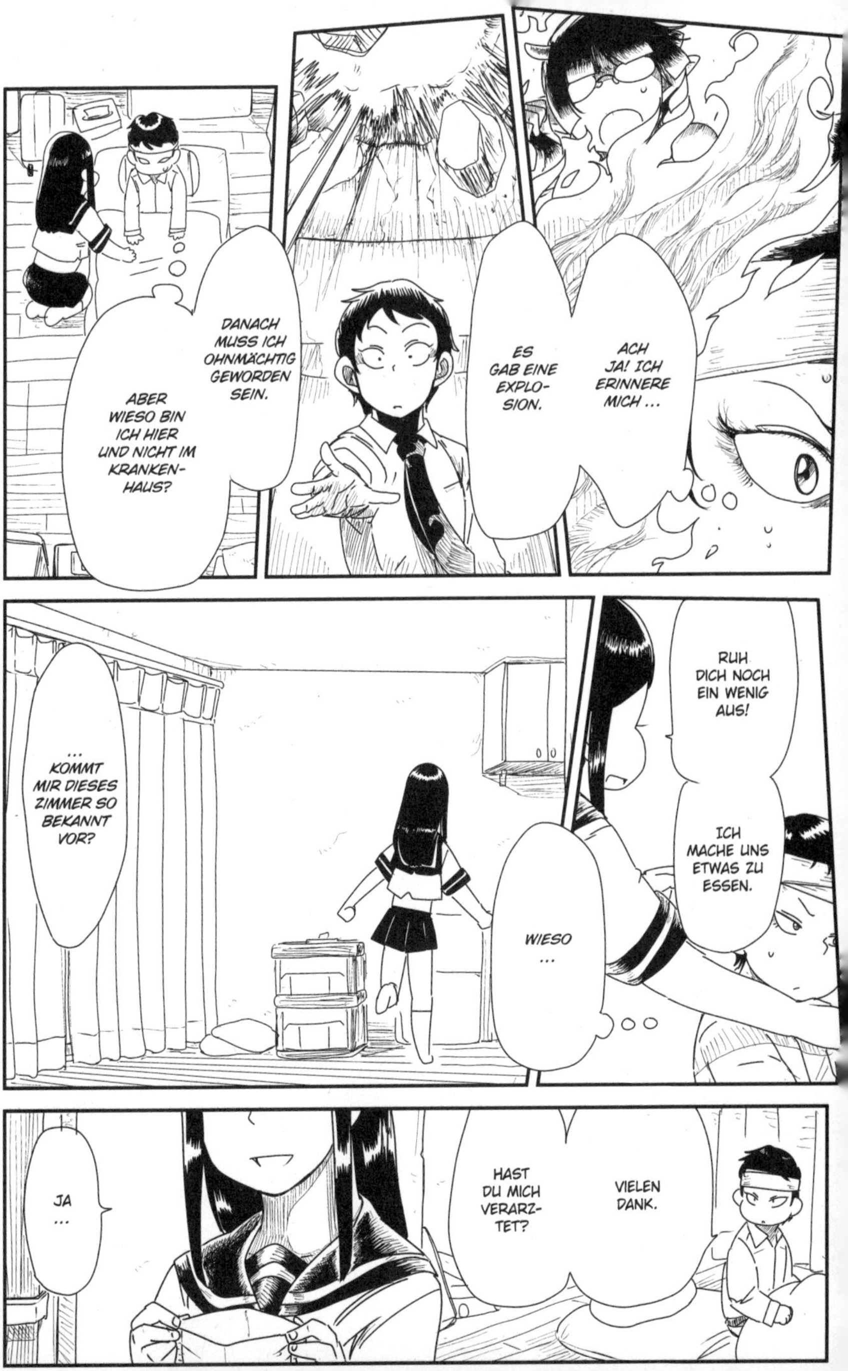
ACH JA! ICH ERINNERE MICH …
ES GAB EINE EXPLO-SION.
DANACH MUSS ICH OHNMÄCHTIG GEWORDEN SEIN.
ABER WIESO BIN ICH HIER UND NICHT IM KRANKEN-HAUS?
RUH DICH NOCH EIN WENIG AUS!
ICH MACHE UNS ETWAS ZU ESSEN.
WIESO …
… KOMMT MIR DIESES ZIMMER SO BEKANNT VOR?
VIELEN DANK.
HAST DU MICH VERARZ-TET?
JA …

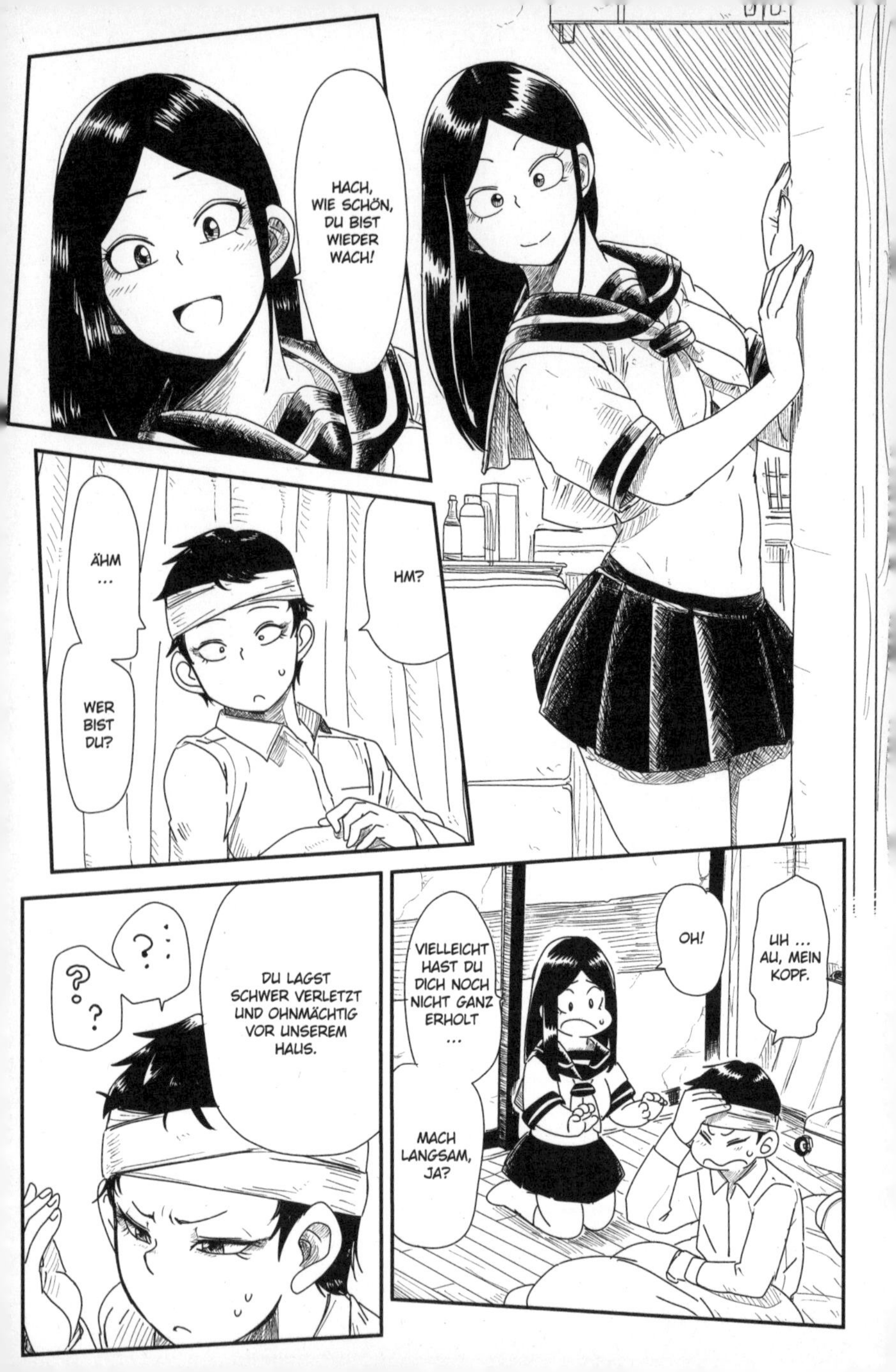
HACH, WIE SCHÖN, DU BIST WIEDER WACH!
HM?
ÄHM ...
WER BIST DU?
UH ... AU, MEIN KOPF.
OH!
VIELLEICHT HAST DU DICH NOCH NICHT GANZ ERHOLT ...
MACH LANGSAM, JA?
DU LAGST SCHWER VERLETZT UND OHNMÄCHTIG VOR UNSEREM HAUS.
? ? ?

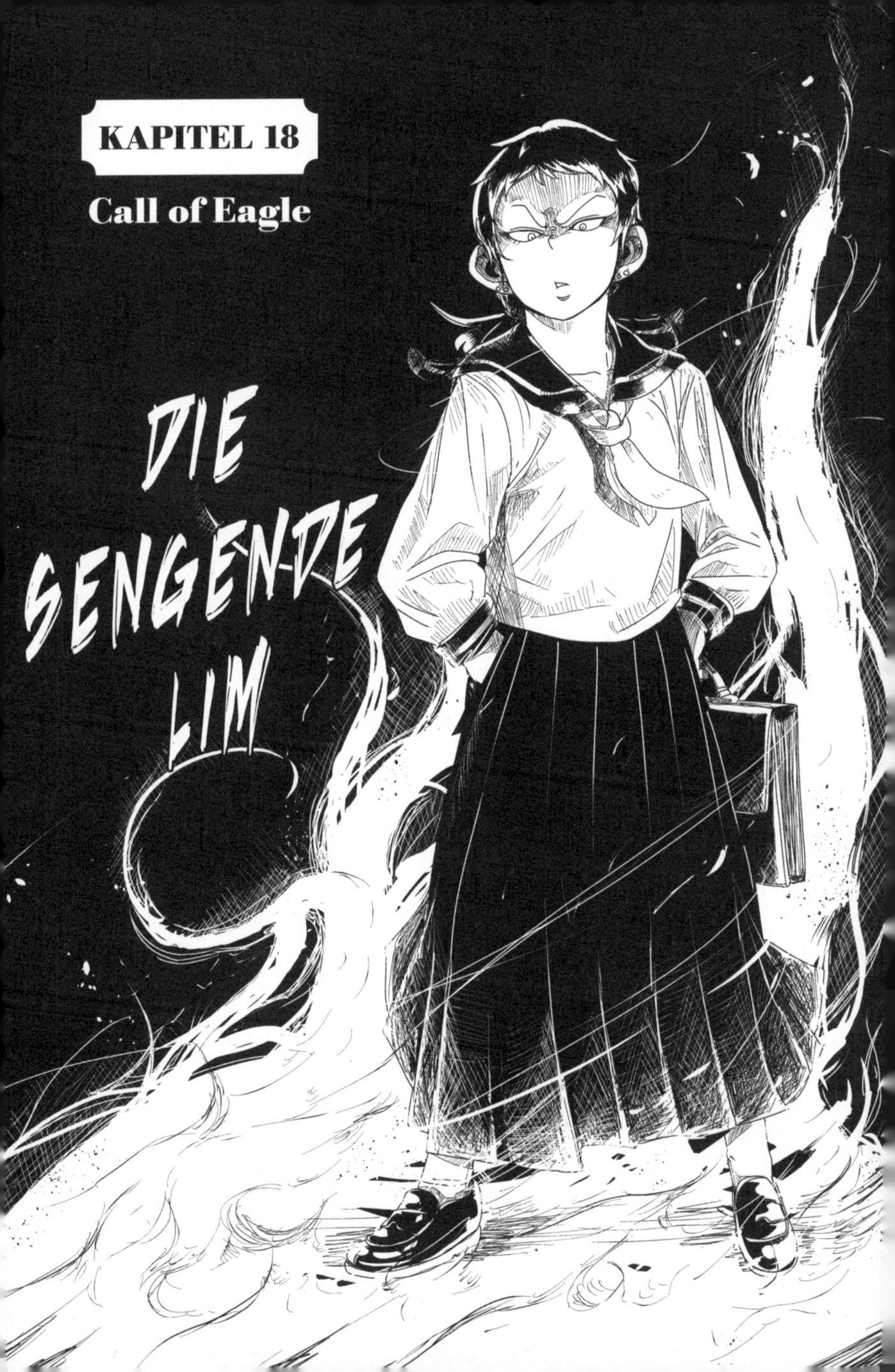
KAPITEL 18
Call of Eagle
DIE SENGENDE LIM

Kapitel 18: Call of Eagle

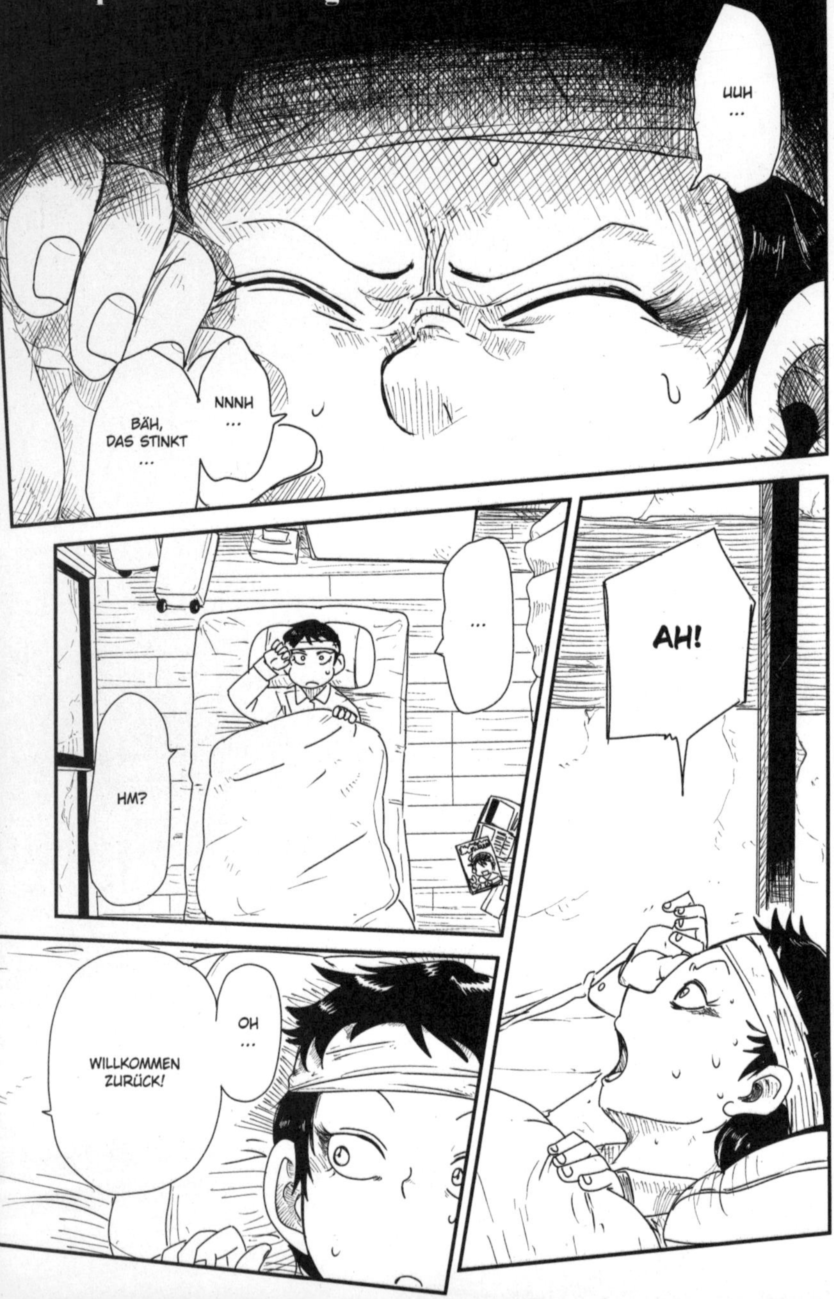

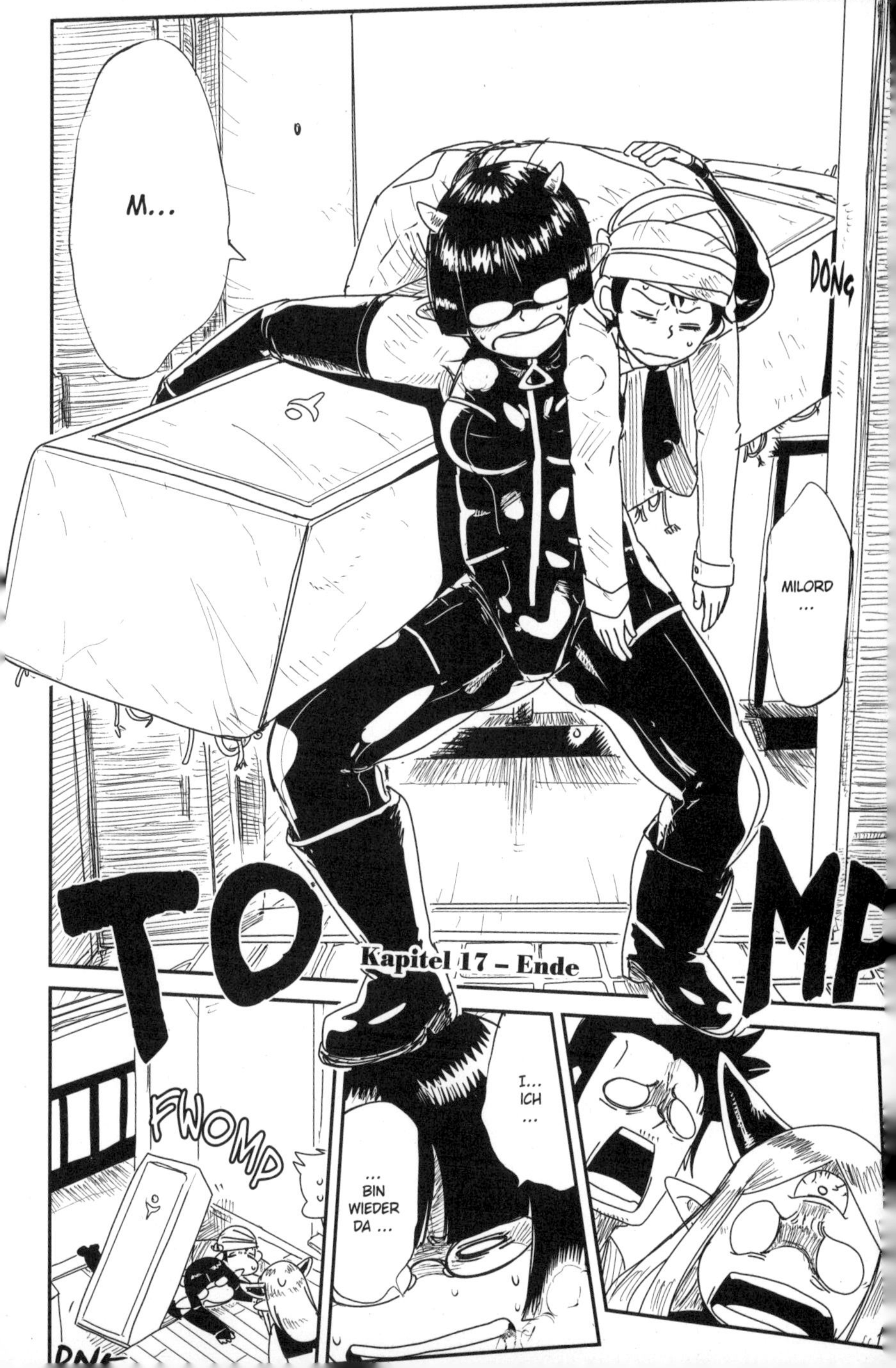
M...
DONG
MILORD ...
TOMP
Kapitel 17 – Ende
FWOMP
I... ICH ...
... BIN WIEDER DA ...

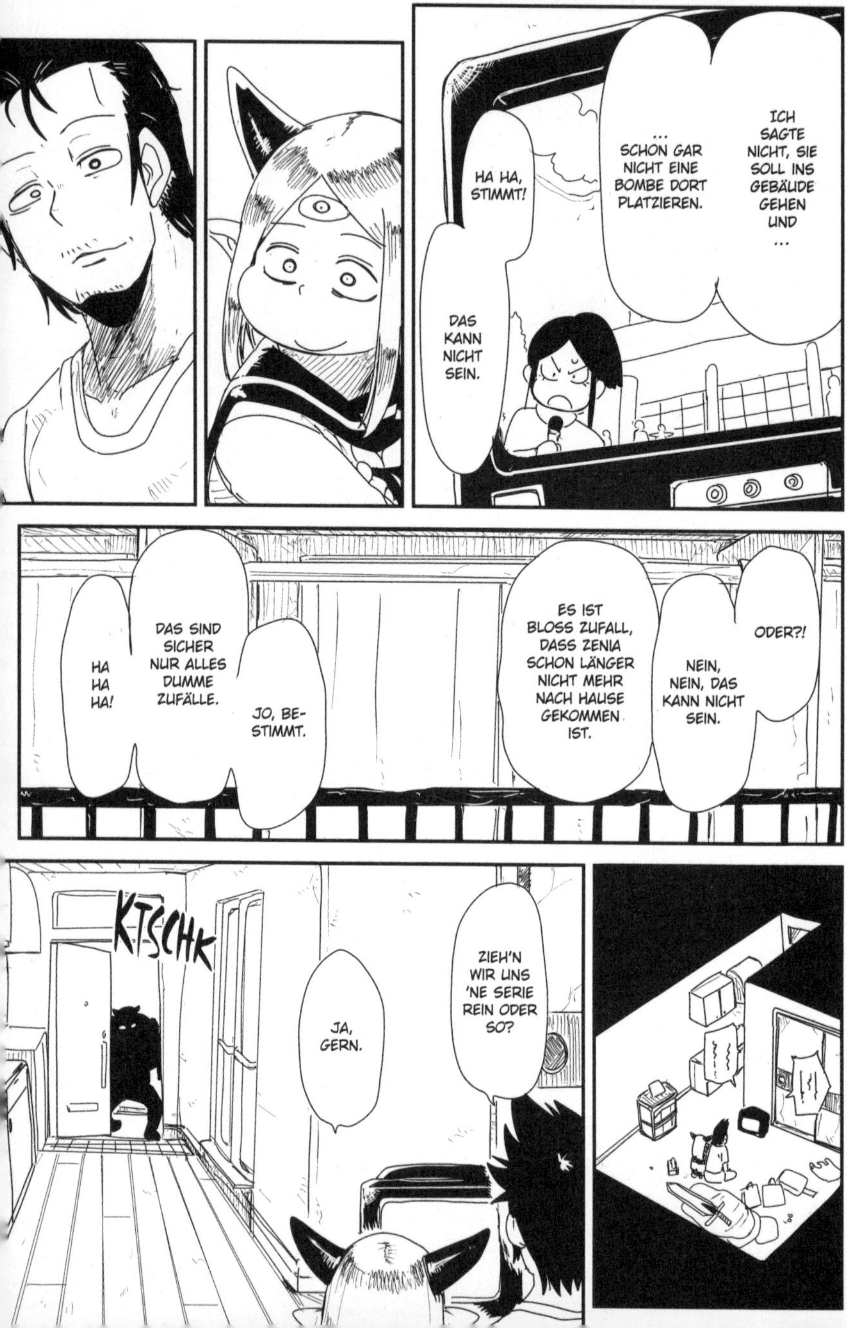
ICH SAGTE NICHT, SIE SOLL INS GEBÄUDE GEHEN UND ...
... SCHON GAR NICHT EINE BOMBE DORT PLATZIEREN.
HA HA, STIMMT!
DAS KANN NICHT SEIN.
ODER?!
NEIN, NEIN, DAS KANN NICHT SEIN.
ES IST BLOSS ZUFALL, DASS ZENIA SCHON LÄNGER NICHT MEHR NACH HAUSE GEKOMMEN IST.
JO, BE-STIMMT.
DAS SIND SICHER NUR ALLES DUMME ZUFÄLLE.
HA HA HA!
ZIEH'N WIR UNS 'NE SERIE REIN ODER SO?
JA, GERN.
KTSCHK

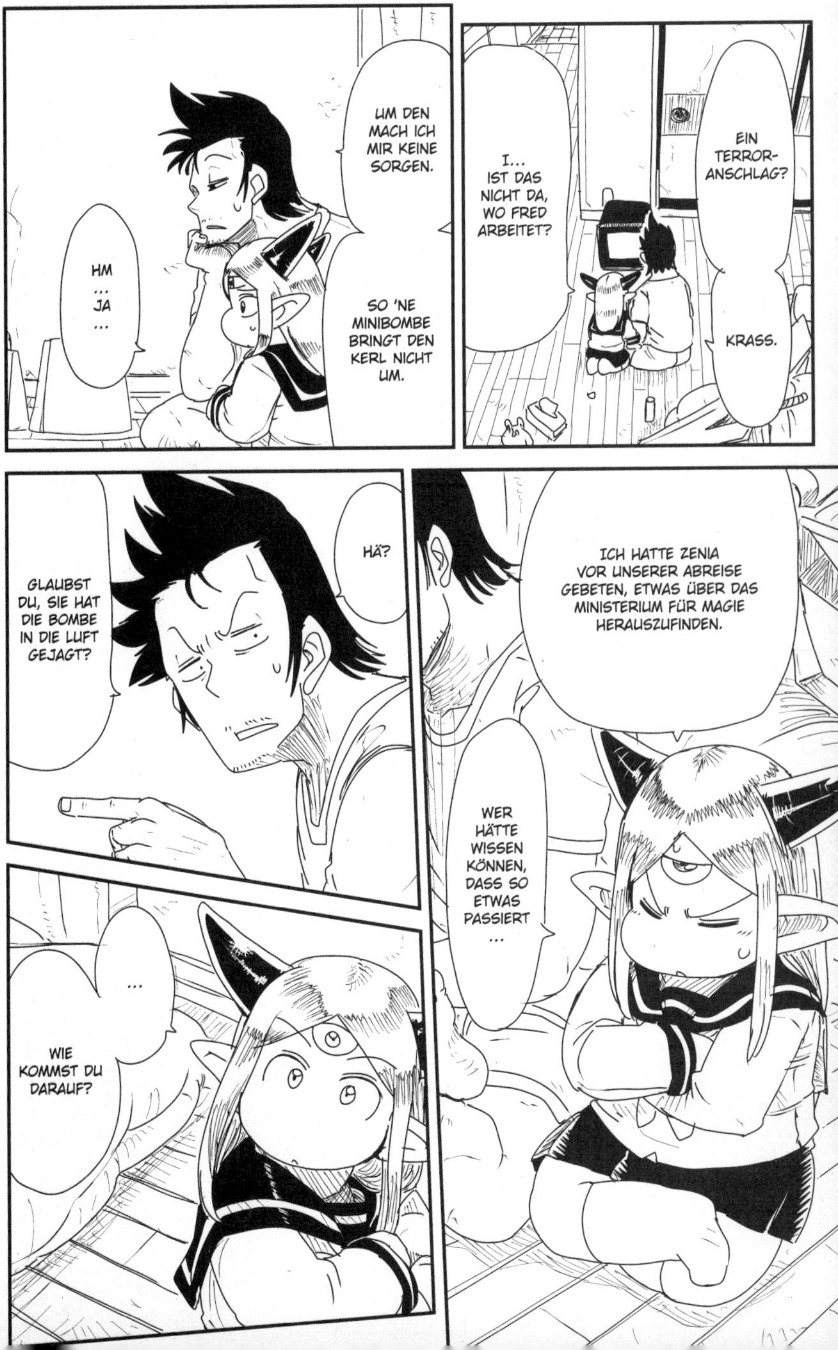
EIN TERROR-ANSCHLAG?
KRASS.
I... IST DAS NICHT DA, WO FRED ARBEITET?
UM DEN MACH ICH MIR KEINE SORGEN.
SO 'NE MINIBOMBE BRINGT DEN KERL NICHT UM.
HM ... JA ...
ICH HATTE ZENIA VOR UNSERER ABREISE GEBETEN, ETWAS ÜBER DAS MINISTERIUM FÜR MAGIE HERAUSZUFINDEN.
WER HÄTTE WISSEN KÖNNEN, DASS SO ETWAS PASSIERT ...
HÄ?
GLAUBST DU, SIE HAT DIE BOMBE IN DIE LUFT GEJAGT?
...
WIE KOMMST DU DARAUF?

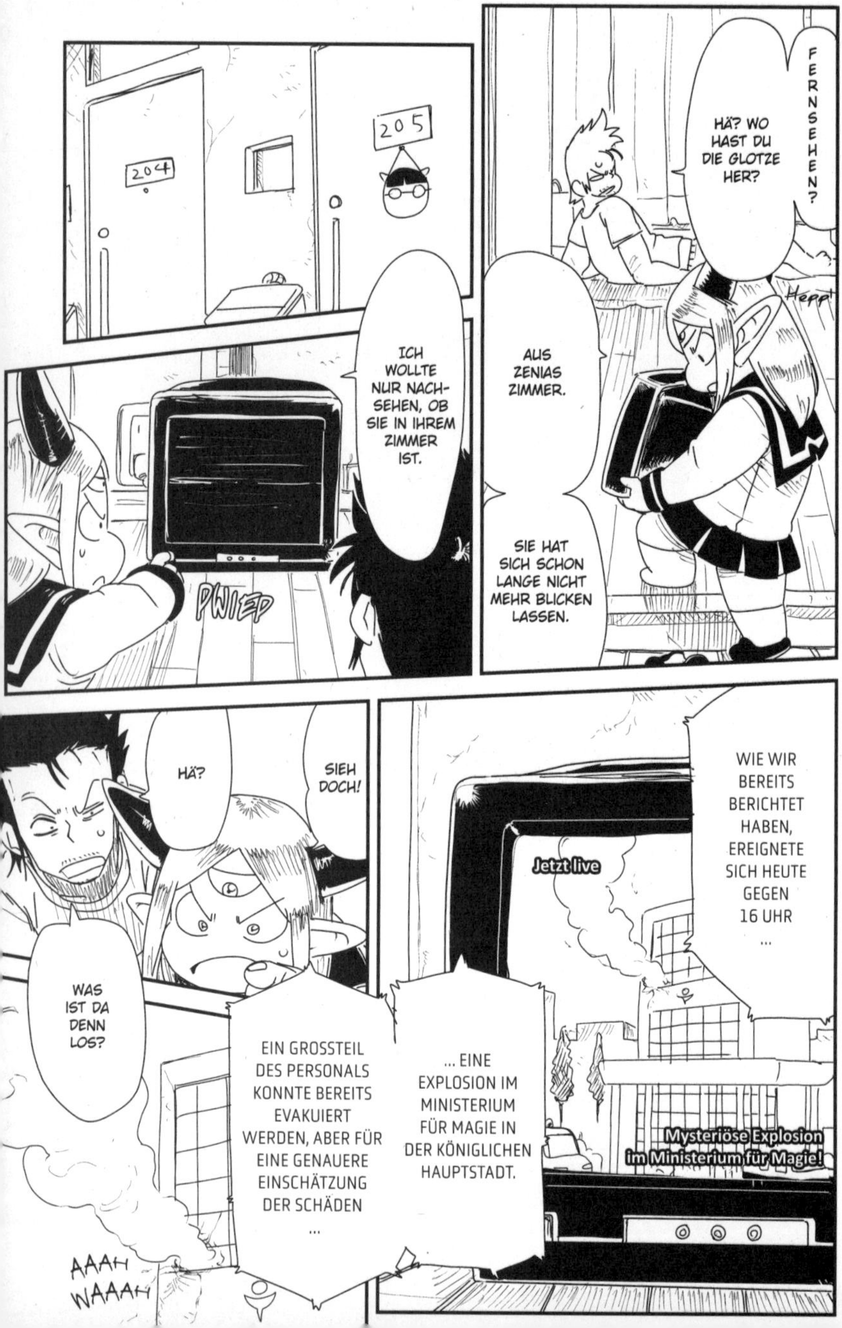
FERNSEHEN?
HÄ? WO HAST DU DIE GLOTZE HER?
Hepp!
AUS ZENIAS ZIMMER.
SIE HAT SICH SCHON LANGE NICHT MEHR BLICKEN LASSEN.
205
204
ICH WOLLTE NUR NACH-SEHEN, OB SIE IN IHREM ZIMMER IST.
PWIEP
WIE WIR BEREITS BERICHTET HABEN, EREIGNETE SICH HEUTE GEGEN 16 UHR ...
Jetzt live
... EINE EXPLOSION IM MINISTERIUM FÜR MAGIE IN DER KÖNIGLICHEN HAUPTSTADT.
Mysteriöse Explosion im Ministerium für Magie!
EIN GROSSTEIL DES PERSONALS KONNTE BEREITS EVAKUIERT WERDEN, ABER FÜR EINE GENAUERE EINSCHÄTZUNG DER SCHÄDEN ...
SIEH DOCH!
HÄ?
WAS IST DA DENN LOS?
AAAH WAAAH

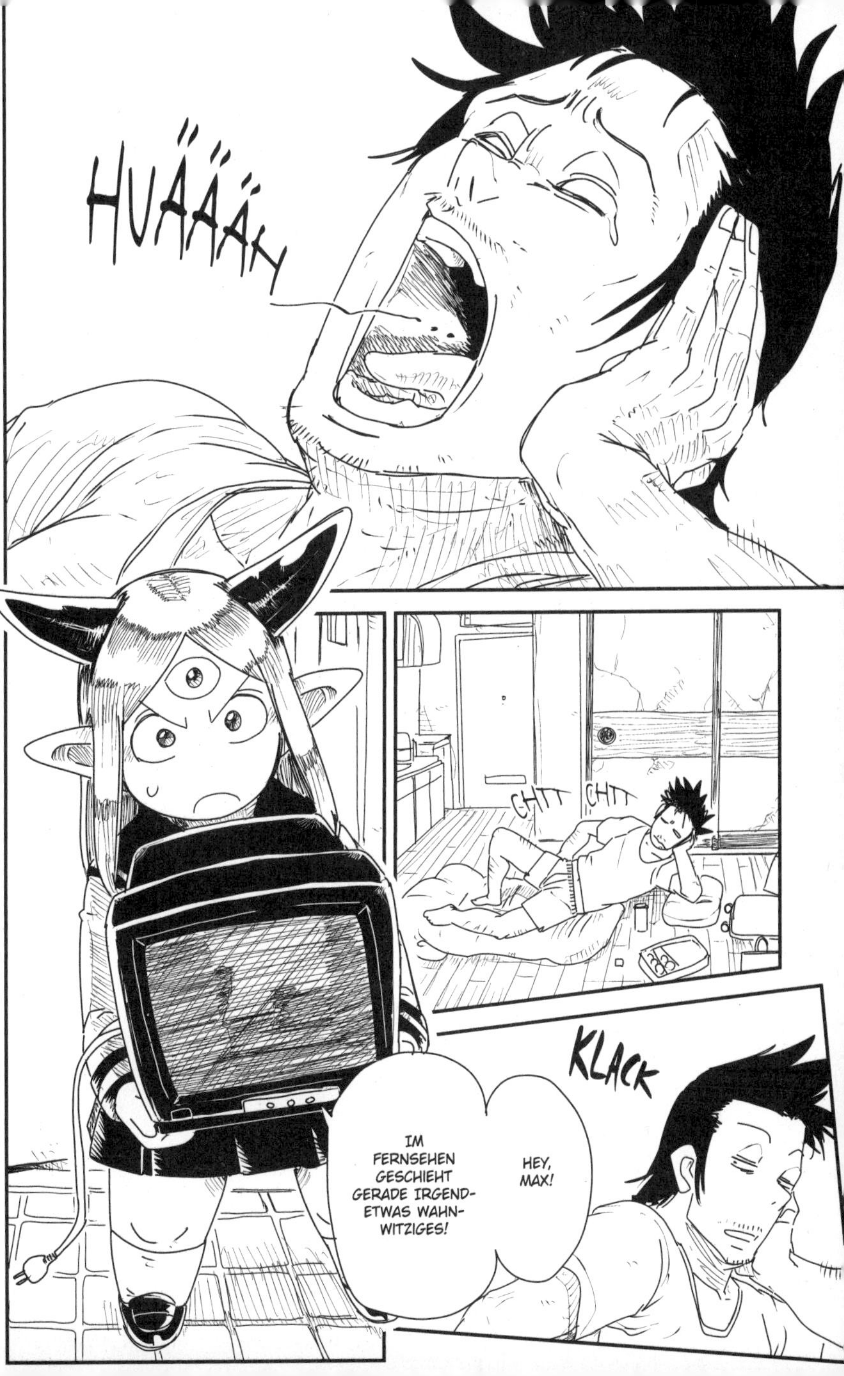
HUÄÄÄH
CHTT CHTT
KLACK
HEY, MAX!
IM FERNSEHEN GESCHIEHT GERADE IRGEND-ETWAS WAHN-WITZIGES!

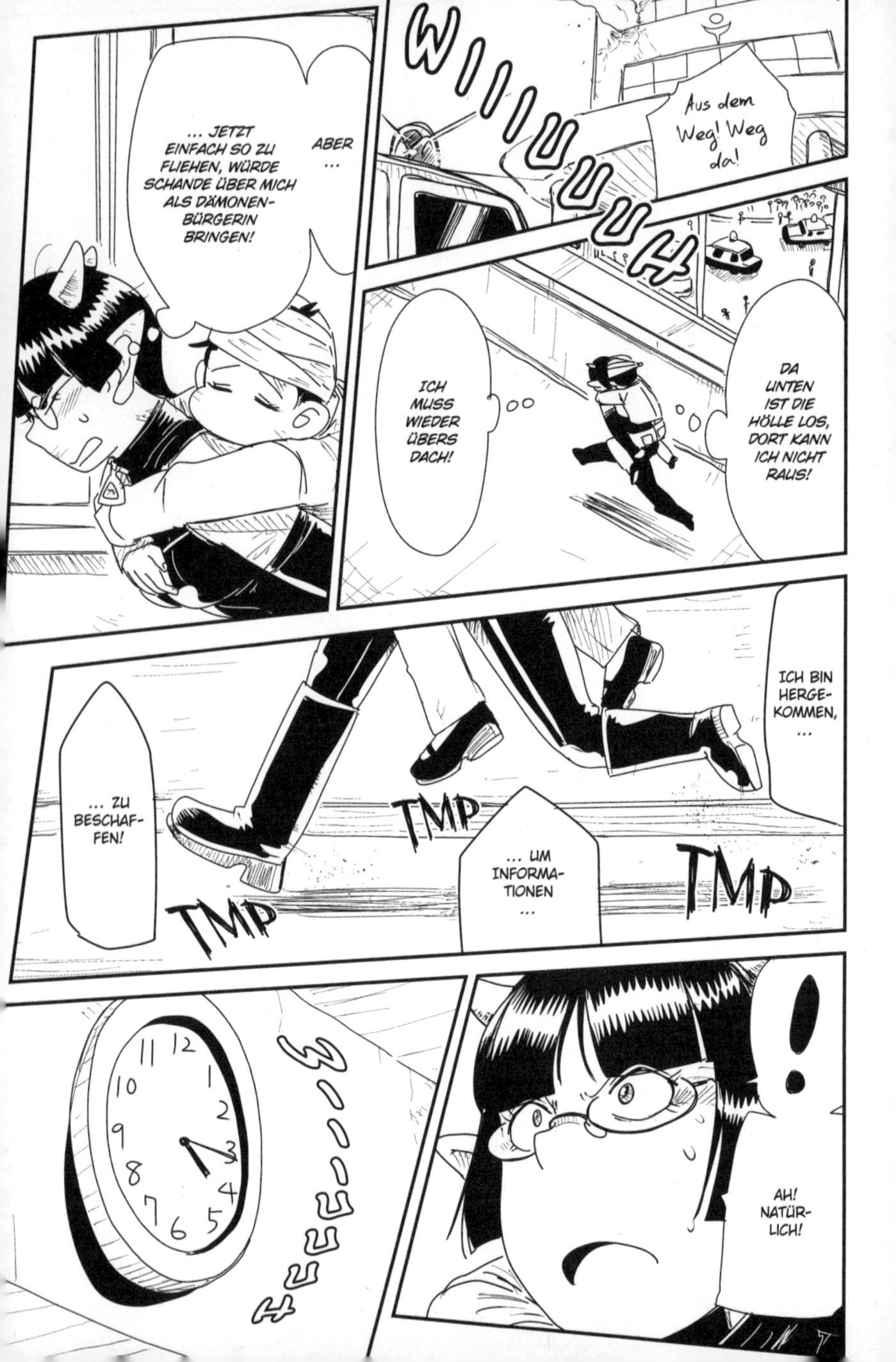
Aus dem Weg! Weg da!
DA UNTEN IST DIE HÖLLE LOS, DORT KANN ICH NICHT RAUS!
ICH MUSS WIEDER ÜBERS DACH!
ABER ...
... JETZT EINFACH SO ZU FLIEHEN, WÜRDE SCHANDE ÜBER MICH ALS DÄMONEN-BÜRGERIN BRINGEN!
ICH BIN HERGE-KOMMEN, ...
TMP
... UM INFORMA-TIONEN ...
TMP
... ZU BESCHAF-FEN!
TMP
!
AH! NATÜR-LICH!

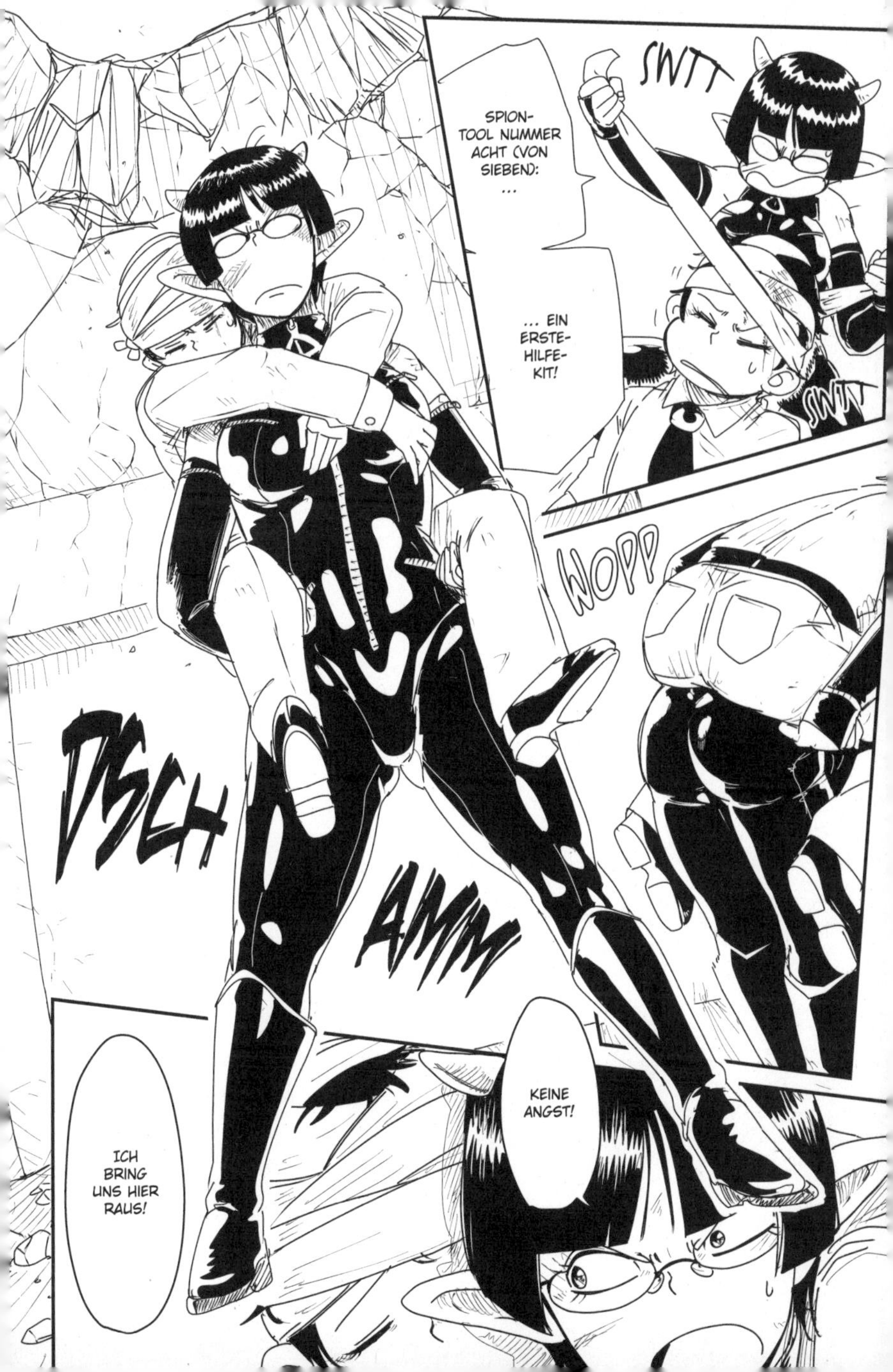
SPION-
TOOL NUMMER
ACHT (VON
SIEBEN):
...
SWTT
... EIN
ERSTE-
HILFE-
KIT!
SWTT
WOPP
DSCH
AMM
KEINE
ANGST!
ICH
BRING
UNS HIER
RAUS!

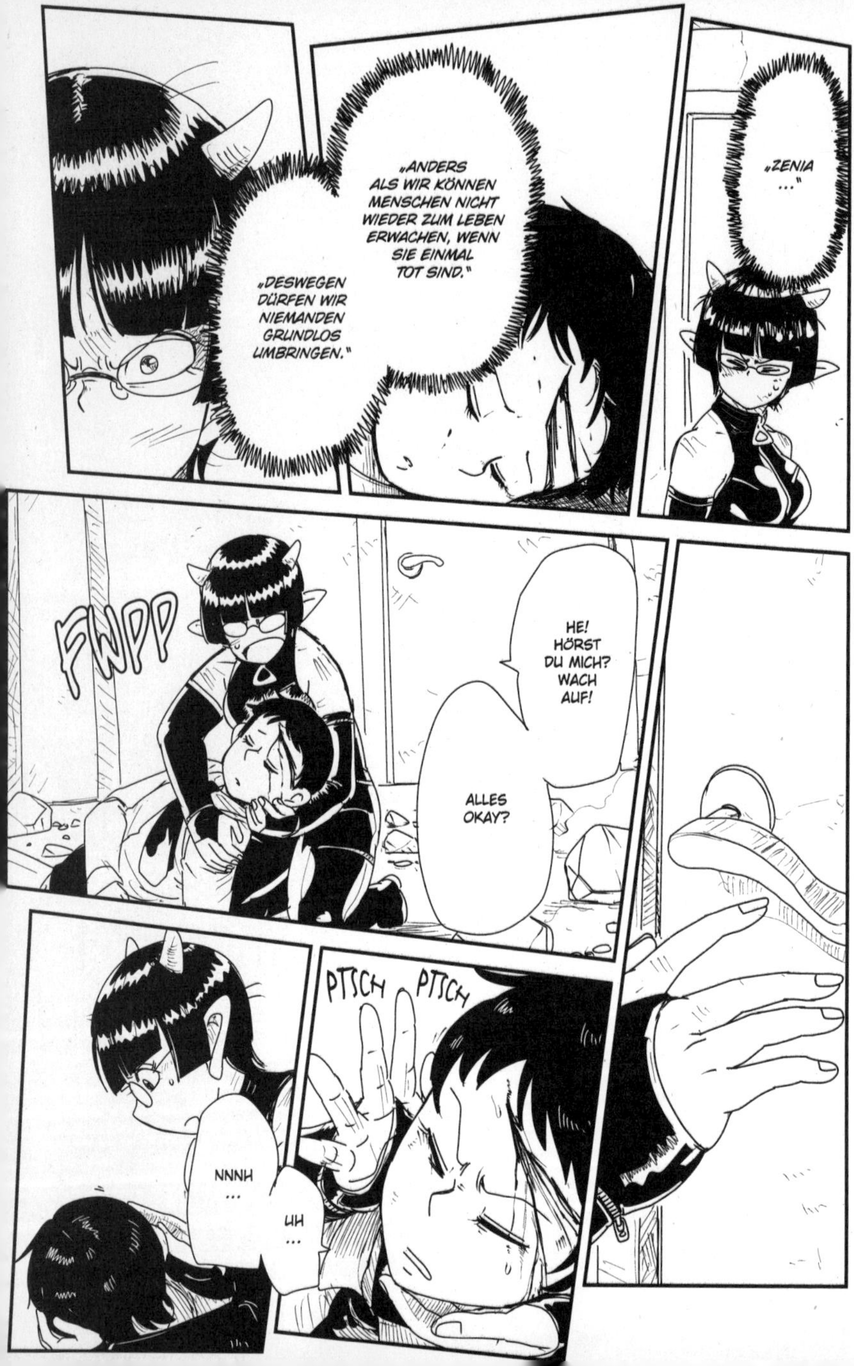
„ZENIA …"
„ANDERS ALS WIR KÖNNEN MENSCHEN NICHT WIEDER ZUM LEBEN ERWACHEN, WENN SIE EINMAL TOT SIND."
„DESWEGEN DÜRFEN WIR NIEMANDEN GRUNDLOS UMBRINGEN."
HE! HÖRST DU MICH? WACH AUF!
ALLES OKAY?
FWPP
PTSCH PTSCH
UH …
NNNH …

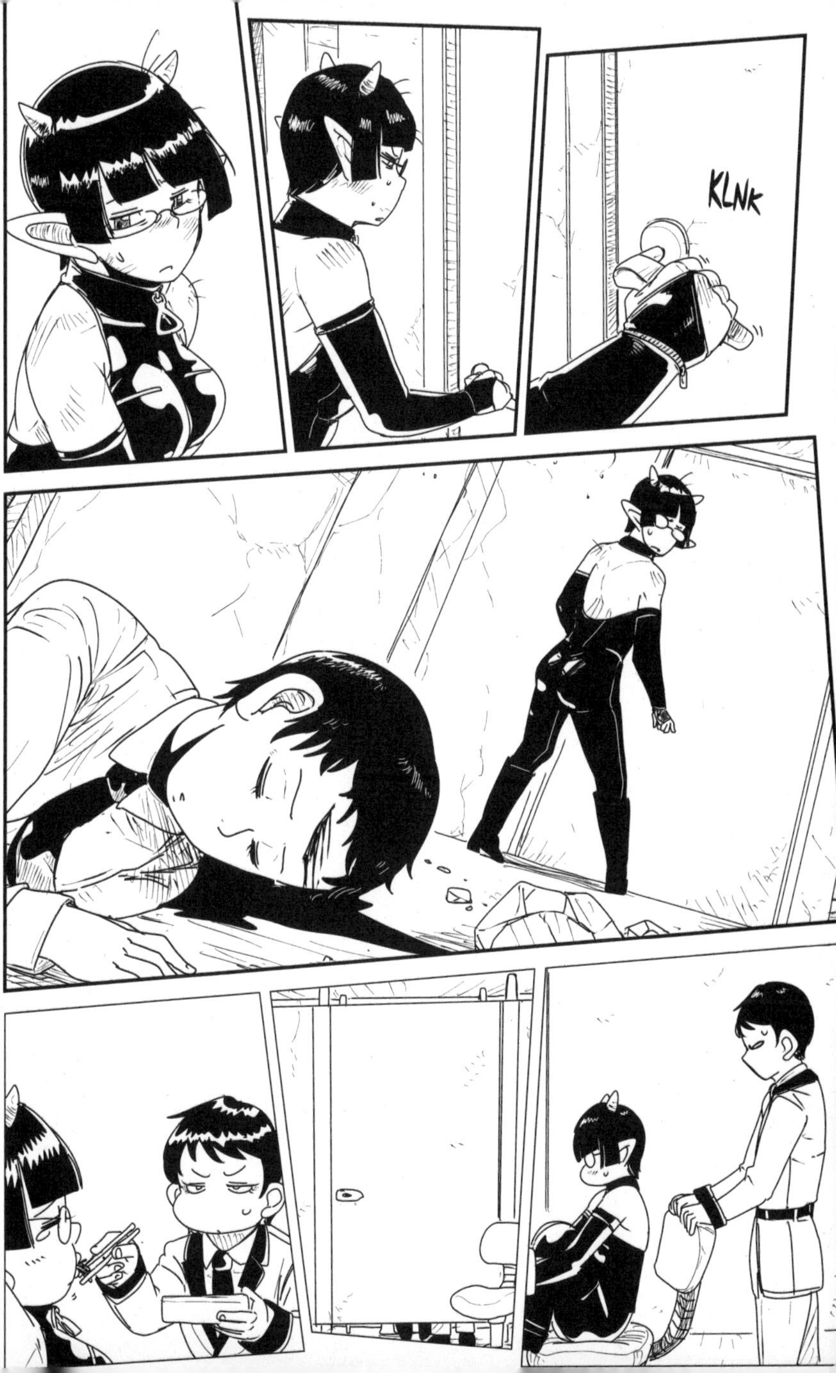
KLNK

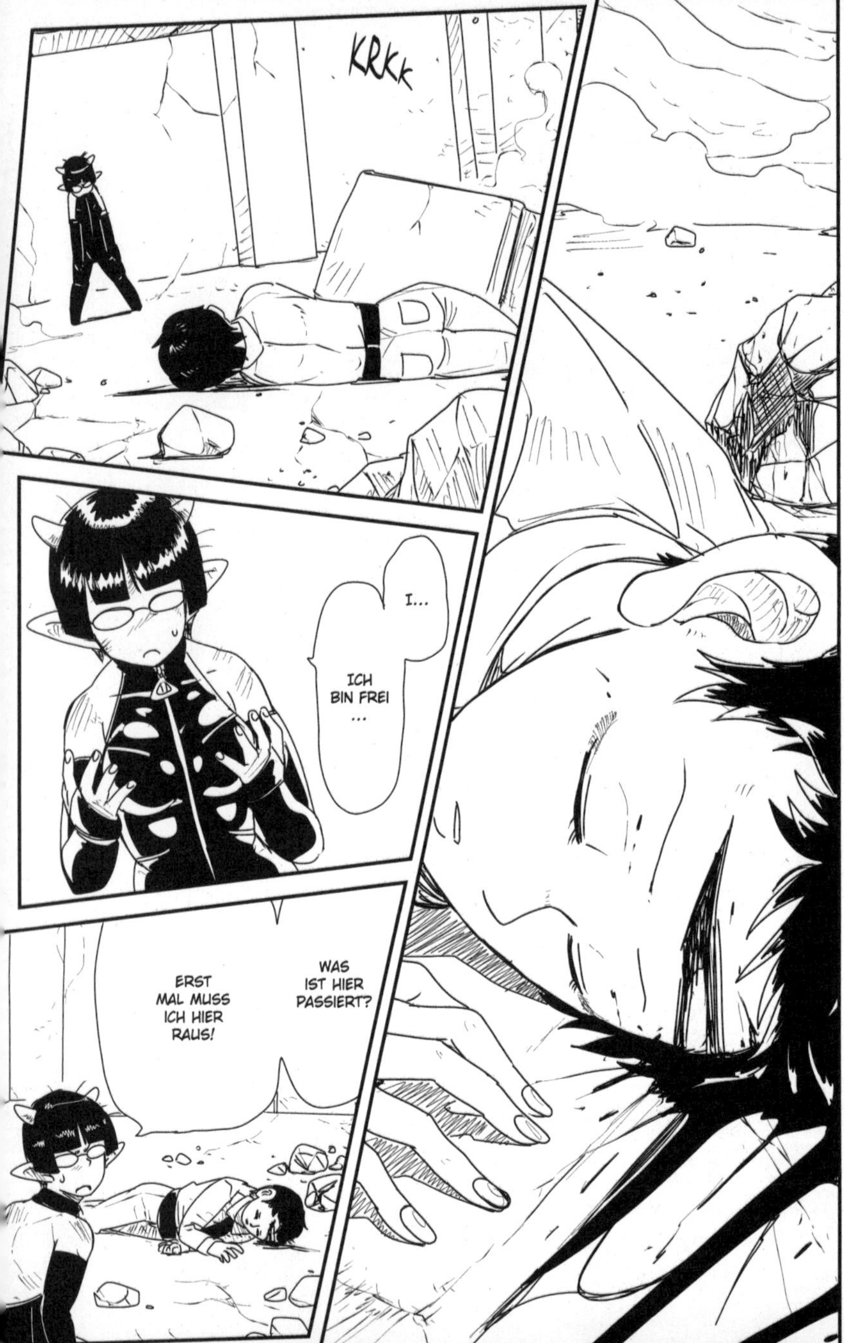
KRKK
I...
ICH BIN FREI ...
WAS IST HIER PASSIERT?
ERST MAL MUSS ICH HIER RAUS!

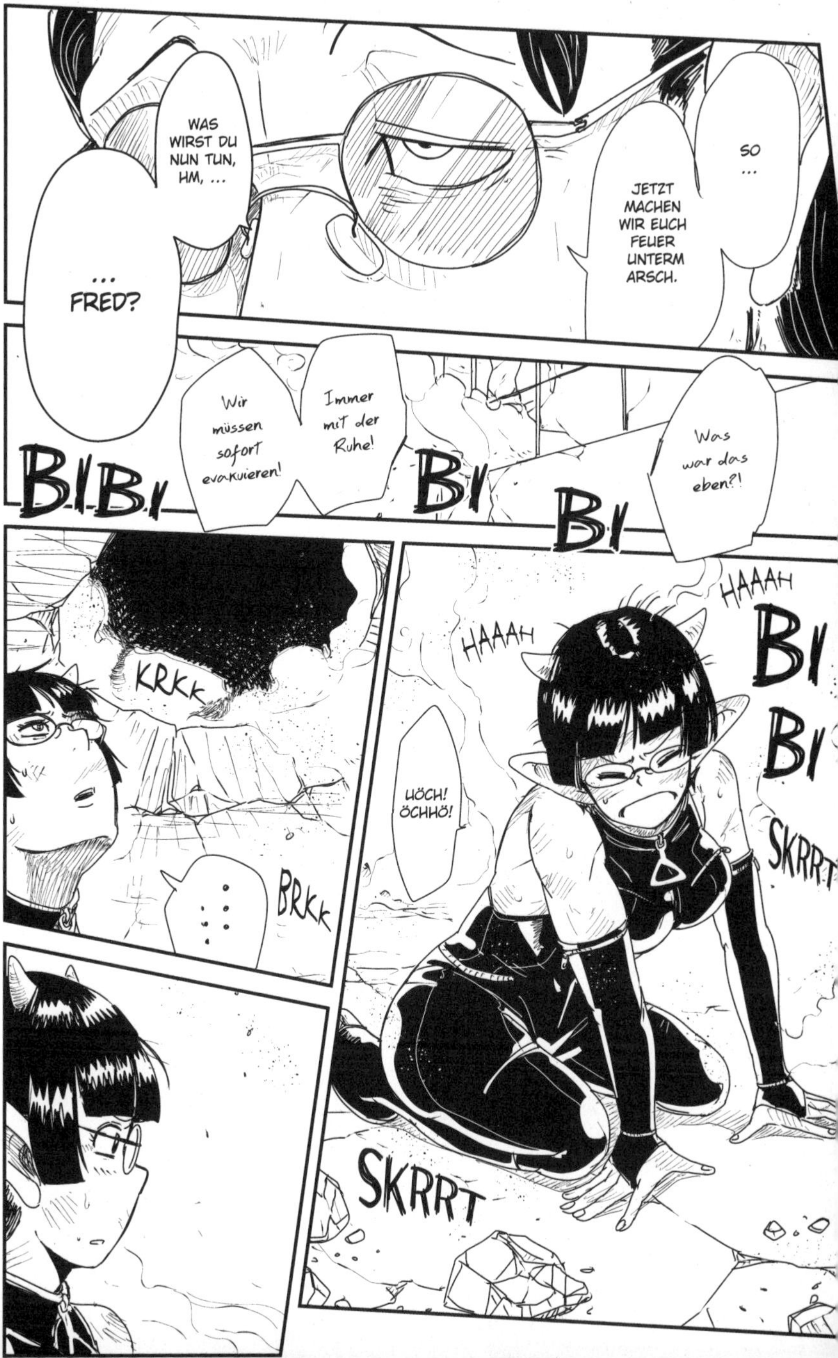

SO ...
JETZT MACHEN WIR EUCH FEUER UNTERM ARSCH.
WAS WIRST DU NUN TUN, HM, ...
... FRED?
Was war das eben?!
BI
Immer mit der Ruhe!
BI
Wir müssen sofort evakuieren!
BIBI
HAAAH
BI
BI
HAAAH
HÖCH! ÖCHHÖ!
SKRRT
SKRRT
KRKK
BRKK

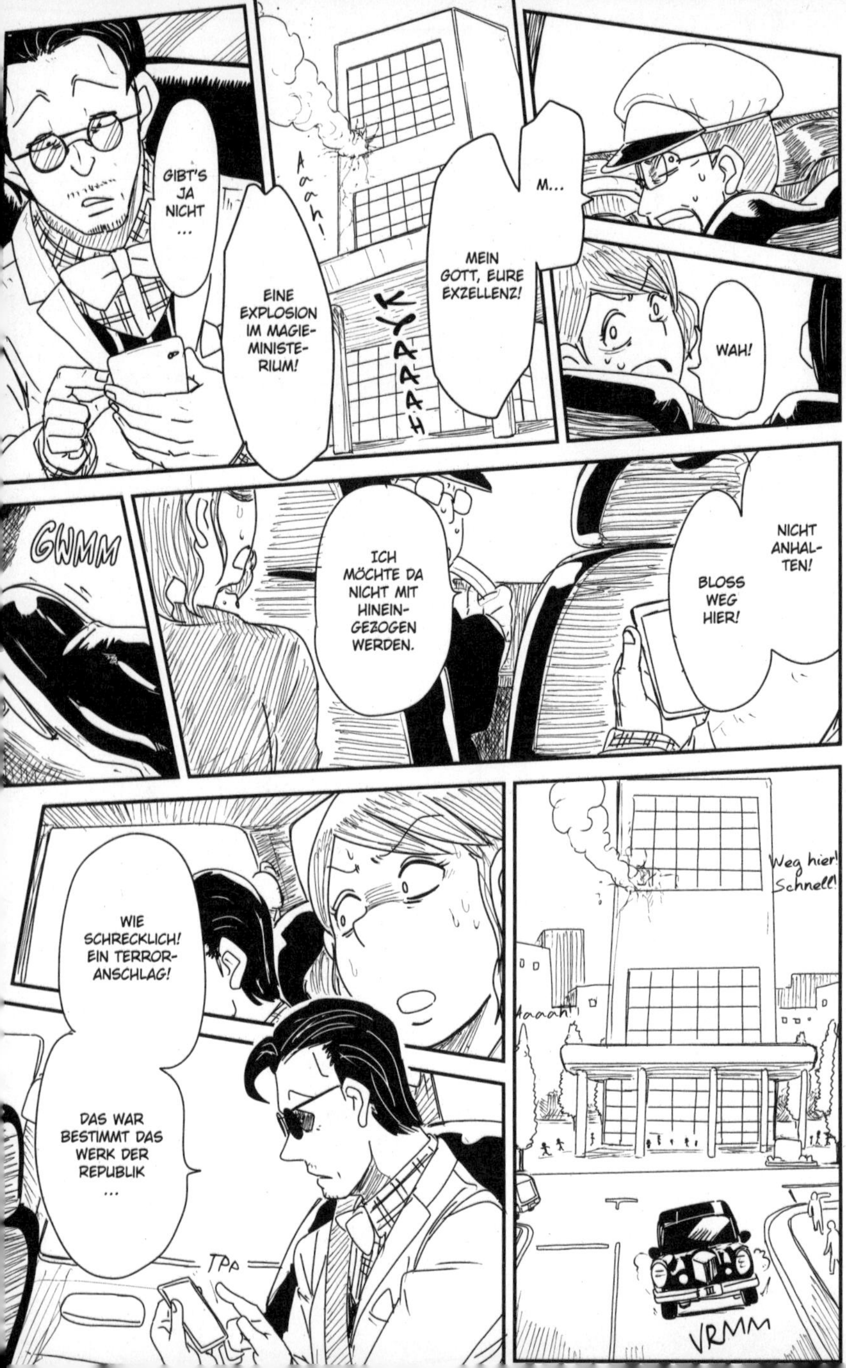
M...
MEIN GOTT, EURE EXZELLENZ!
WAH!
Aaah!
KYAAAAH
EINE EXPLOSION IM MAGIE-MINISTERIUM!
GIBT'S JA NICHT ...
NICHT ANHALTEN!
BLOSS WEG HIER!
ICH MÖCHTE DA NICHT MIT HINEINGEZOGEN WERDEN.
GWMM
Weg hier! Schnell!
Aaaah!
VRMM
WIE SCHRECKLICH! EIN TERRORANSCHLAG!
DAS WAR BESTIMMT DAS WERK DER REPUBLIK ...
TPP

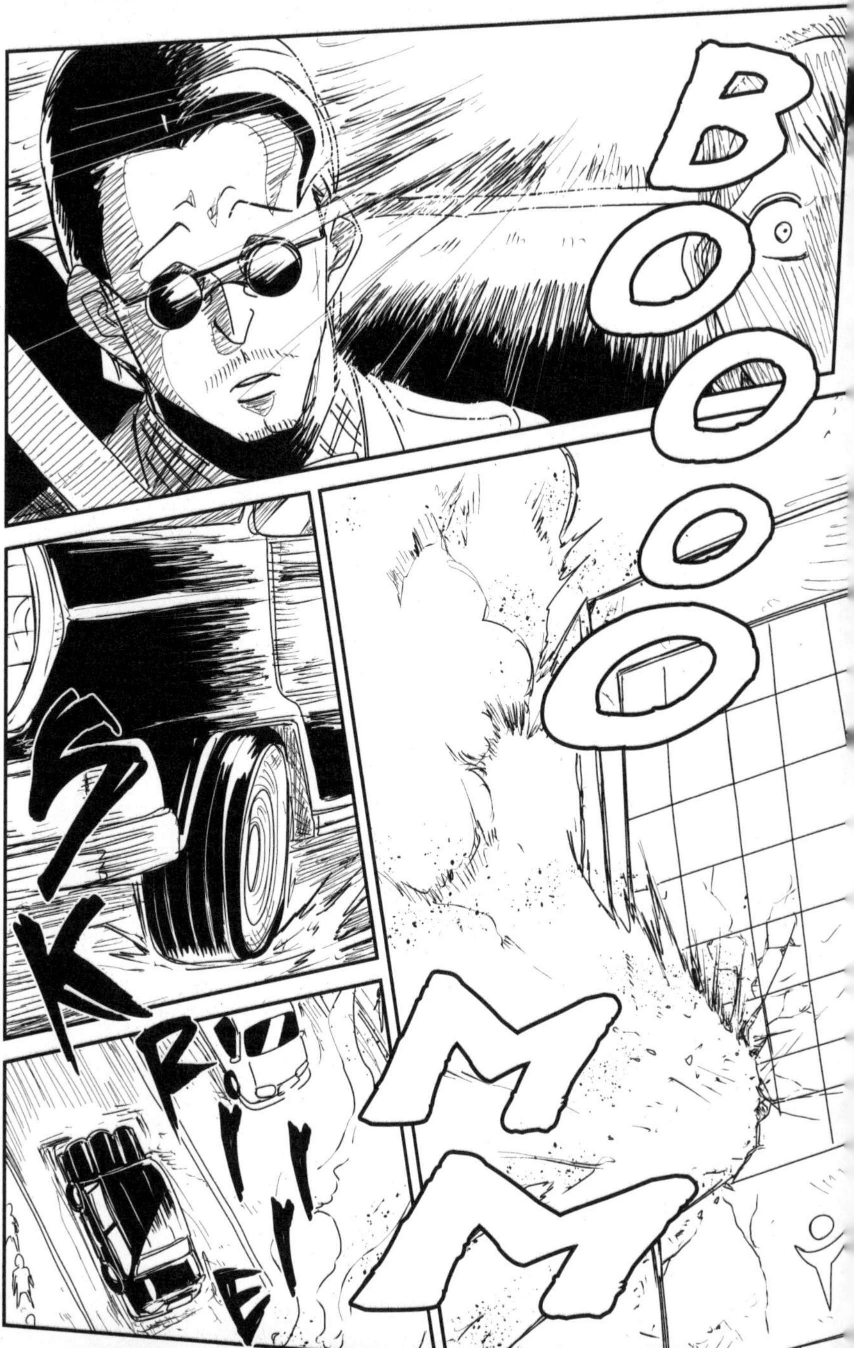

BOOOOOOMM
SKREEE

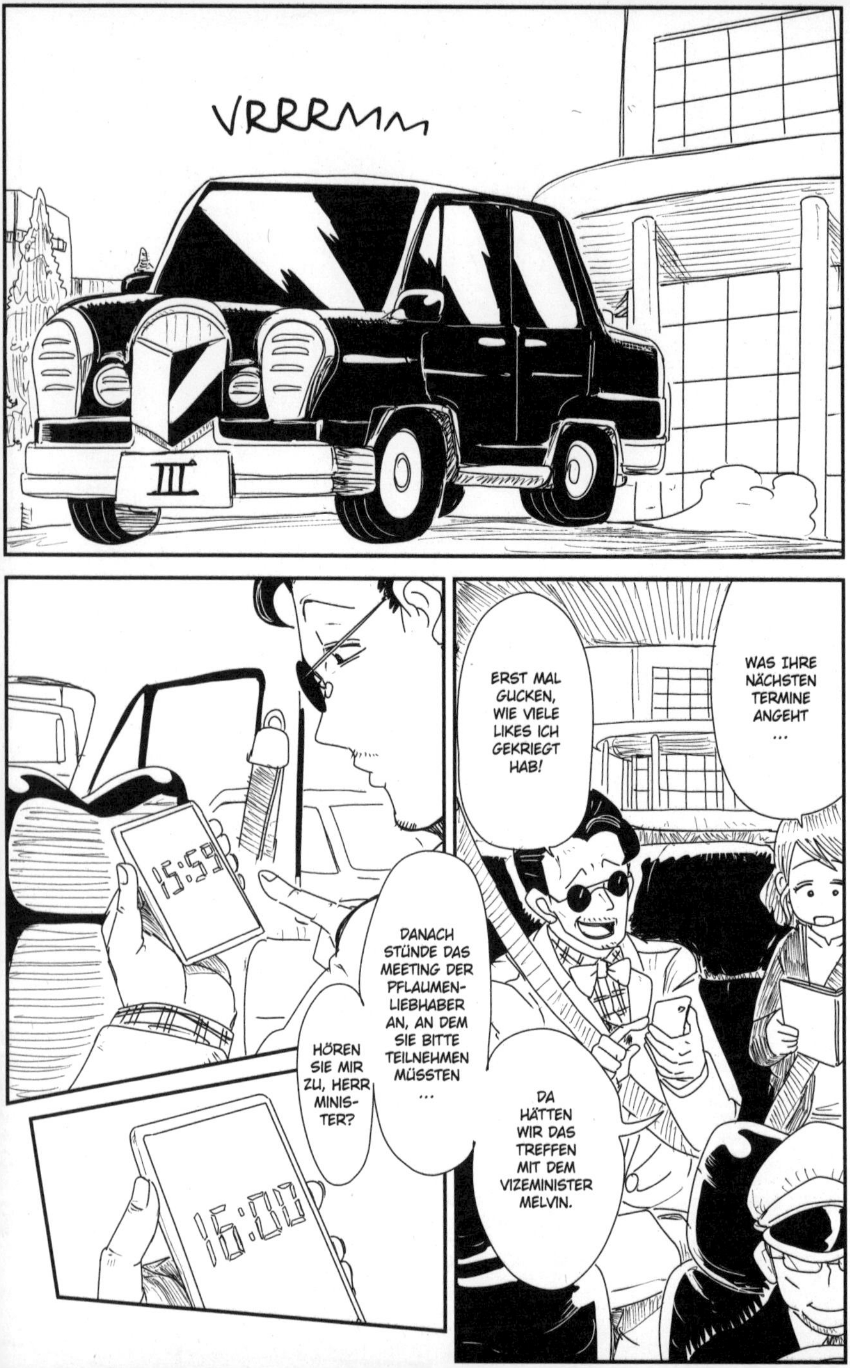
VRRRMM
WAS IHRE NÄCHSTEN TERMINE ANGEHT ...
ERST MAL GUCKEN, WIE VIELE LIKES ICH GEKRIEGT HAB!
DA HÄTTEN WIR DAS TREFFEN MIT DEM VIZEMINISTER MELVIN.
DANACH STÜNDE DAS MEETING DER PFLAUMEN-LIEBHABER AN, AN DEM SIE BITTE TEILNEHMEN MÜSSTEN ...
15:59
HÖREN SIE MIR ZU, HERR MINIS-TER?
16:00

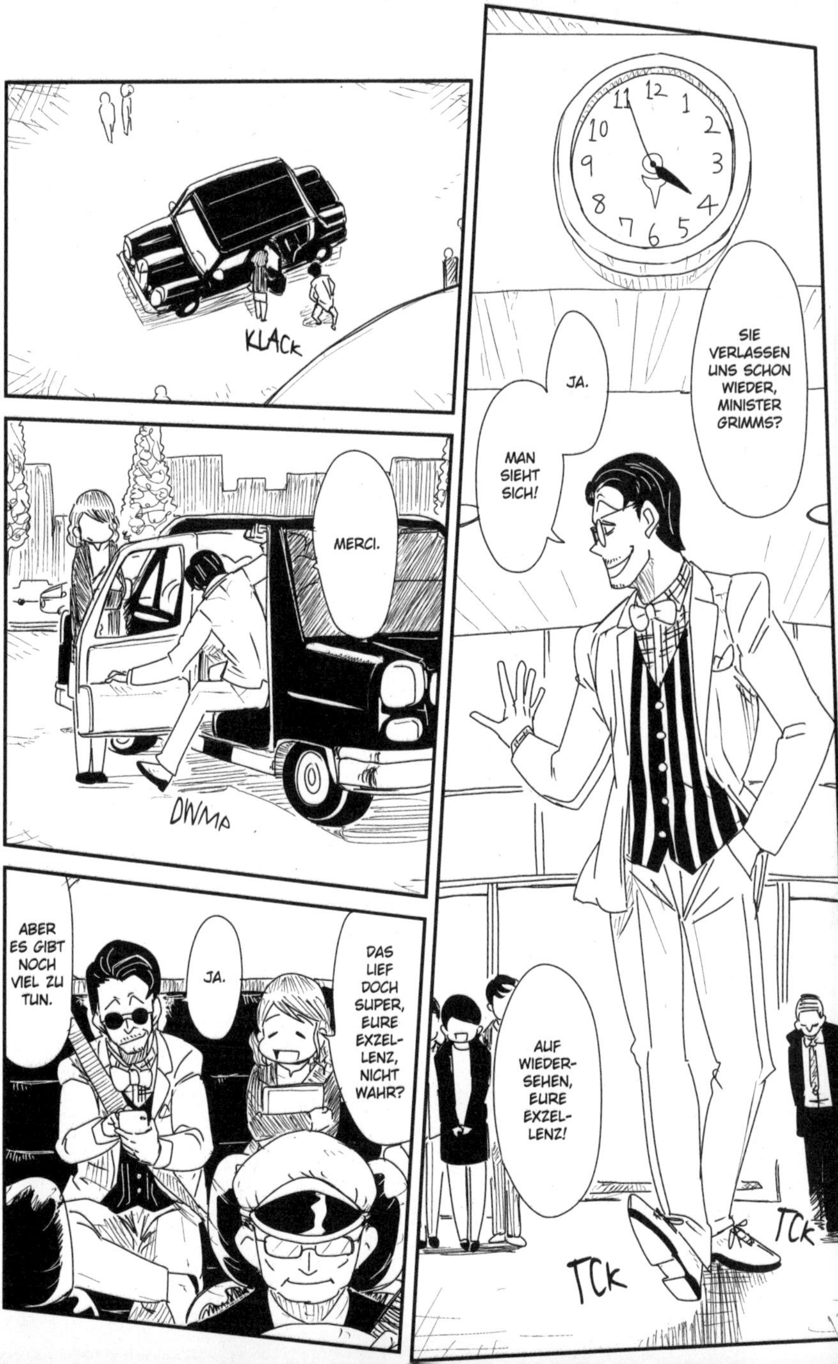
SIE VERLASSEN UNS SCHON WIEDER, MINISTER GRIMMS?
JA.
MAN SIEHT SICH!
AUF WIEDER-SEHEN, EURE EXZEL-LENZ!
TCK
TCK
KLACK
MERCI.
DWMP
DAS LIEF DOCH SUPER, EURE EXZEL-LENZ, NICHT WAHR?
JA.
ABER ES GIBT NOCH VIEL ZU TUN.

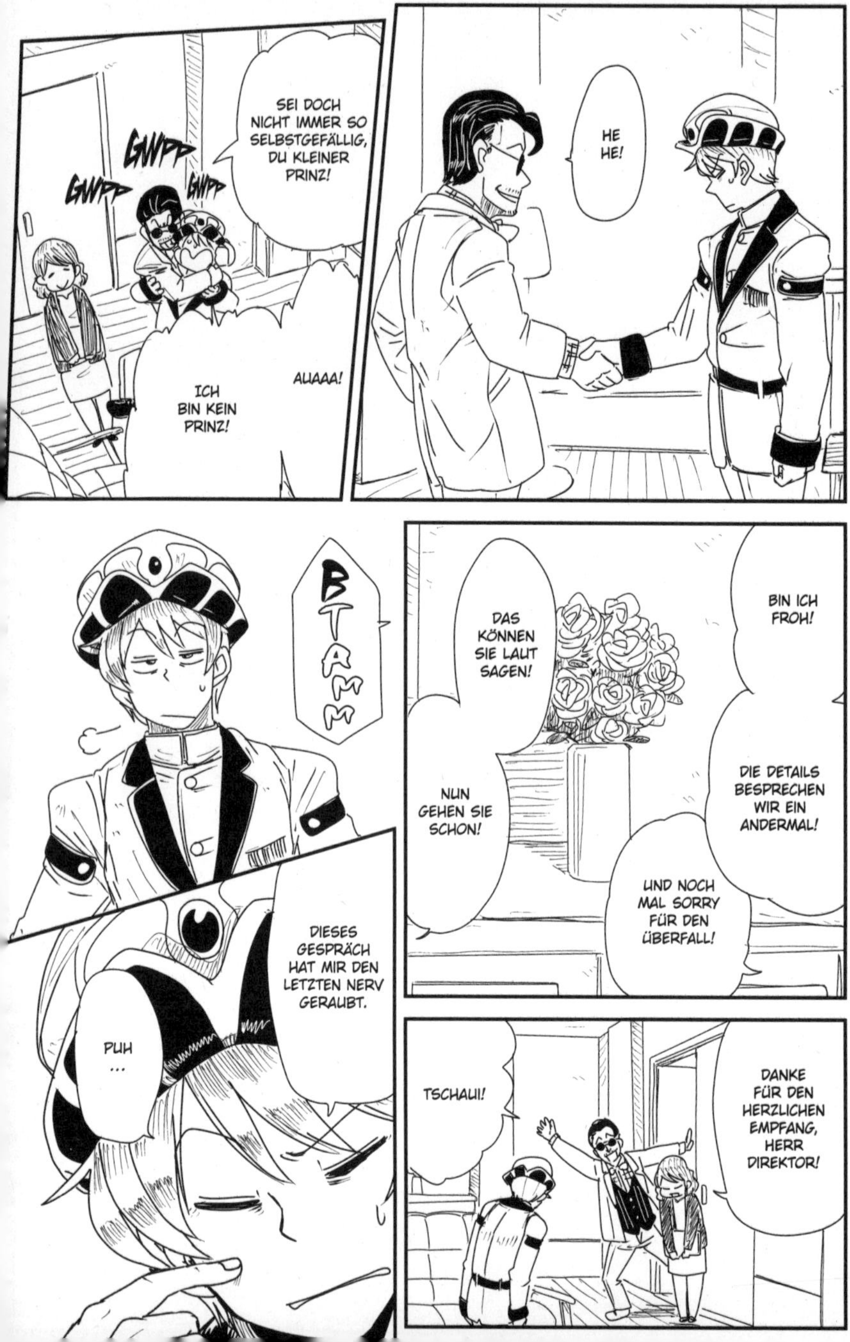
HE HE!
SEI DOCH NICHT IMMER SO SELBSTGEFÄLLIG, DU KLEINER PRINZ!
GWPP
GWPP
GWPP
AUAAA!
ICH BIN KEIN PRINZ!
BIN ICH FROH!
DAS KÖNNEN SIE LAUT SAGEN!
DIE DETAILS BESPRECHEN WIR EIN ANDERMAL!
NUN GEHEN SIE SCHON!
UND NOCH MAL SORRY FÜR DEN ÜBERFALL!
DANKE FÜR DEN HERZLICHEN EMPFANG, HERR DIREKTOR!
TSCHAUI!
BTAMM
DIESES GESPRÄCH HAT MIR DEN LETZTEN NERV GERAUBT.
PUH ...

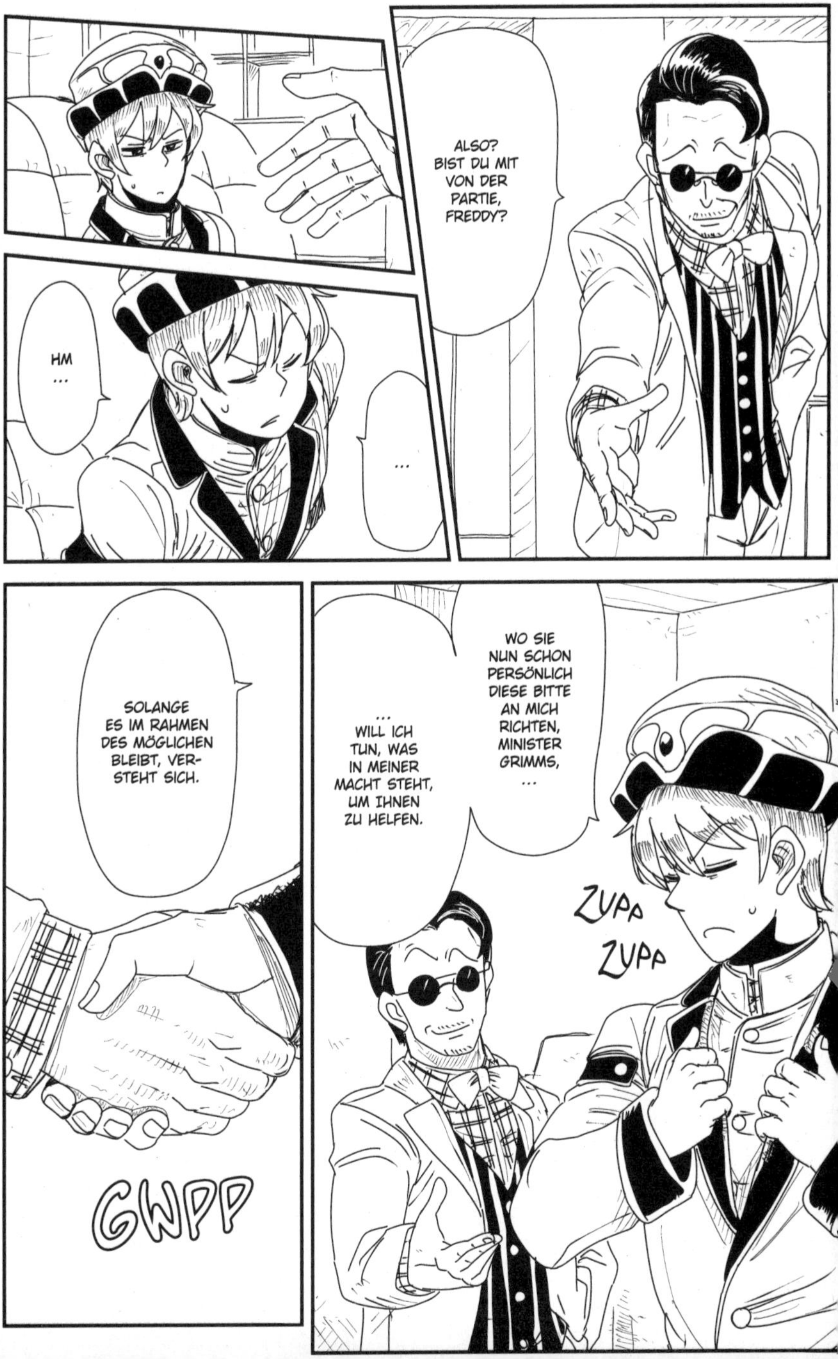

ALSO? BIST DU MIT VON DER PARTIE, FREDDY?
...
HM ...
WO SIE NUN SCHON PERSÖNLICH DIESE BITTE AN MICH RICHTEN, MINISTER GRIMMS, ...
... WILL ICH TUN, WAS IN MEINER MACHT STEHT, UM IHNEN ZU HELFEN.
ZUPP
ZUPP
SOLANGE ES IM RAHMEN DES MÖGLICHEN BLEIBT, VERSTEHT SICH.
GWPP

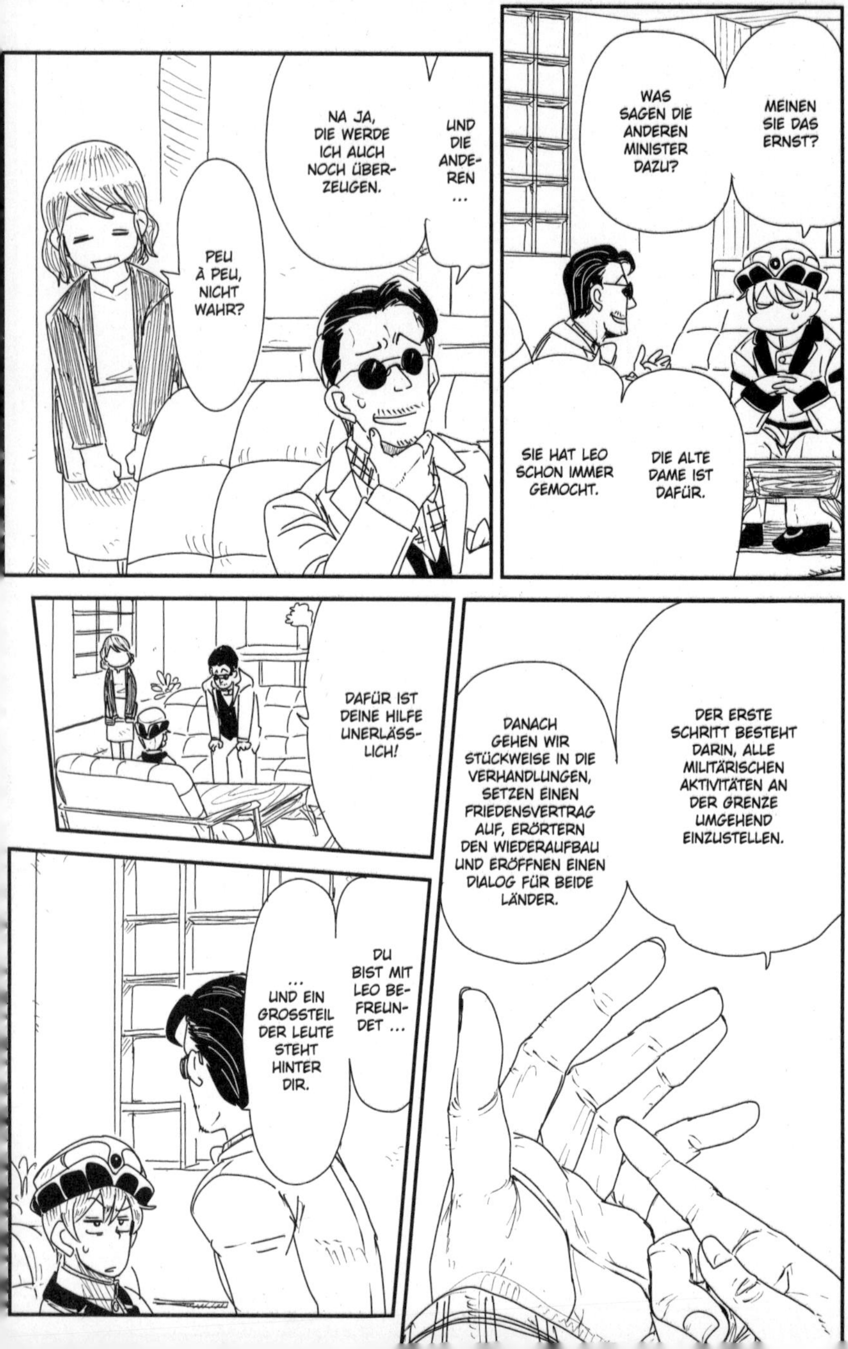
MEINEN SIE DAS ERNST?
WAS SAGEN DIE ANDEREN MINISTER DAZU?
DIE ALTE DAME IST DAFÜR.
SIE HAT LEO SCHON IMMER GEMOCHT.
UND DIE ANDEREN ...
NA JA, DIE WERDE ICH AUCH NOCH ÜBERZEUGEN.
PEU À PEU, NICHT WAHR?
DER ERSTE SCHRITT BESTEHT DARIN, ALLE MILITÄRISCHEN AKTIVITÄTEN AN DER GRENZE UMGEHEND EINZUSTELLEN.
DANACH GEHEN WIR STÜCKWEISE IN DIE VERHANDLUNGEN, SETZEN EINEN FRIEDENSVERTRAG AUF, ERÖRTERN DEN WIEDERAUFBAU UND ERÖFFNEN EINEN DIALOG FÜR BEIDE LÄNDER.
DAFÜR IST DEINE HILFE UNERLÄSSLICH!
DU BIST MIT LEO BEFREUNDET ...
... UND EIN GROSSTEIL DER LEUTE STEHT HINTER DIR.

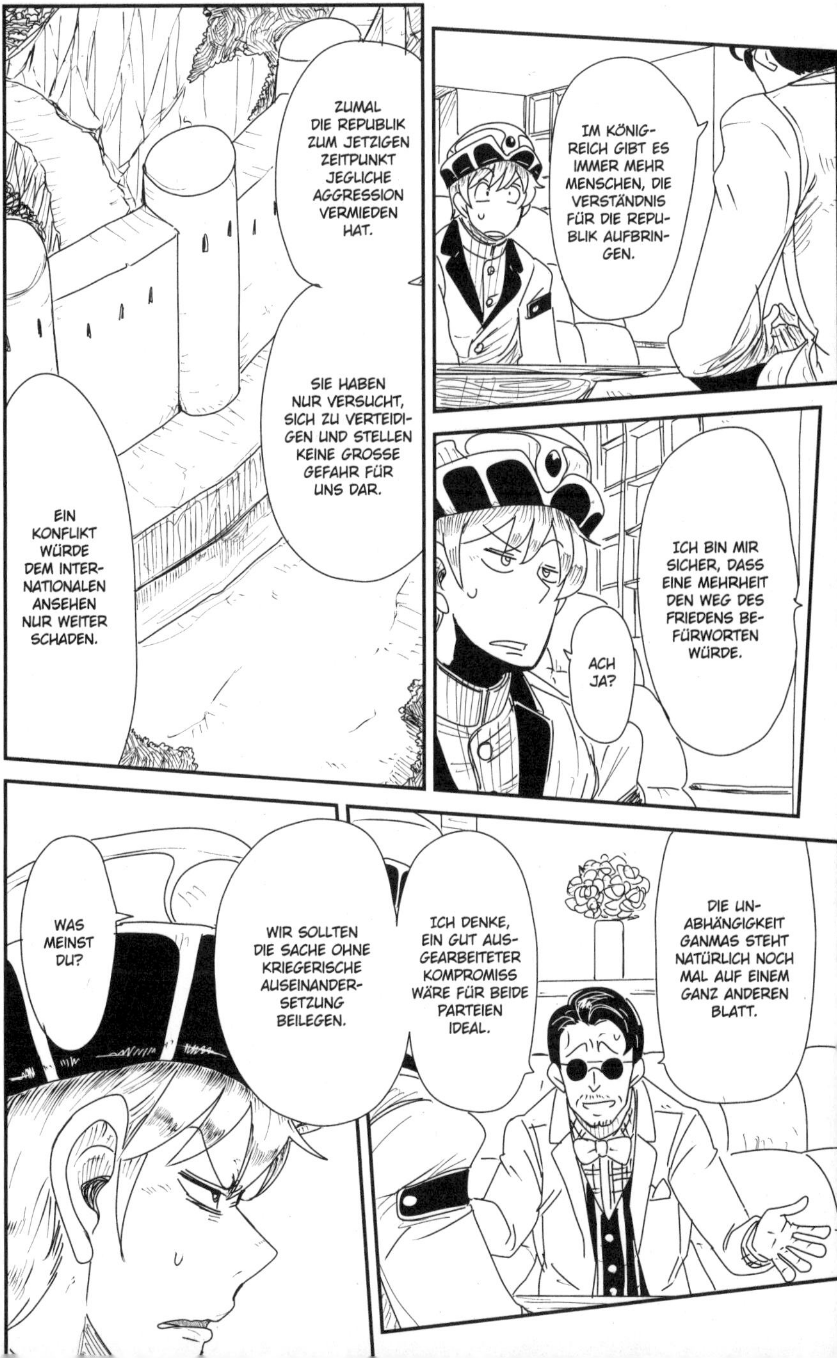
IM KÖNIGREICH GIBT ES IMMER MEHR MENSCHEN, DIE VERSTÄNDNIS FÜR DIE REPUBLIK AUFBRINGEN.
ICH BIN MIR SICHER, DASS EINE MEHRHEIT DEN WEG DES FRIEDENS BEFÜRWORTEN WÜRDE.
ACH JA?
ZUMAL DIE REPUBLIK ZUM JETZIGEN ZEITPUNKT JEGLICHE AGGRESSION VERMIEDEN HAT.
SIE HABEN NUR VERSUCHT, SICH ZU VERTEIDIGEN UND STELLEN KEINE GROSSE GEFAHR FÜR UNS DAR.
EIN KONFLIKT WÜRDE DEM INTERNATIONALEN ANSEHEN NUR WEITER SCHADEN.
DIE UNABHÄNGIGKEIT GANMAS STEHT NATÜRLICH NOCH MAL AUF EINEM GANZ ANDEREN BLATT.
ICH DENKE, EIN GUT AUSGEARBEITETER KOMPROMISS WÄRE FÜR BEIDE PARTEIEN IDEAL.
WIR SOLLTEN DIE SACHE OHNE KRIEGERISCHE AUSEINANDERSETZUNG BEILEGEN.
WAS MEINST DU?

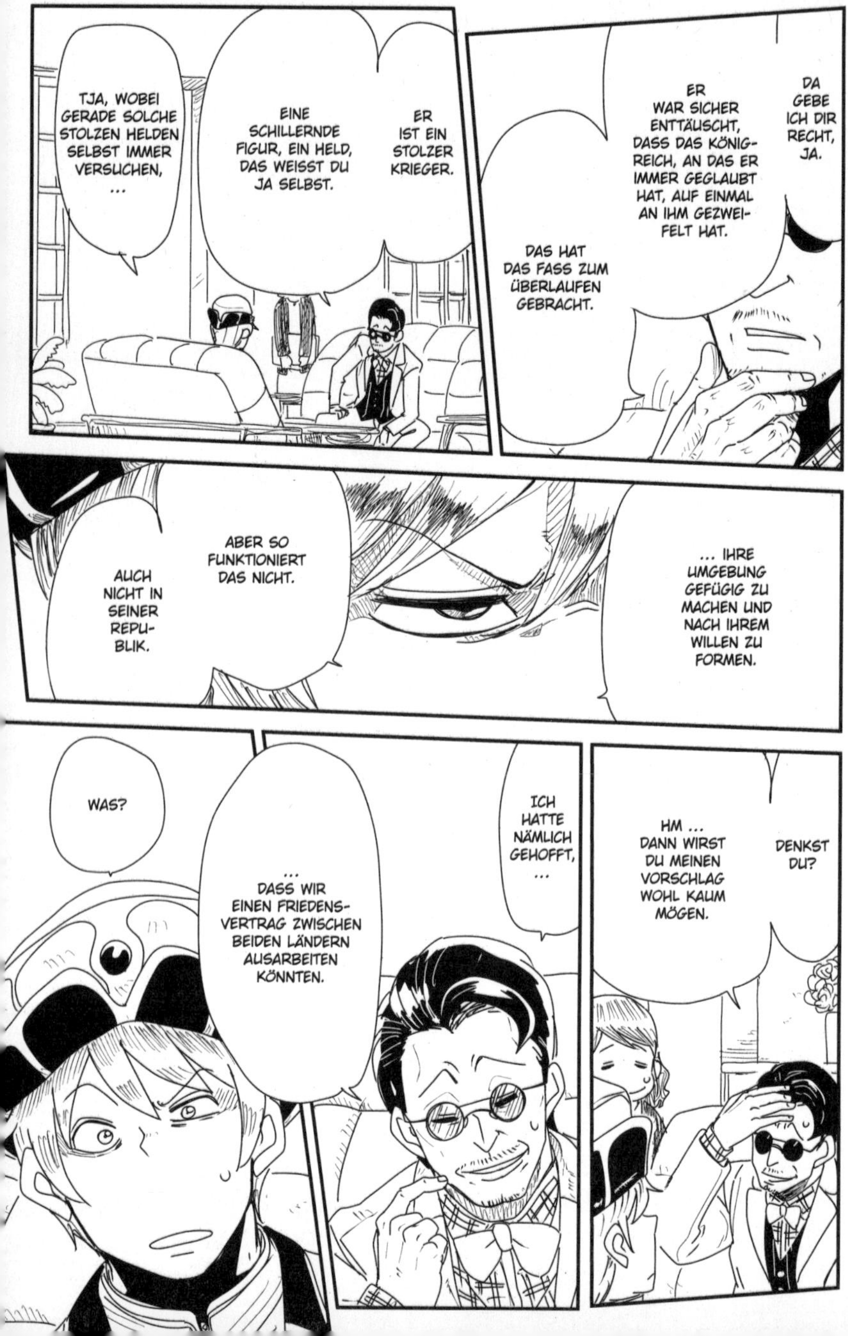
DA GEBE ICH DIR RECHT, JA.
ER WAR SICHER ENTTÄUSCHT, DASS DAS KÖNIGREICH, AN DAS ER IMMER GEGLAUBT HAT, AUF EINMAL AN IHM GEZWEIFELT HAT.
DAS HAT DAS FASS ZUM ÜBERLAUFEN GEBRACHT.
ER IST EIN STOLZER KRIEGER.
EINE SCHILLERNDE FIGUR, EIN HELD, DAS WEISST DU JA SELBST.
TJA, WOBEI GERADE SOLCHE STOLZEN HELDEN SELBST IMMER VERSUCHEN, ...
... IHRE UMGEBUNG GEFÜGIG ZU MACHEN UND NACH IHREM WILLEN ZU FORMEN.
ABER SO FUNKTIONIERT DAS NICHT.
AUCH NICHT IN SEINER REPUBLIK.
DENKST DU?
HM ... DANN WIRST DU MEINEN VORSCHLAG WOHL KAUM MÖGEN.
ICH HATTE NÄMLICH GEHOFFT, ...
... DASS WIR EINEN FRIEDENSVERTRAG ZWISCHEN BEIDEN LÄNDERN AUSARBEITEN KÖNNTEN.
WAS?

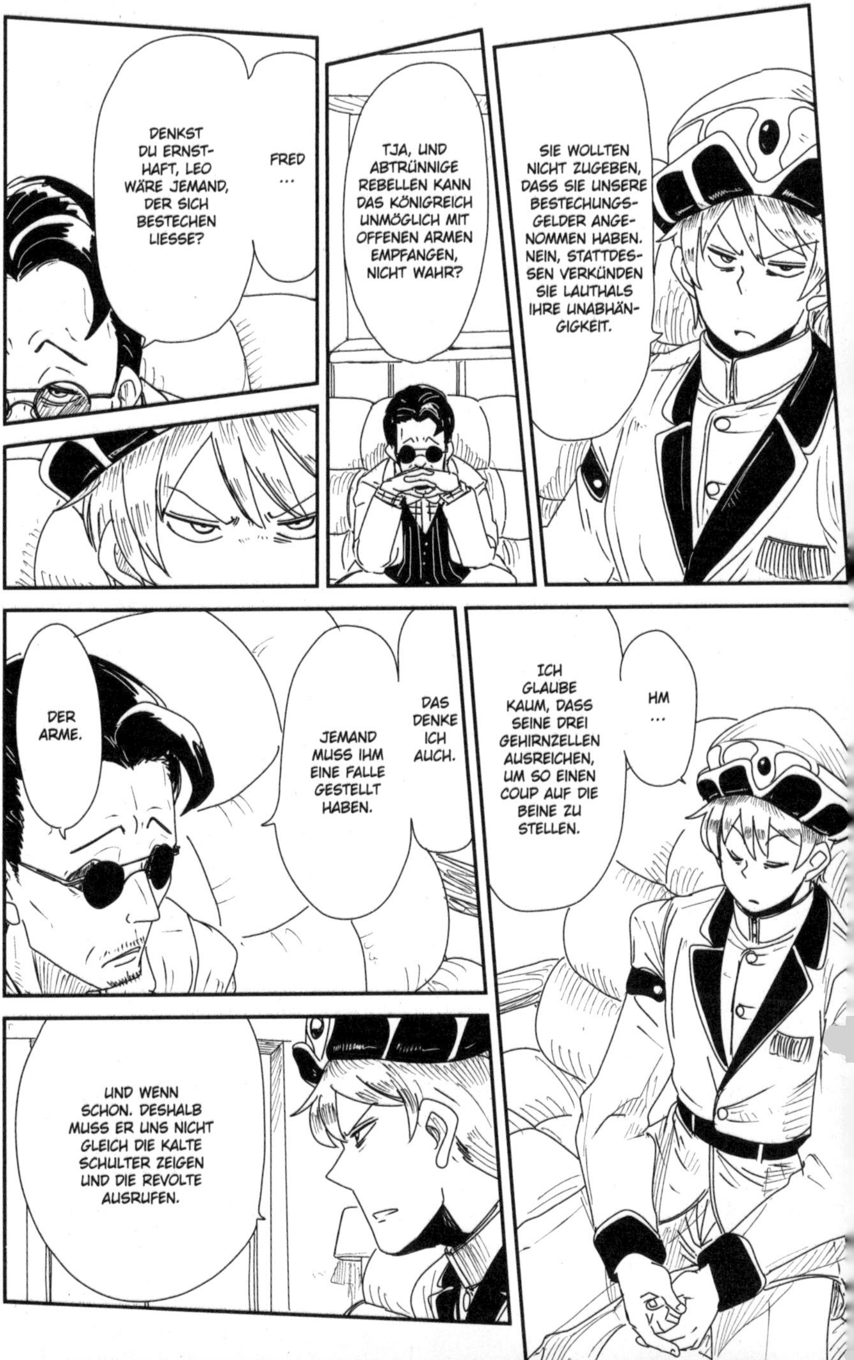
SIE WOLLTEN NICHT ZUGEBEN, DASS SIE UNSERE BESTECHUNGS-GELDER ANGE-NOMMEN HABEN. NEIN, STATTDES-SEN VERKÜNDEN SIE LAUTHALS IHRE UNABHÄN-GIGKEIT.
TJA, UND ABTRÜNNIGE REBELLEN KANN DAS KÖNIGREICH UNMÖGLICH MIT OFFENEN ARMEN EMPFANGEN, NICHT WAHR?
FRED ...
DENKST DU ERNST-HAFT, LEO WÄRE JEMAND, DER SICH BESTECHEN LIESSE?
HM ...
ICH GLAUBE KAUM, DASS SEINE DREI GEHIRNZELLEN AUSREICHEN, UM SO EINEN COUP AUF DIE BEINE ZU STELLEN.
DAS DENKE ICH AUCH.
JEMAND MUSS IHM EINE FALLE GESTELLT HABEN.
DER ARME.
UND WENN SCHON. DESHALB MUSS ER UNS NICHT GLEICH DIE KALTE SCHULTER ZEIGEN UND DIE REVOLTE AUSRUFEN.

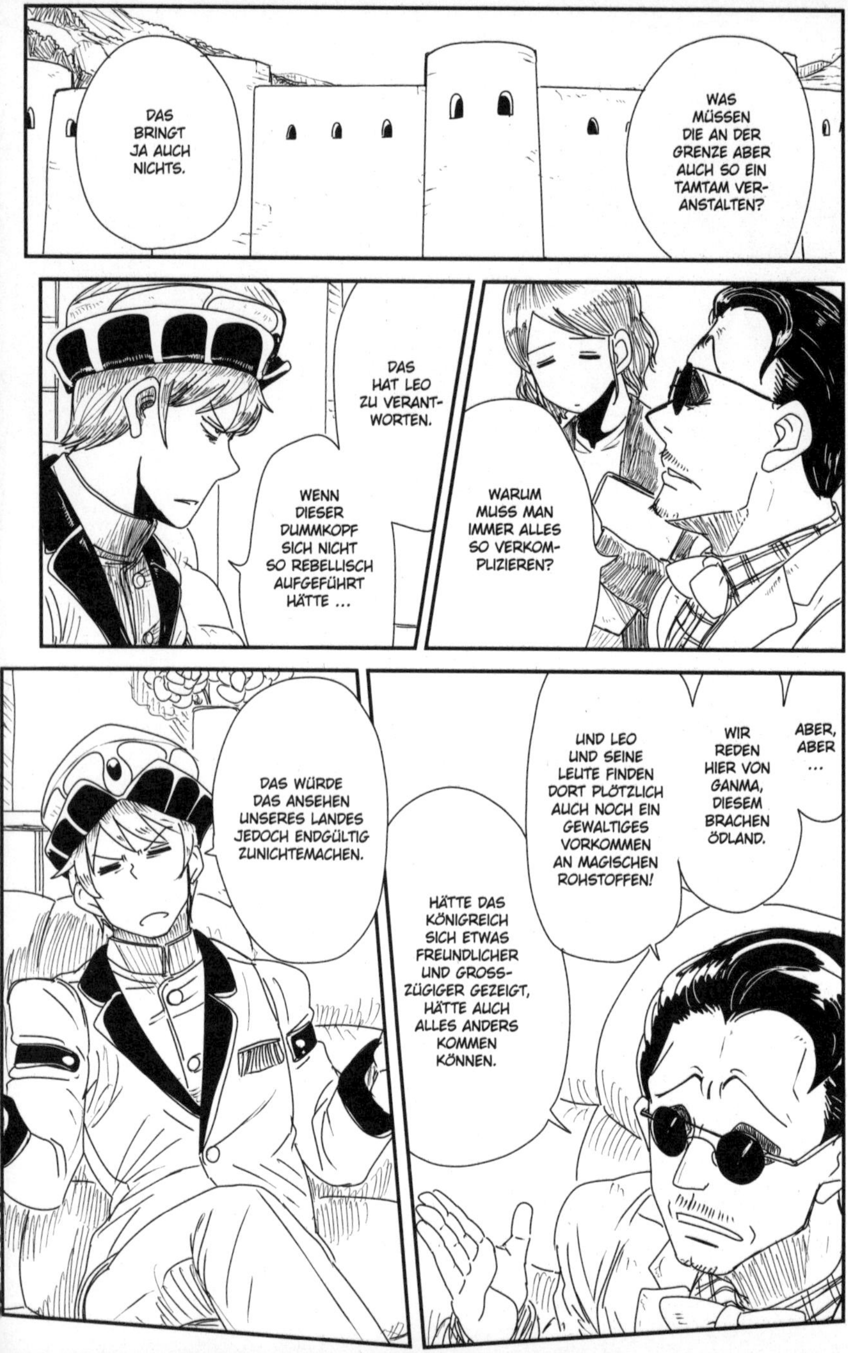
WAS MÜSSEN DIE AN DER GRENZE ABER AUCH SO EIN TAMTAM VERANSTALTEN?
DAS BRINGT JA AUCH NICHTS.
WARUM MUSS MAN IMMER ALLES SO VERKOMPLIZIEREN?
DAS HAT LEO ZU VERANTWORTEN.
WENN DIESER DUMMKOPF SICH NICHT SO REBELLISCH AUFGEFÜHRT HÄTTE …
ABER, ABER …
WIR REDEN HIER VON GANMA, DIESEM BRACHEN ÖDLAND.
UND LEO UND SEINE LEUTE FINDEN DORT PLÖTZLICH AUCH NOCH EIN GEWALTIGES VORKOMMEN AN MAGISCHEN ROHSTOFFEN!
HÄTTE DAS KÖNIGREICH SICH ETWAS FREUNDLICHER UND GROSSZÜGIGER GEZEIGT, HÄTTE AUCH ALLES ANDERS KOMMEN KÖNNEN.
DAS WÜRDE DAS ANSEHEN UNSERES LANDES JEDOCH ENDGÜLTIG ZUNICHTEMACHEN.

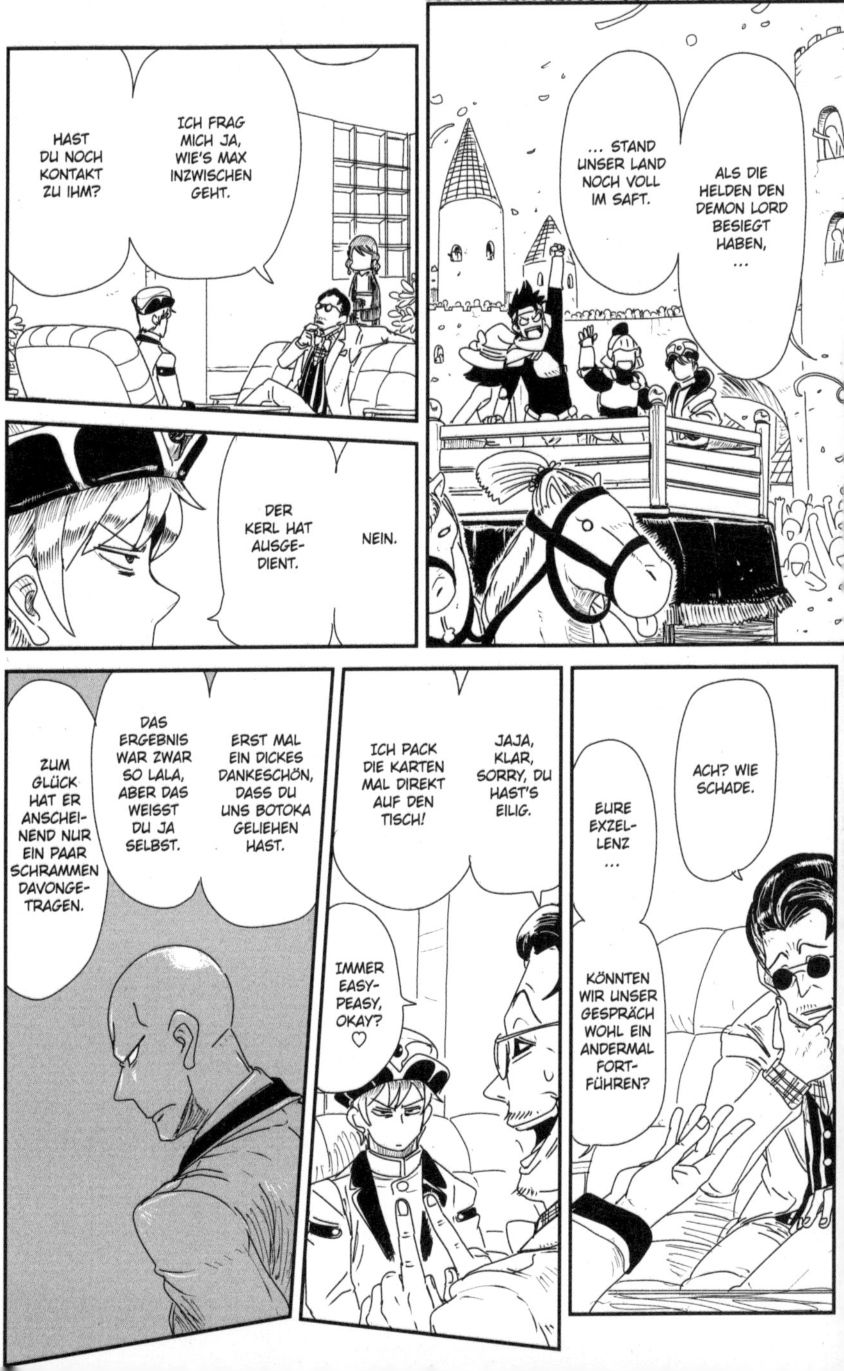
ALS DIE HELDEN DEN DEMON LORD BESIEGT HABEN, …
… STAND UNSER LAND NOCH VOLL IM SAFT.
ICH FRAG MICH JA, WIE'S MAX INZWISCHEN GEHT.
HAST DU NOCH KONTAKT ZU IHM?
NEIN.
DER KERL HAT AUSGE-DIENT.
ACH? WIE SCHADE.
EURE EXZEL-LENZ …
KÖNNTEN WIR UNSER GESPRÄCH WOHL EIN ANDERMAL FORT-FÜHREN?
JAJA, KLAR, SORRY, DU HAST'S EILIG.
ICH PACK DIE KARTEN MAL DIREKT AUF DEN TISCH!
IMMER EASY-PEASY, OKAY? ♡
ERST MAL EIN DICKES DANKESCHÖN, DASS DU UNS BOTOKA GELIEHEN HAST.
DAS ERGEBNIS WAR ZWAR SO LALA, ABER DAS WEISST DU JA SELBST.
ZUM GLÜCK HAT ER ANSCHEI-NEND NUR EIN PAAR SCHRAMMEN DAVONGE-TRAGEN.

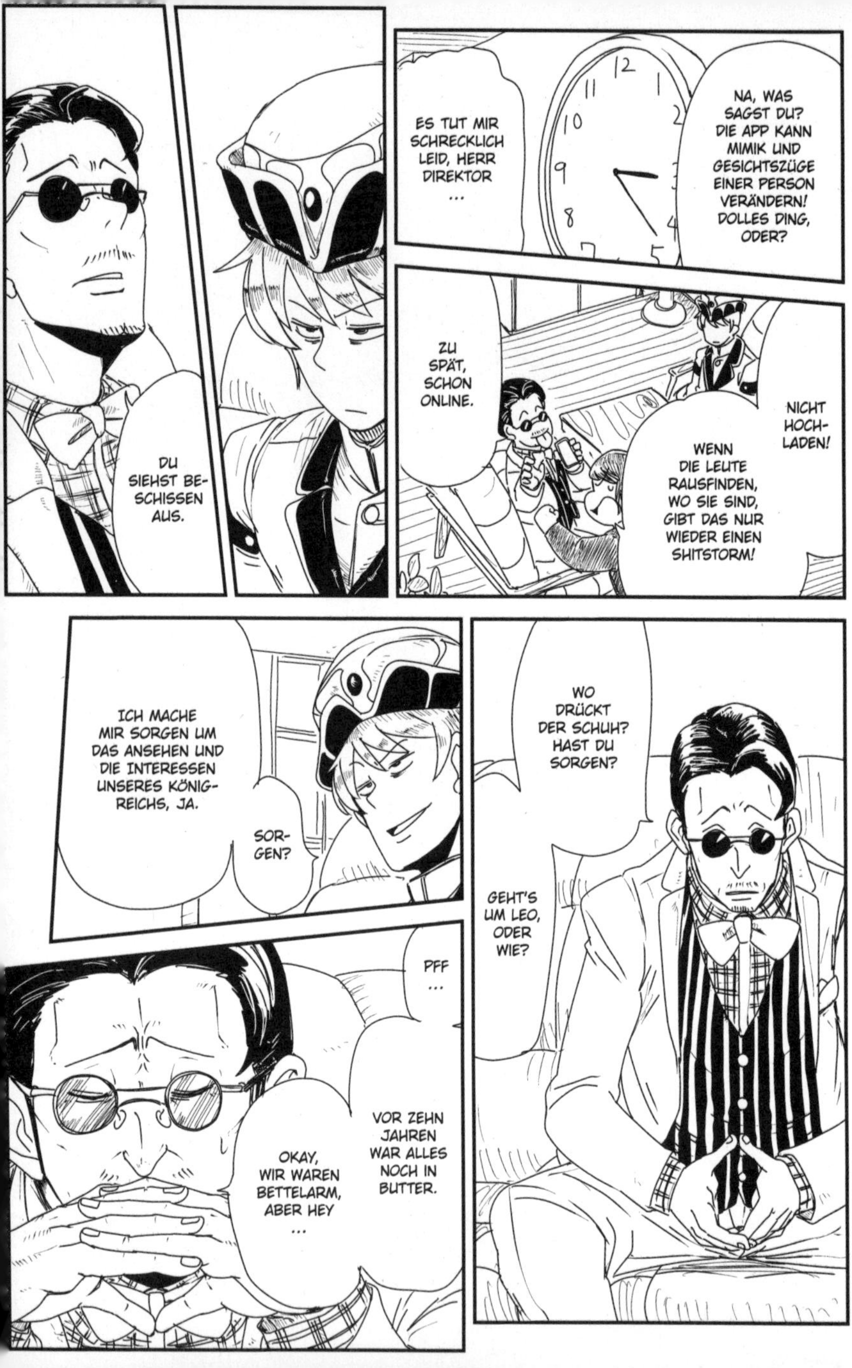
NA, WAS SAGST DU? DIE APP KANN MIMIK UND GESICHTSZÜGE EINER PERSON VERÄNDERN! DOLLES DING, ODER?
ES TUT MIR SCHRECKLICH LEID, HERR DIREKTOR …
NICHT HOCH-LADEN!
WENN DIE LEUTE RAUSFINDEN, WO SIE SIND, GIBT DAS NUR WIEDER EINEN SHITSTORM!
ZU SPÄT, SCHON ONLINE.
DU SIEHST BE-SCHISSEN AUS.
WO DRÜCKT DER SCHUH? HAST DU SORGEN?
GEHT'S UM LEO, ODER WIE?
SOR-GEN?
ICH MACHE MIR SORGEN UM DAS ANSEHEN UND DIE INTERESSEN UNSERES KÖNIG-REICHS, JA.
PFF …
VOR ZEHN JAHREN WAR ALLES NOCH IN BUTTER.
OKAY, WIR WAREN BETTELARM, ABER HEY …

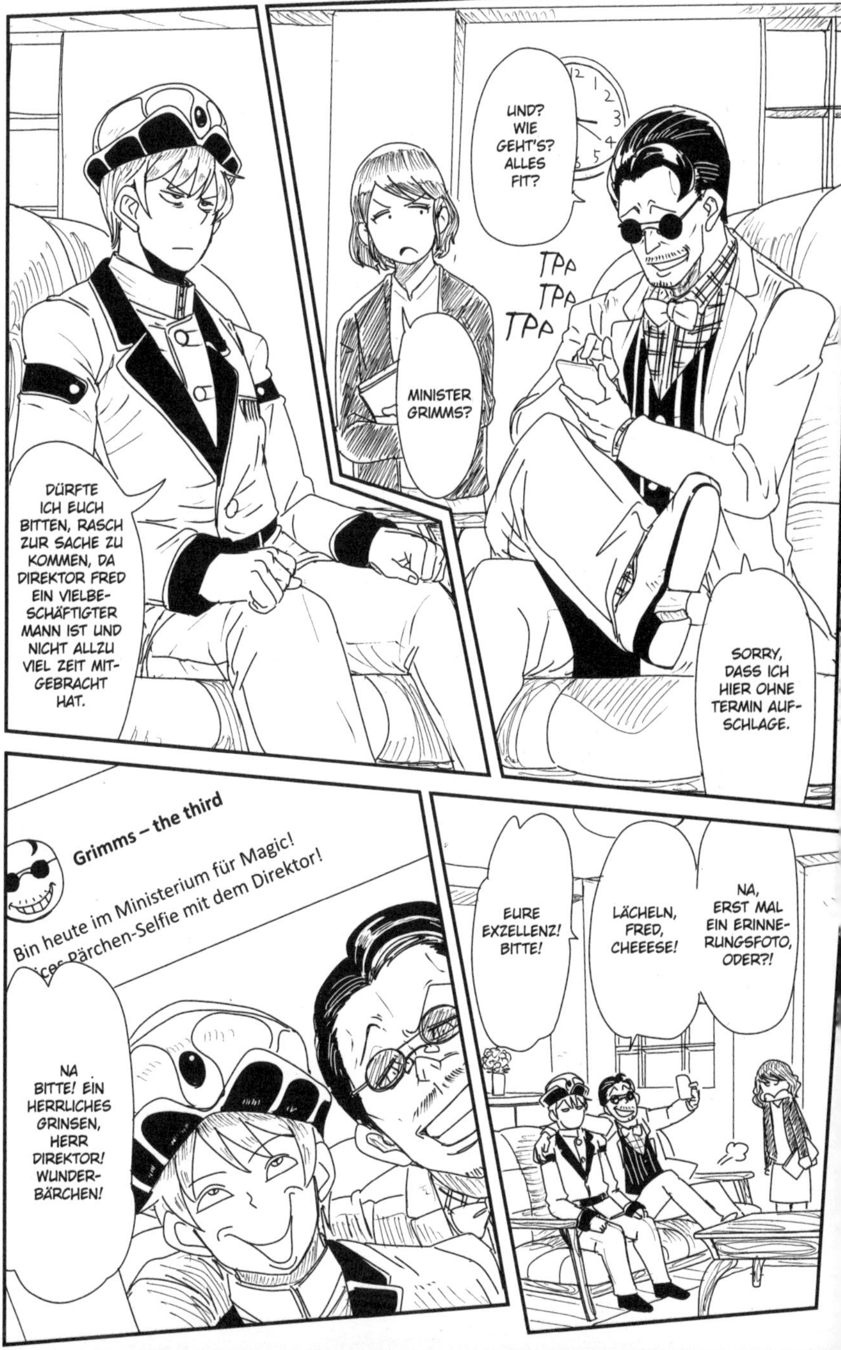
UND? WIE GEHT'S? ALLES FIT?
TPP TPP TPP
MINISTER GRIMMS?
SORRY, DASS ICH HIER OHNE TERMIN AUFSCHLAGE.
DÜRFTE ICH EUCH BITTEN, RASCH ZUR SACHE ZU KOMMEN, DA DIREKTOR FRED EIN VIELBESCHÄFTIGTER MANN IST UND NICHT ALLZU VIEL ZEIT MITGEBRACHT HAT.
NA, ERST MAL EIN ERINNERUNGSFOTO, ODER?!
LÄCHELN, FRED, CHEEESE!
EURE EXZELLENZ! BITTE!
Grimms – the third
Bin heute im Ministerium für Magic!
Pärchen-Selfie mit dem Direktor!
NA BITTE! EIN HERRLICHES GRINSEN, HERR DIREKTOR! WUNDERBÄRCHEN!

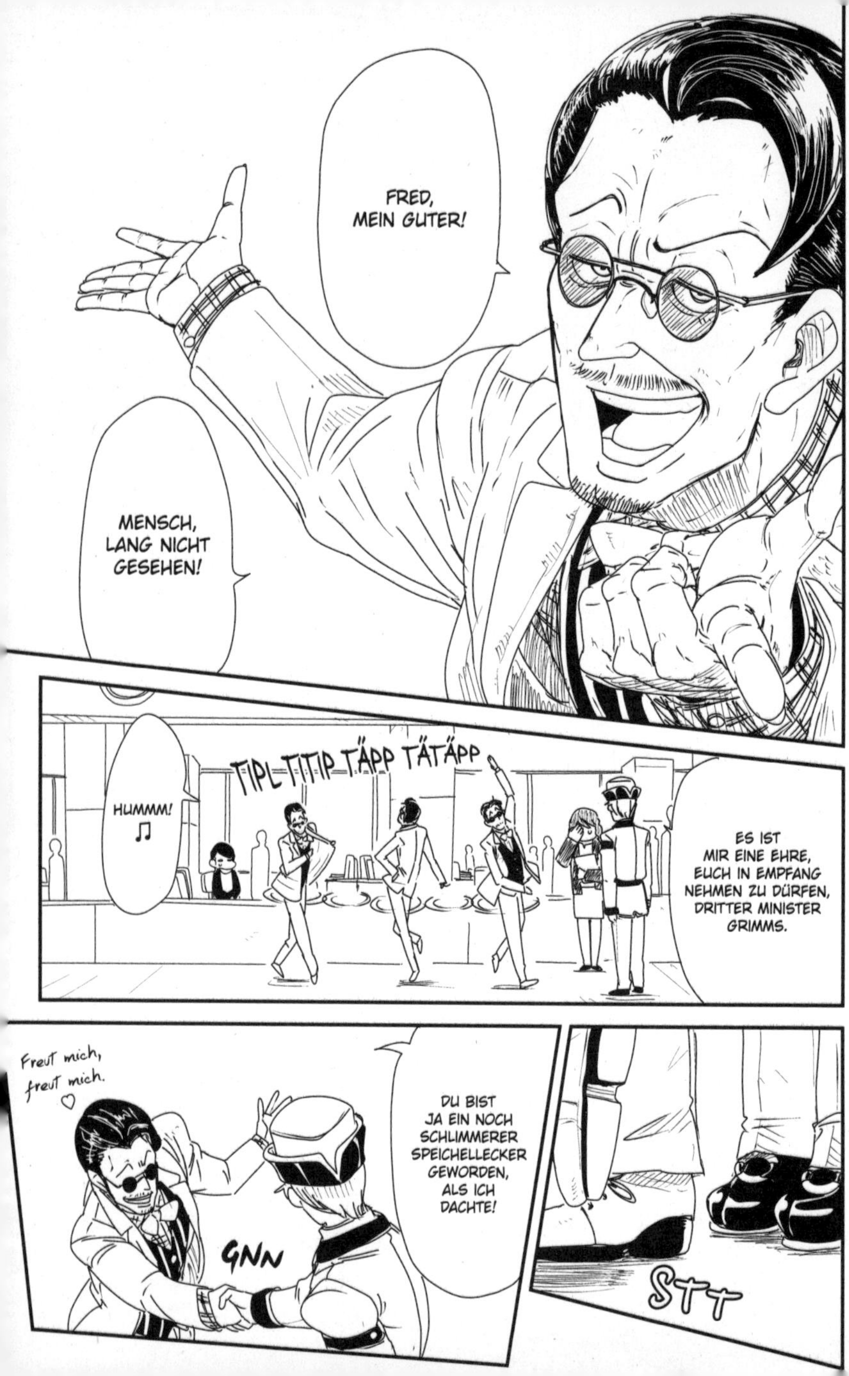
FRED, MEIN GUTER!
MENSCH, LANG NICHT GESEHEN!
ES IST MIR EINE EHRE, EUCH IN EMPFANG NEHMEN ZU DÜRFEN, DRITTER MINISTER GRIMMS.
TIPL TITIP TÄPP TÄTÄPP
HUMMM! ♫
STT
DU BIST JA EIN NOCH SCHLIMMERER SPEICHELLECKER GEWORDEN, ALS ICH DACHTE!
GNN
Freut mich, freut mich. ♡

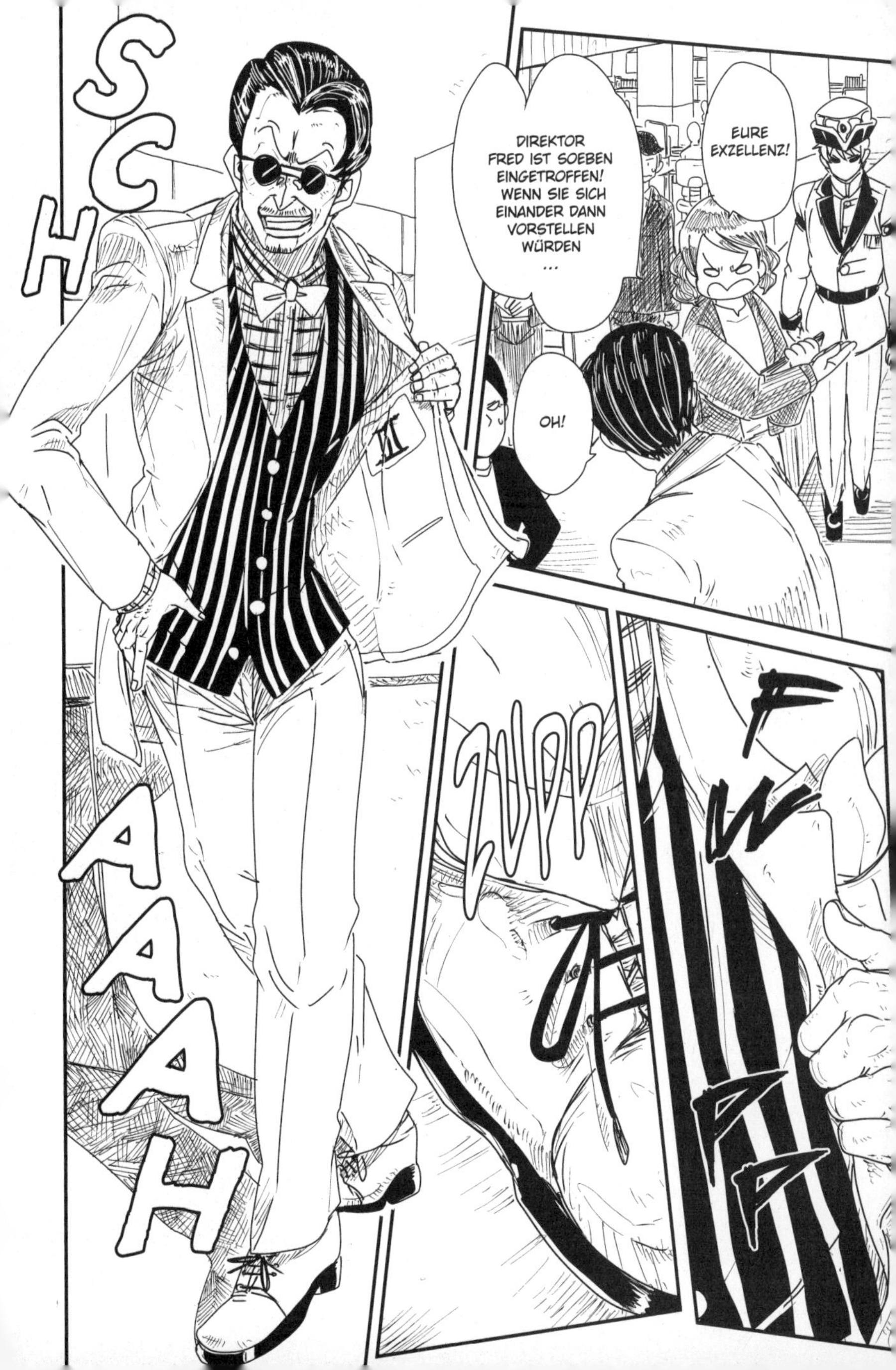
EURE EXZELLENZ!
DIREKTOR FRED IST SOEBEN EINGETROFFEN! WENN SIE SICH EINANDER DANN VORSTELLEN WÜRDEN ...
OH!

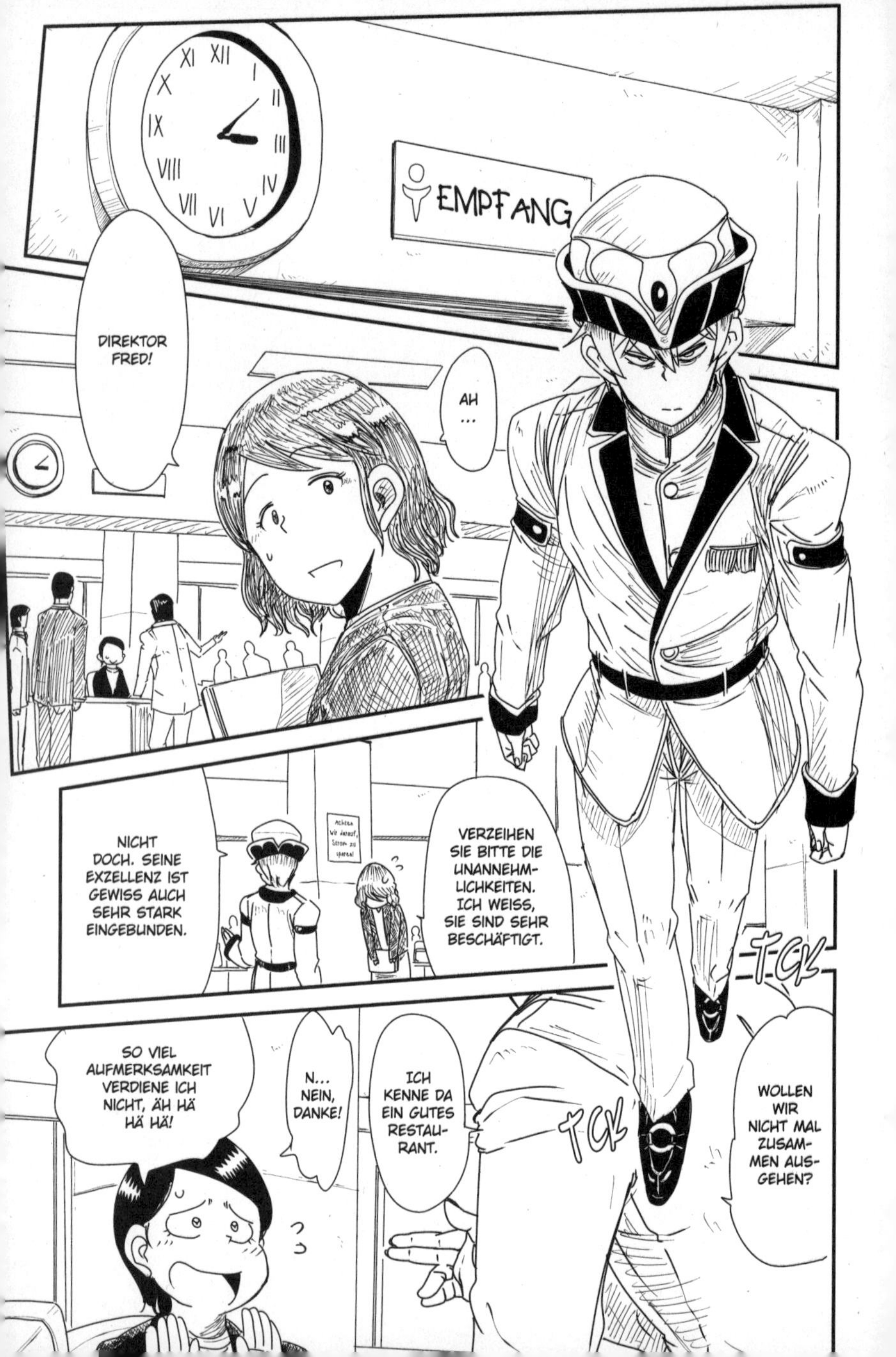
EMPFANG
AH ...
DIREKTOR FRED!
VERZEIHEN SIE BITTE DIE UNANNEHMLICHKEITEN. ICH WEISS, SIE SIND SEHR BESCHÄFTIGT.
Achten wir darauf, Strom zu sparen!
NICHT DOCH. SEINE EXZELLENZ IST GEWISS AUCH SEHR STARK EINGEBUNDEN.
TCK
TCK
WOLLEN WIR NICHT MAL ZUSAMMEN AUSGEHEN?
ICH KENNE DA EIN GUTES RESTAURANT.
N... NEIN, DANKE!
SO VIEL AUFMERKSAMKEIT VERDIENE ICH NICHT, ÄH HÄ HÄ HÄ!

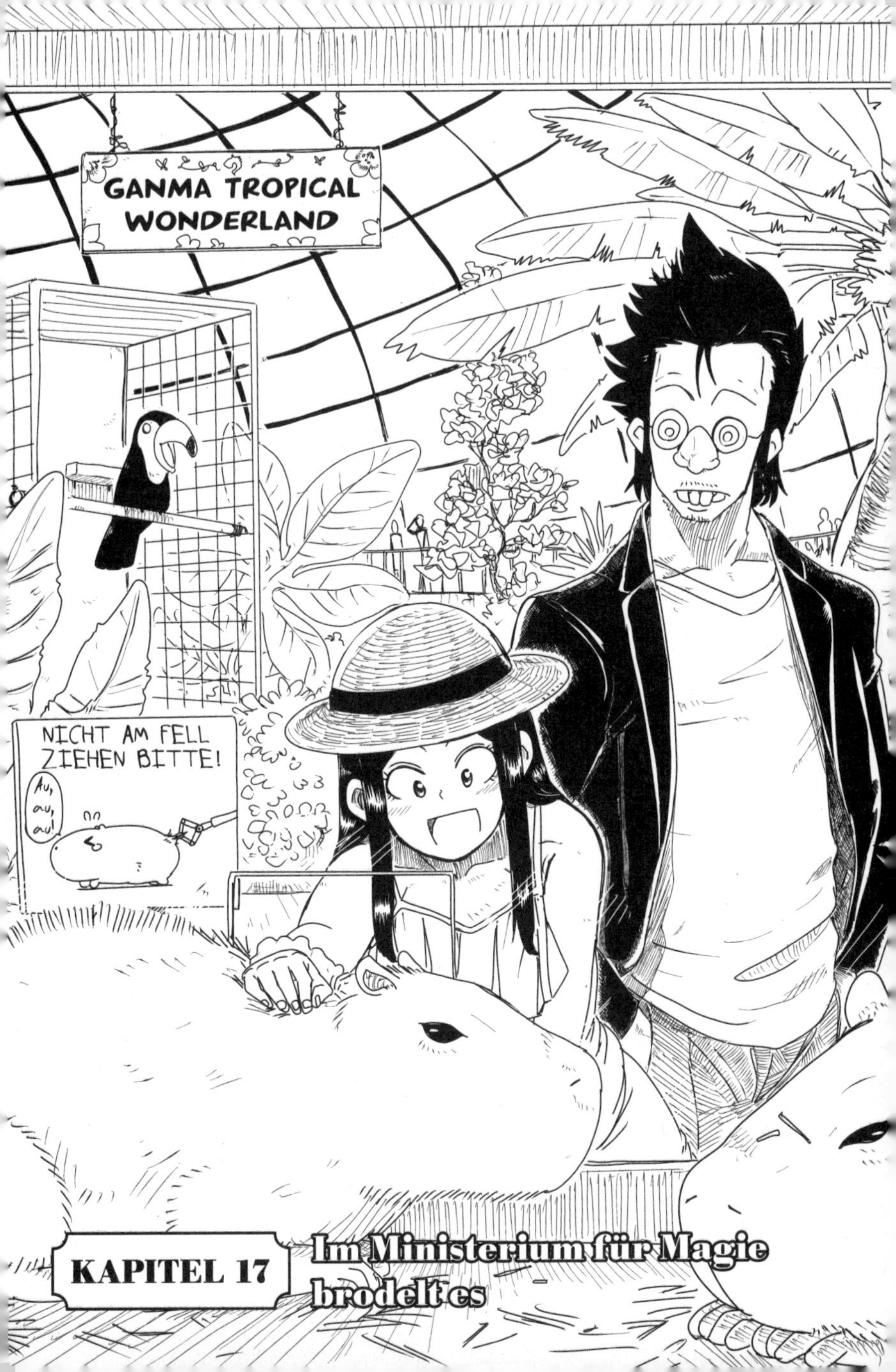

KAPITEL 17

Im Ministerium für Magie brodelt es

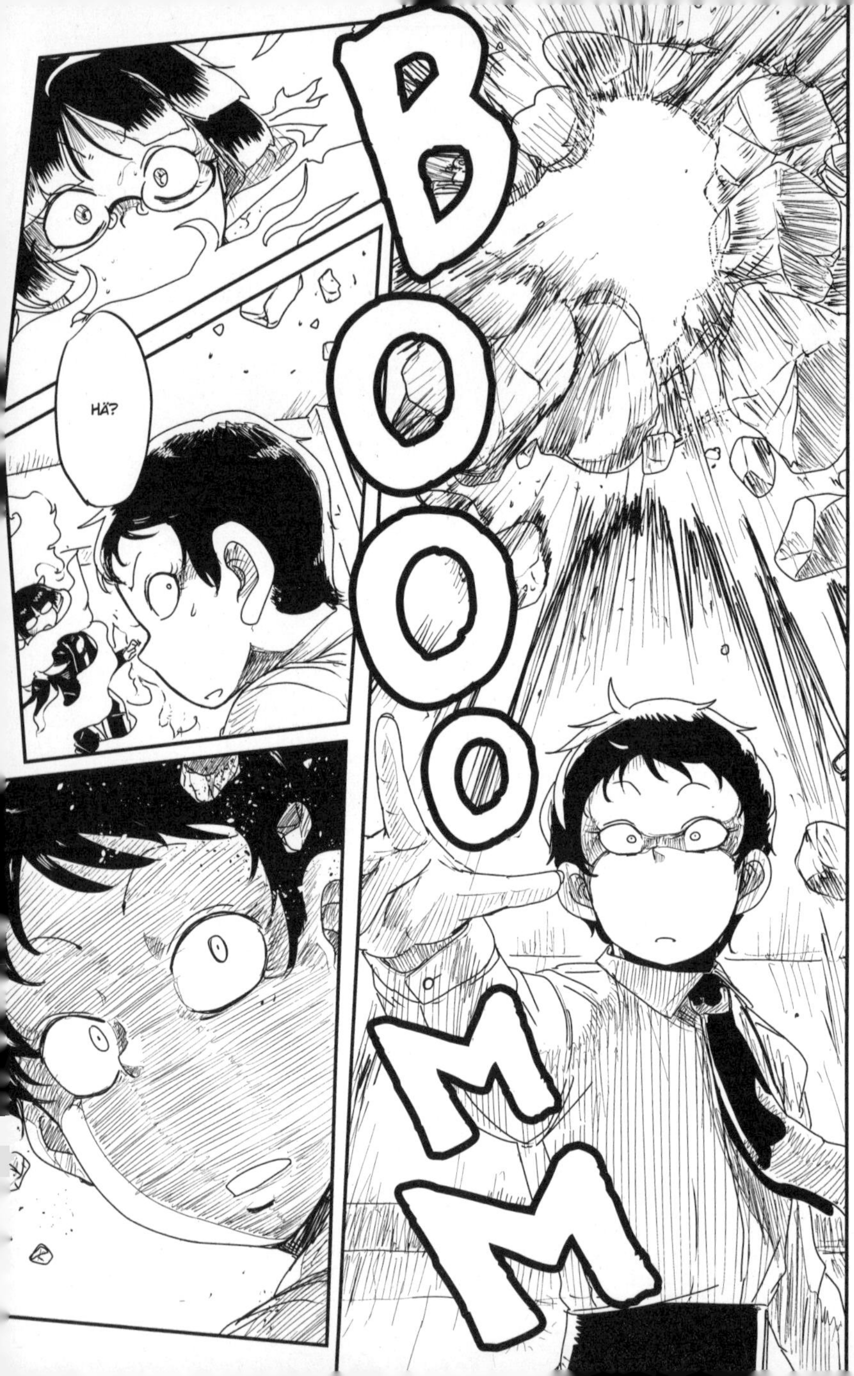
HÄ?
BOOOOMM

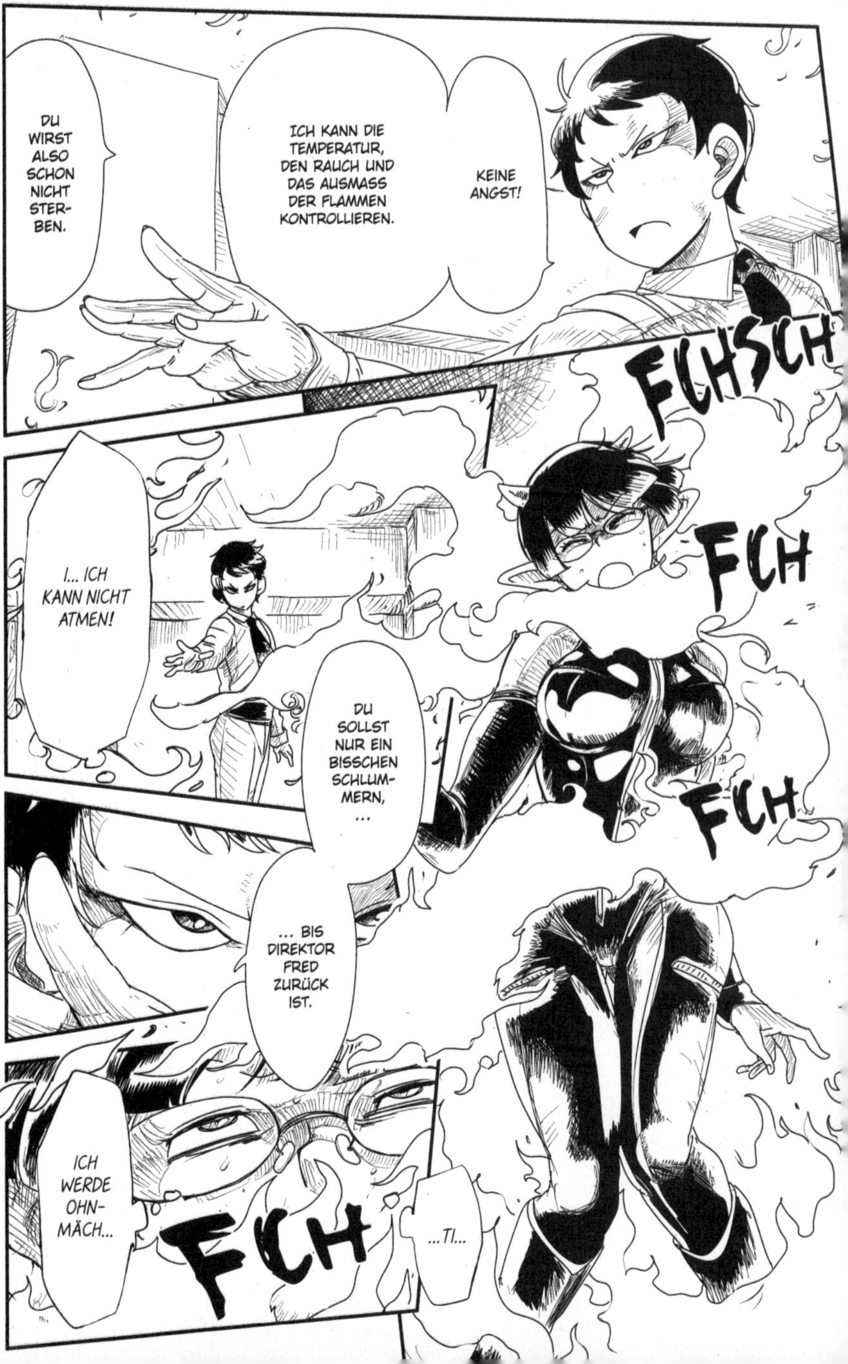
DU WIRST ALSO SCHON NICHT STER-BEN.
ICH KANN DIE TEMPERATUR, DEN RAUCH UND DAS AUSMASS DER FLAMMEN KONTROLLIEREN.
KEINE ANGST!
FCHSCH
I... ICH KANN NICHT ATMEN!
FCH
DU SOLLST NUR EIN BISSCHEN SCHLUM-MERN, ...
FCH
... BIS DIREKTOR FRED ZURÜCK IST.
ICH WERDE OHN-MÄCH...
FCH
...TI...

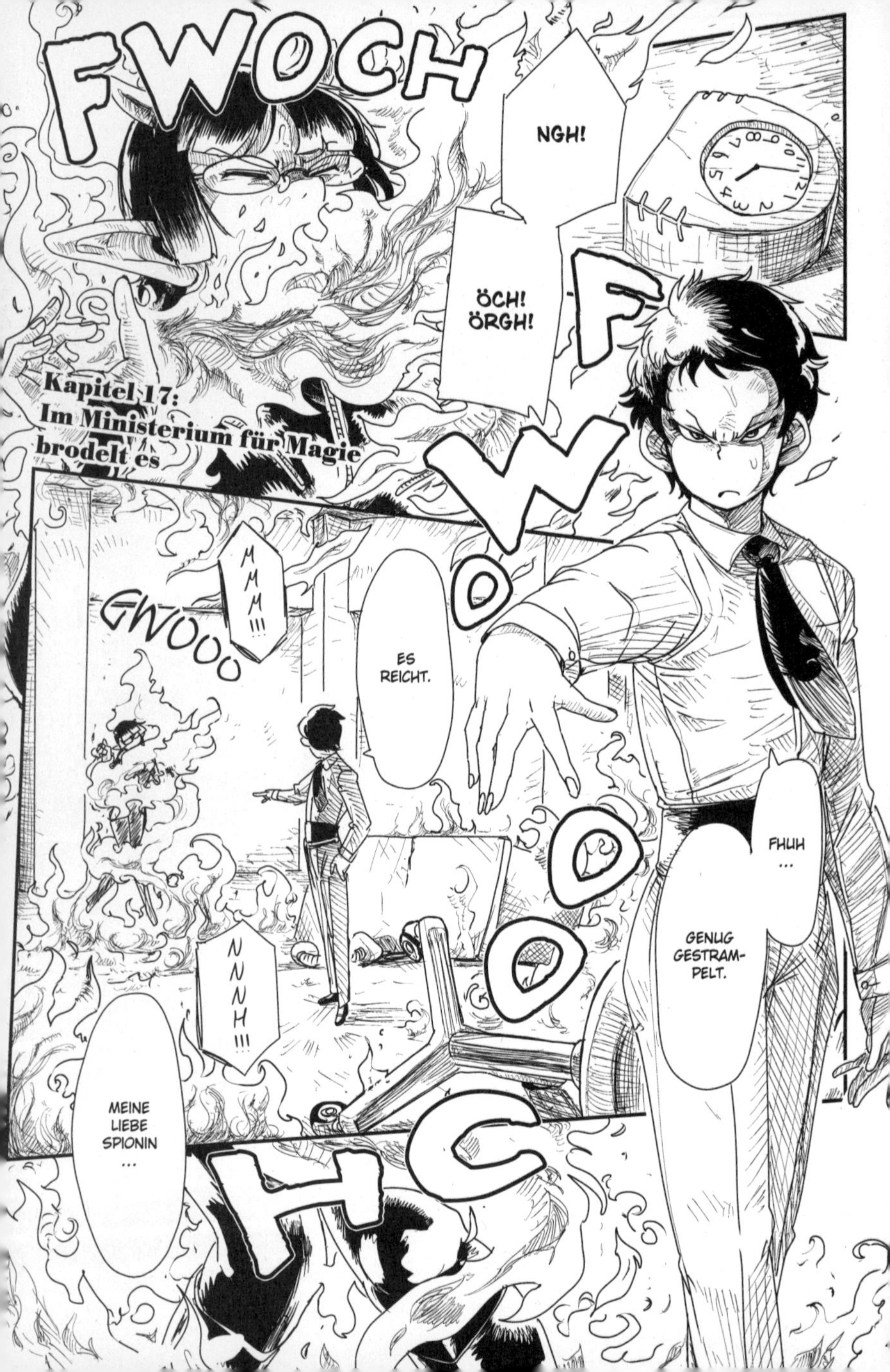
FWOCH
NGH!
ÖCH! ÖRGH!
Kapitel 17:
Im Ministerium für Magie brodelt es
MMM!!!
GWOOOO
ES REICHT.
NNNH!!!
MEINE LIEBE SPIONIN ...
FHUH ...
GENUG GESTRAM-PELT.
FWOOOCH

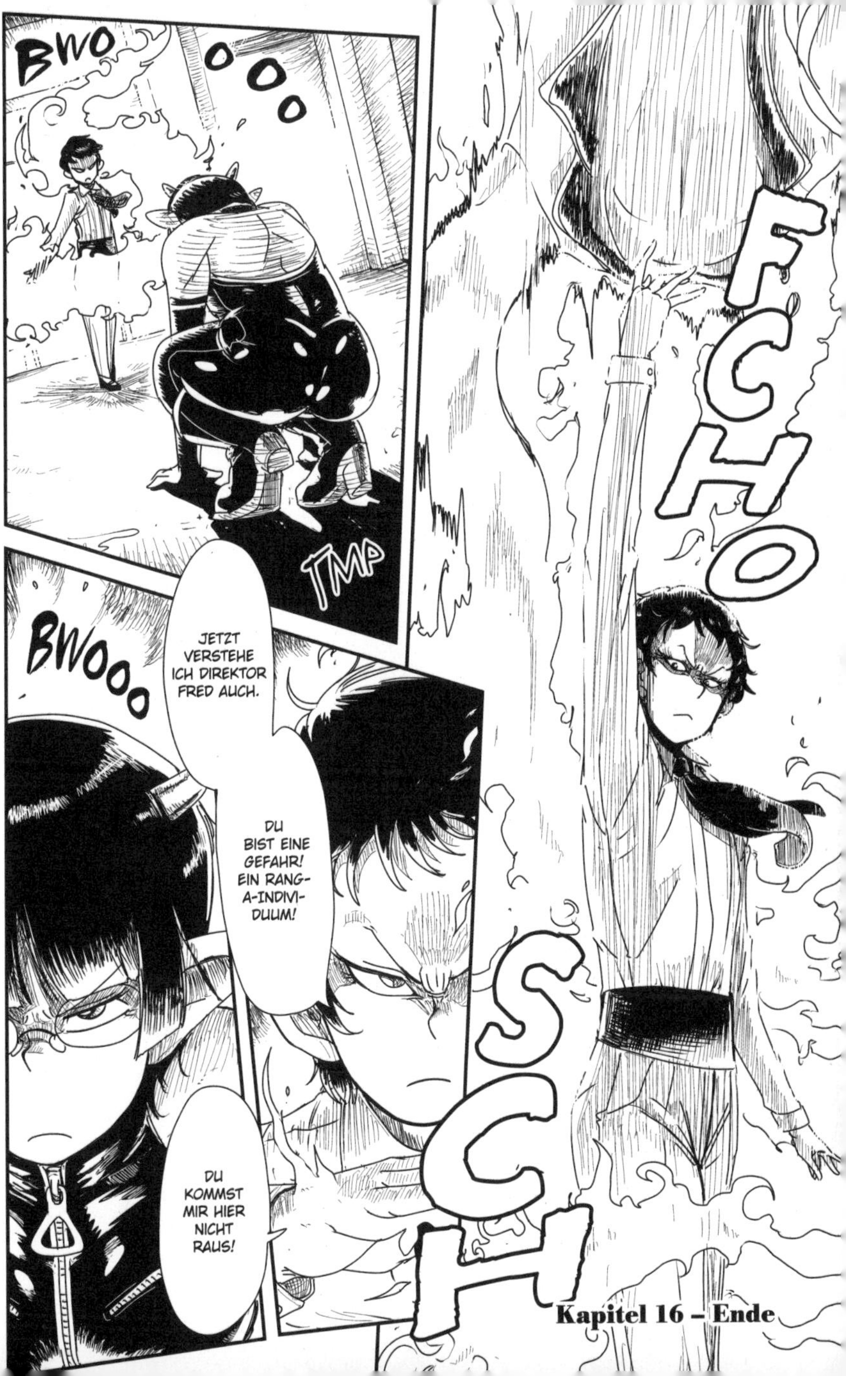
BWOOOO
TMP
BWOOOO
JETZT VERSTEHE ICH DIREKTOR FRED AUCH.
DU BIST EINE GEFAHR! EIN RANG-A-INDIVIDUUM!
DU KOMMST MIR HIER NICHT RAUS!
FCHO
SSCH
Kapitel 16 – Ende

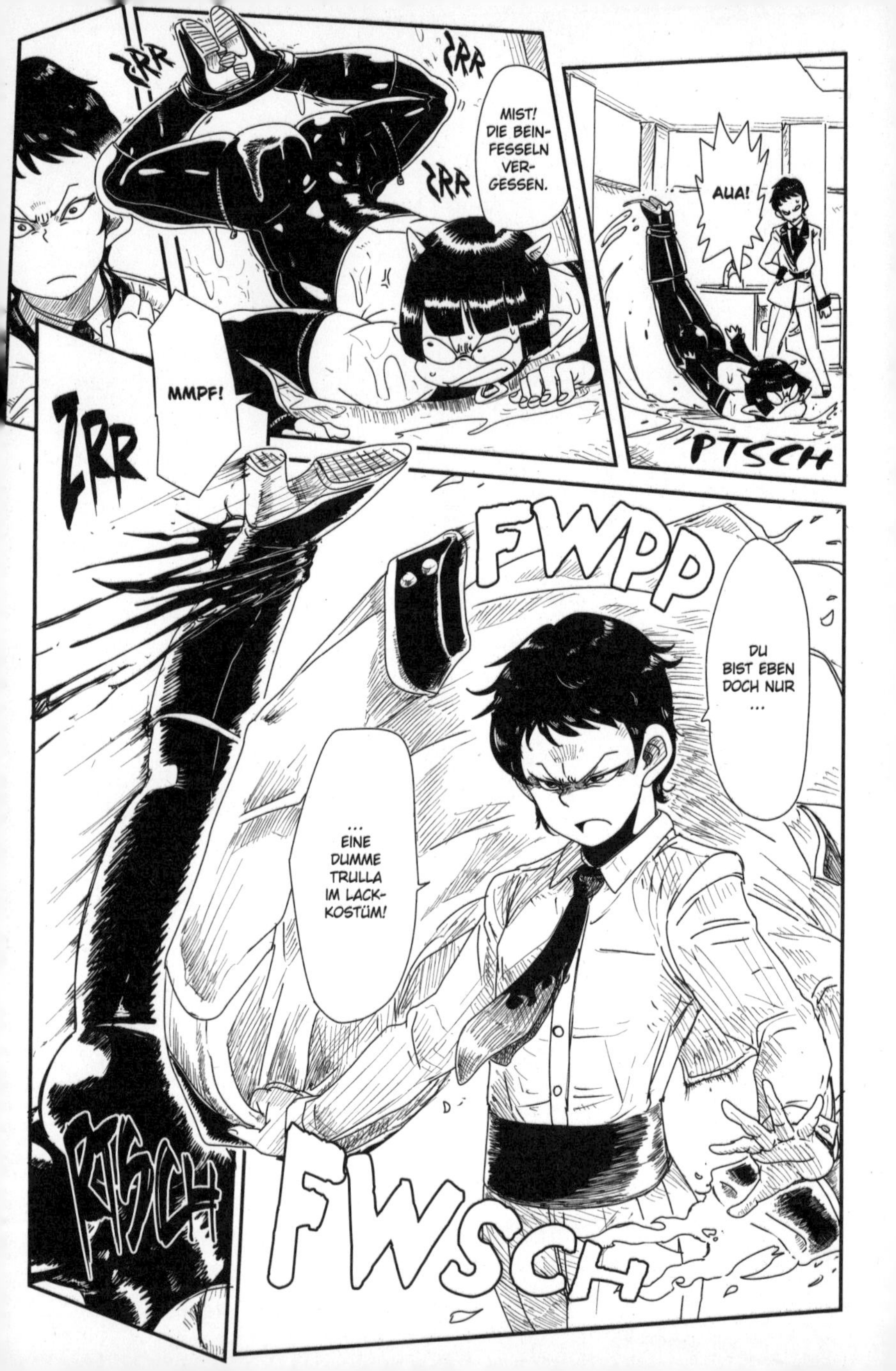
AUA!
PTSCH
ZRR
ZRR
MIST! DIE BEIN-FESSELN VER-GESSEN.
ZRR
ZRR
MMPF!
FWPP
DU BIST EBEN DOCH NUR …
… EINE DUMME TRULLA IM LACK-KOSTÜM!
PATSCH
FWSCH

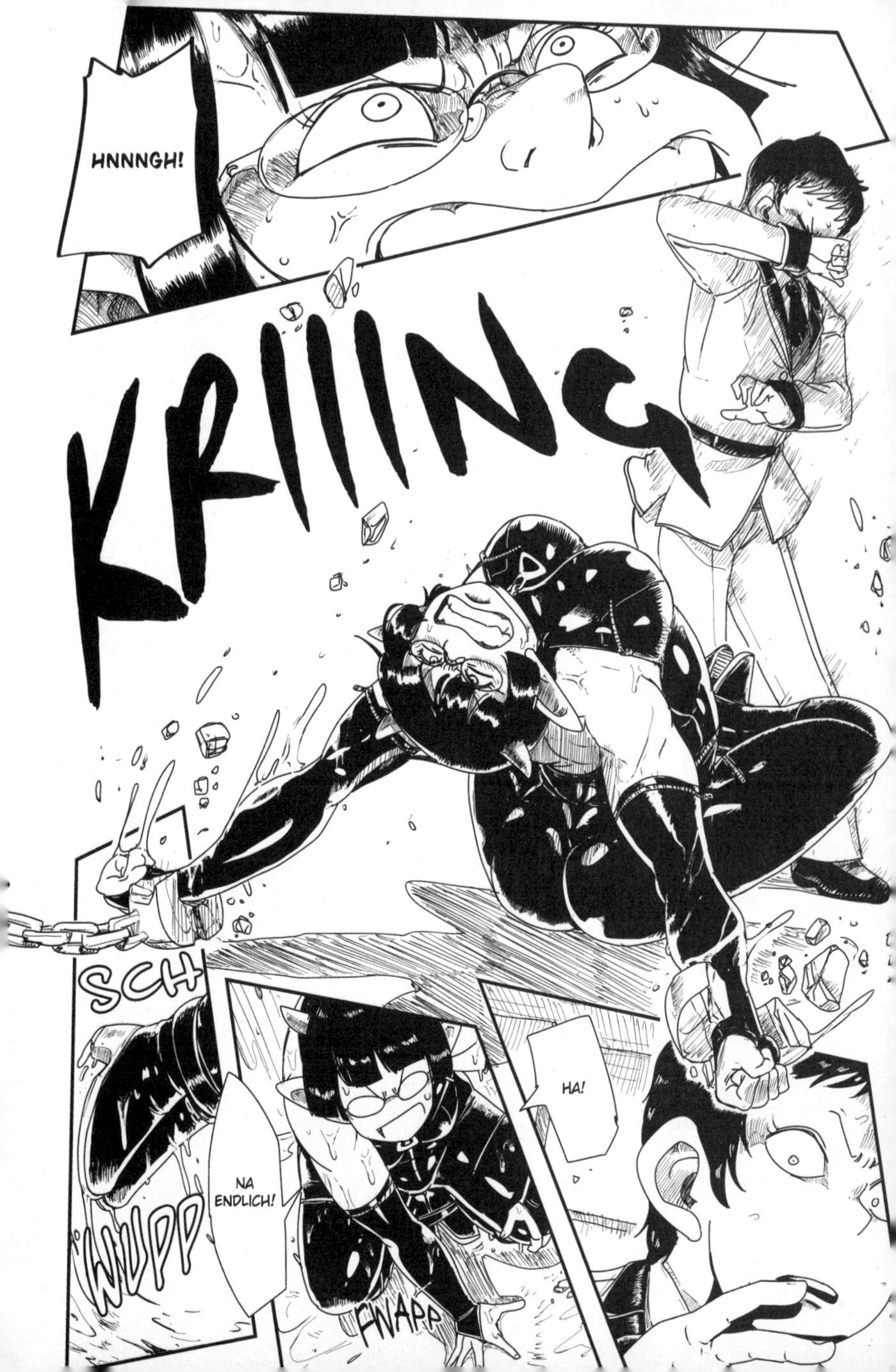

HNNNGH!
KRIIING
SCH
WUPP
NA ENDLICH!
ZWAPP
HA!

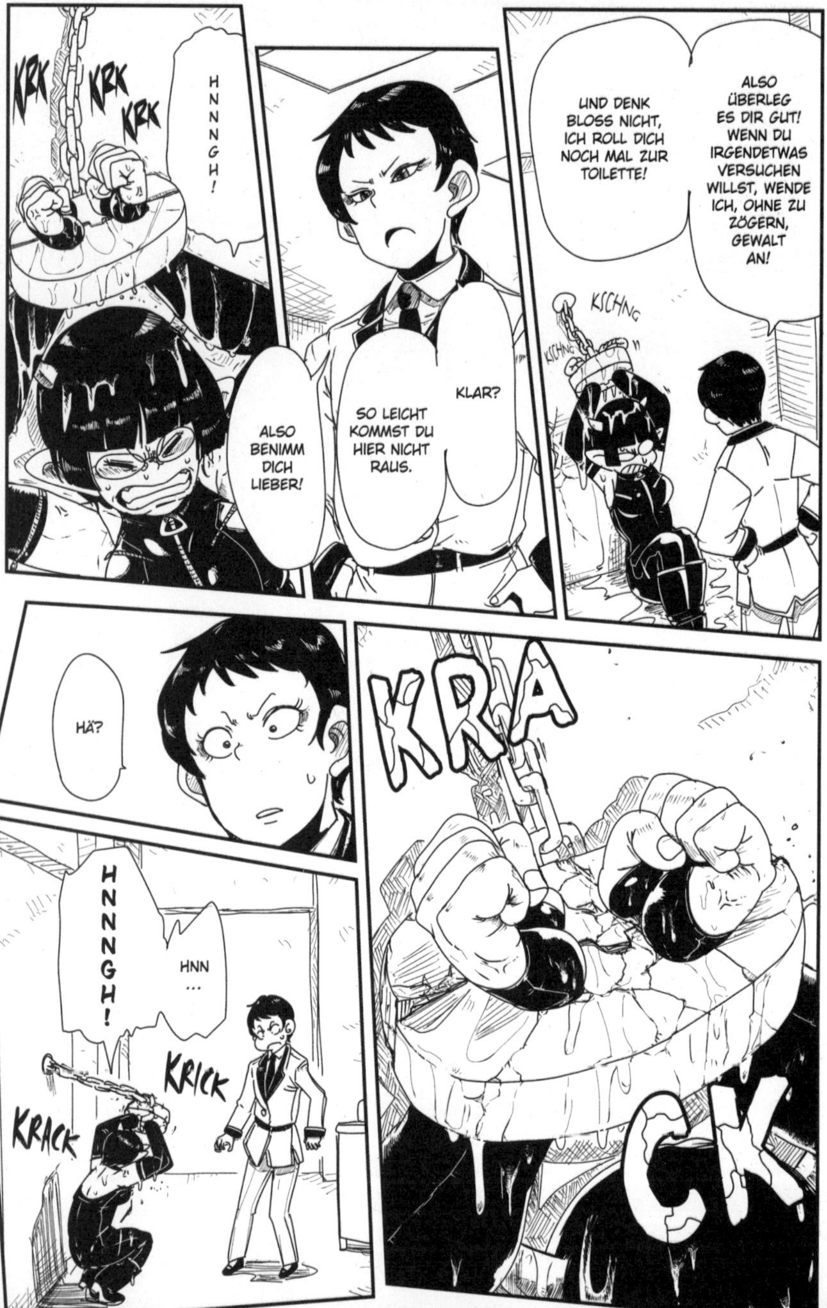
ALSO ÜBERLEG ES DIR GUT! WENN DU IRGENDETWAS VERSUCHEN WILLST, WENDE ICH, OHNE ZU ZÖGERN, GEWALT AN!
UND DENK BLOSS NICHT, ICH ROLL DICH NOCH MAL ZUR TOILETTE!
KSCHNG
KSCHNG
SO LEICHT KOMMST DU HIER NICHT RAUS.
KLAR?
ALSO BENIMM DICH LIEBER!
KRK KRK KRK
HNNNGH!
KRA
CK
HÄ?
HNNNGH!
HNN ...
KRICK
KRACK

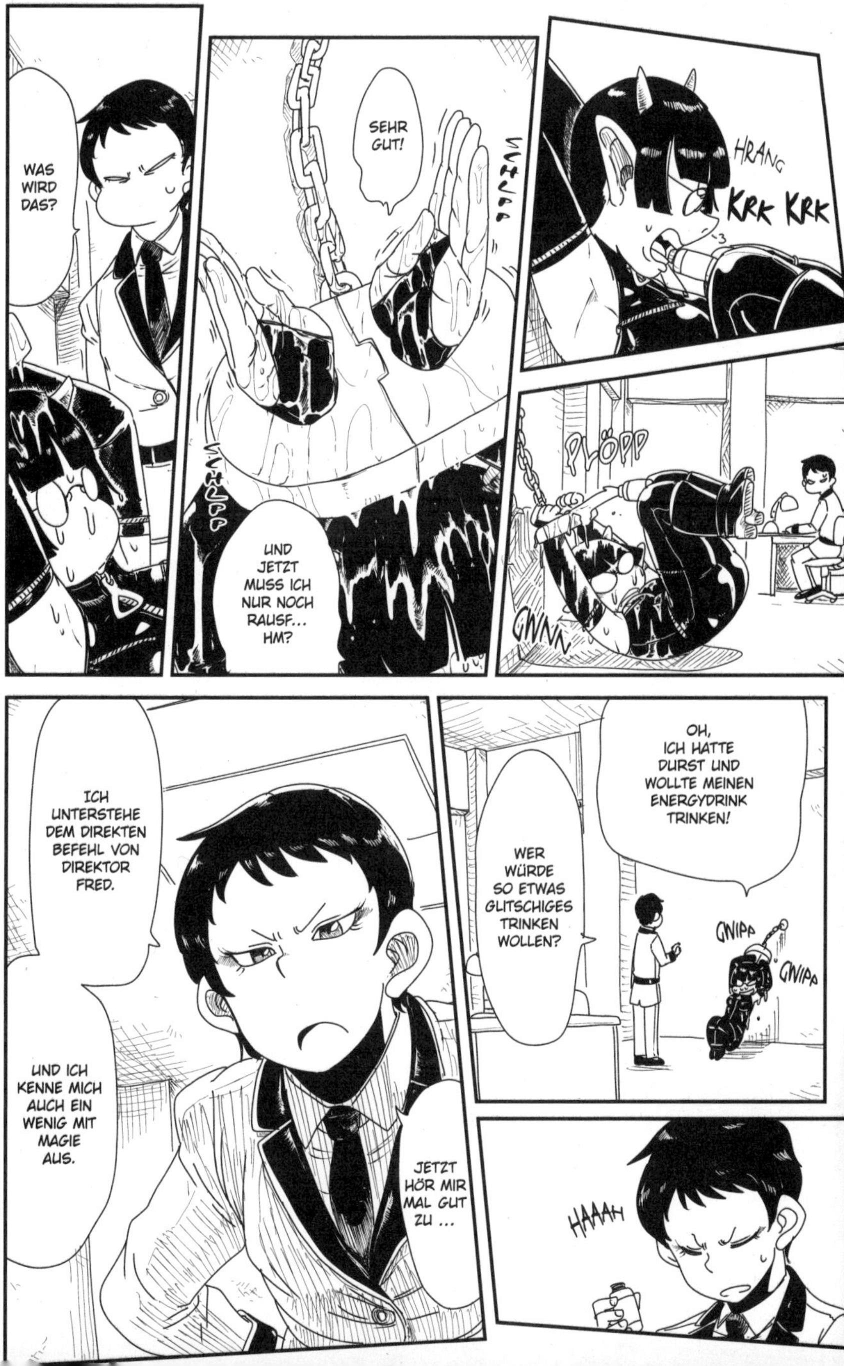

WAS WIRD DAS?
SEHR GUT!
UND JETZT MUSS ICH NUR NOCH RAUSF... HM?
HRANG
KRK KRK
PLÖPP
GWNN
ICH UNTERSTEHE DEM DIREKTEN BEFEHL VON DIREKTOR FRED.
UND ICH KENNE MICH AUCH EIN WENIG MIT MAGIE AUS.
JETZT HÖR MIR MAL GUT ZU ...
OH, ICH HATTE DURST UND WOLLTE MEINEN ENERGYDRINK TRINKEN!
WER WÜRDE SO ETWAS GLITSCHIGES TRINKEN WOLLEN?
GWIPP
GWIPP
HAAAH

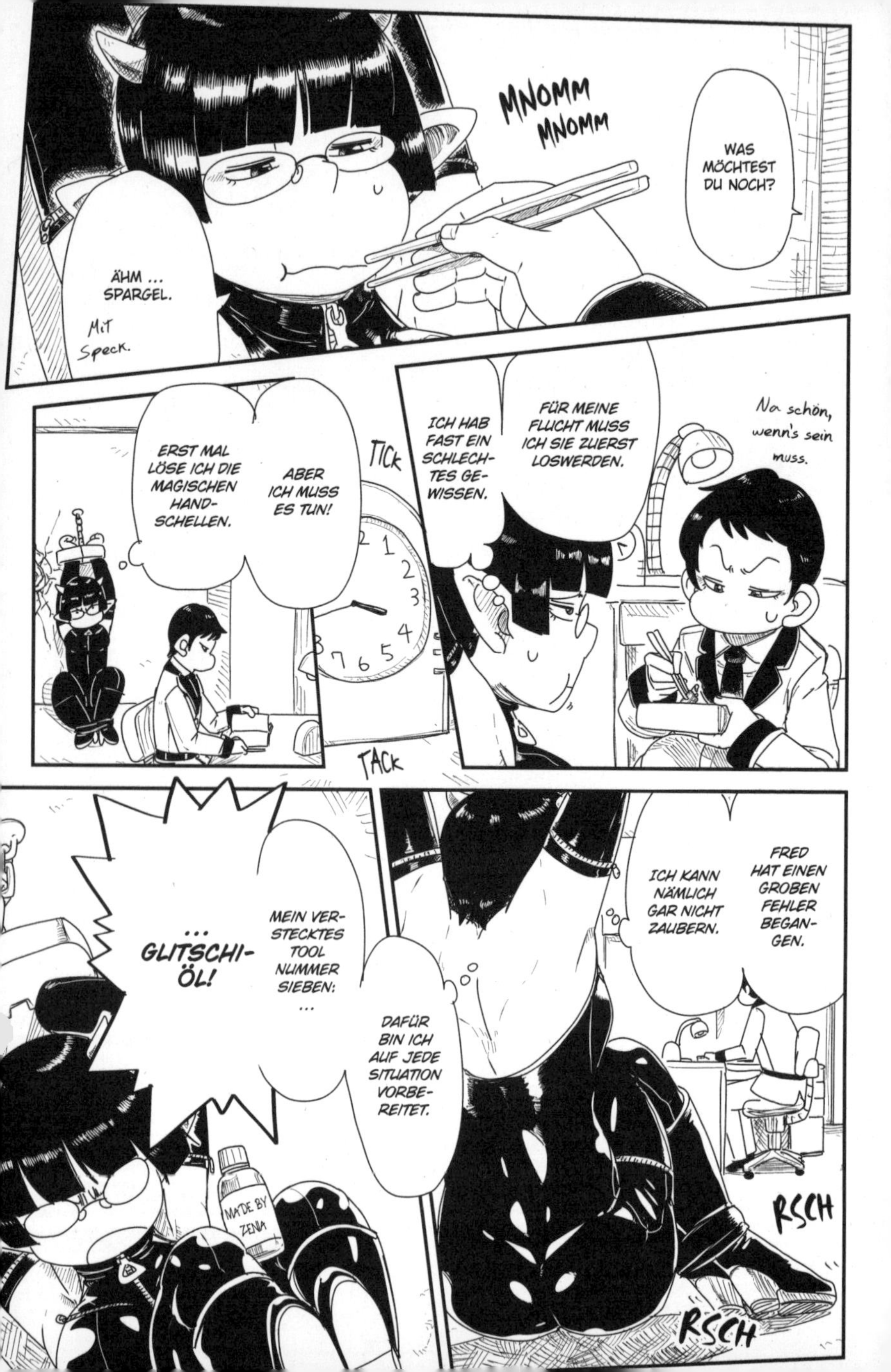
WAS MÖCHTEST DU NOCH?
MNOMM MNOMM
ÄHM ... SPARGEL.
Mit Speck.
Na schön, wenn's sein muss.
FÜR MEINE FLUCHT MUSS ICH SIE ZUERST LOSWERDEN.
ICH HAB FAST EIN SCHLECHTES GEWISSEN.
TICK
TACK
ABER ICH MUSS ES TUN!
ERST MAL LÖSE ICH DIE MAGISCHEN HANDSCHELLEN.
FRED HAT EINEN GROBEN FEHLER BEGANGEN.
ICH KANN NÄMLICH GAR NICHT ZAUBERN.
DAFÜR BIN ICH AUF JEDE SITUATION VORBEREITET.
RSCH
RSCH
MEIN VERSTECKTES TOOL NUMMER SIEBEN: ...
... GLITSCHI-ÖL!
MADE BY ZENIA

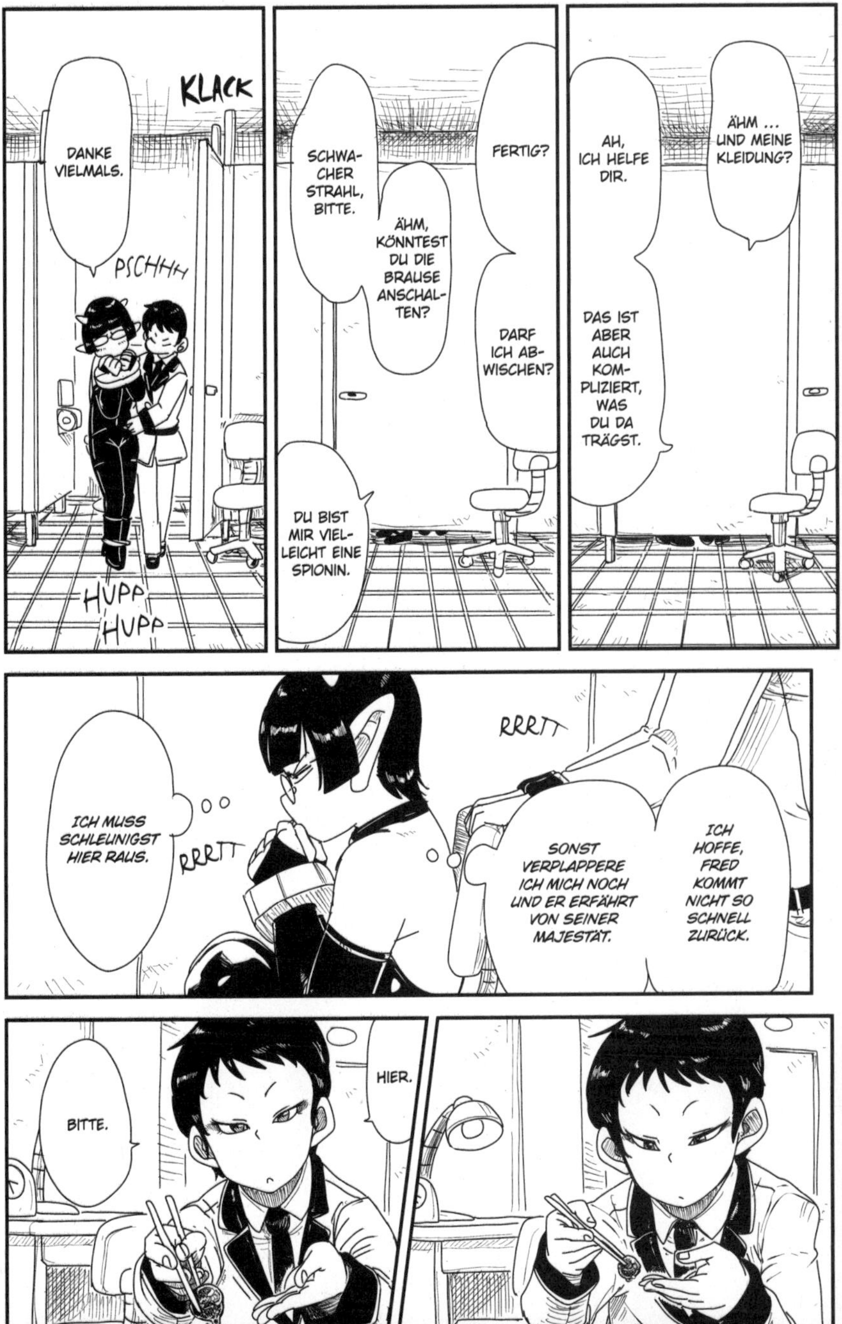
ÄHM … UND MEINE KLEIDUNG?
AH, ICH HELFE DIR.
DAS IST ABER AUCH KOMPLIZIERT, WAS DU DA TRÄGST.
FERTIG?
DARF ICH ABWISCHEN?
SCHWACHER STRAHL, BITTE.
ÄHM, KÖNNTEST DU DIE BRAUSE ANSCHALTEN?
DU BIST MIR VIELLEICHT EINE SPIONIN.
KLACK
DANKE VIELMALS.
PSCHHH
HUPP HUPP
RRRTT
ICH HOFFE, FRED KOMMT NICHT SO SCHNELL ZURÜCK.
SONST VERPLAPPERE ICH MICH NOCH UND ER ERFÄHRT VON SEINER MAJESTÄT.
RRRTT
ICH MUSS SCHLEUNIGST HIER RAUS.
HIER.
BITTE.

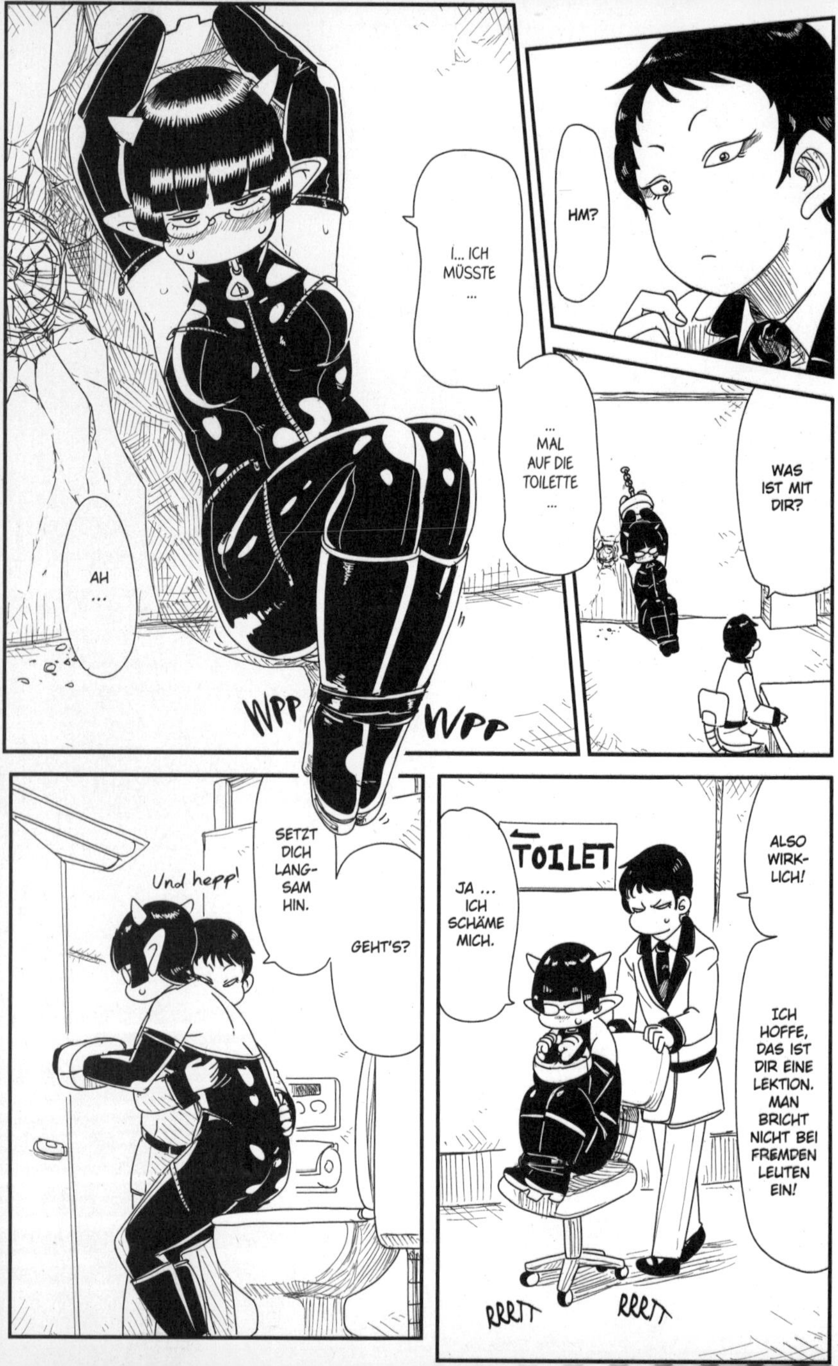
HM?
WAS IST MIT DIR?
AH ...
I... ICH MÜSSTE ...
... MAL AUF DIE TOILETTE ...
WPP
WPP
ALSO WIRK-LICH!
ICH HOFFE, DAS IST DIR EINE LEKTION. MAN BRICHT NICHT BEI FREMDEN LEUTEN EIN!
JA ... ICH SCHÄME MICH.
TOILET
RRRTT
RRRTT
SETZT DICH LANG-SAM HIN.
GEHT'S?
Und hepp!

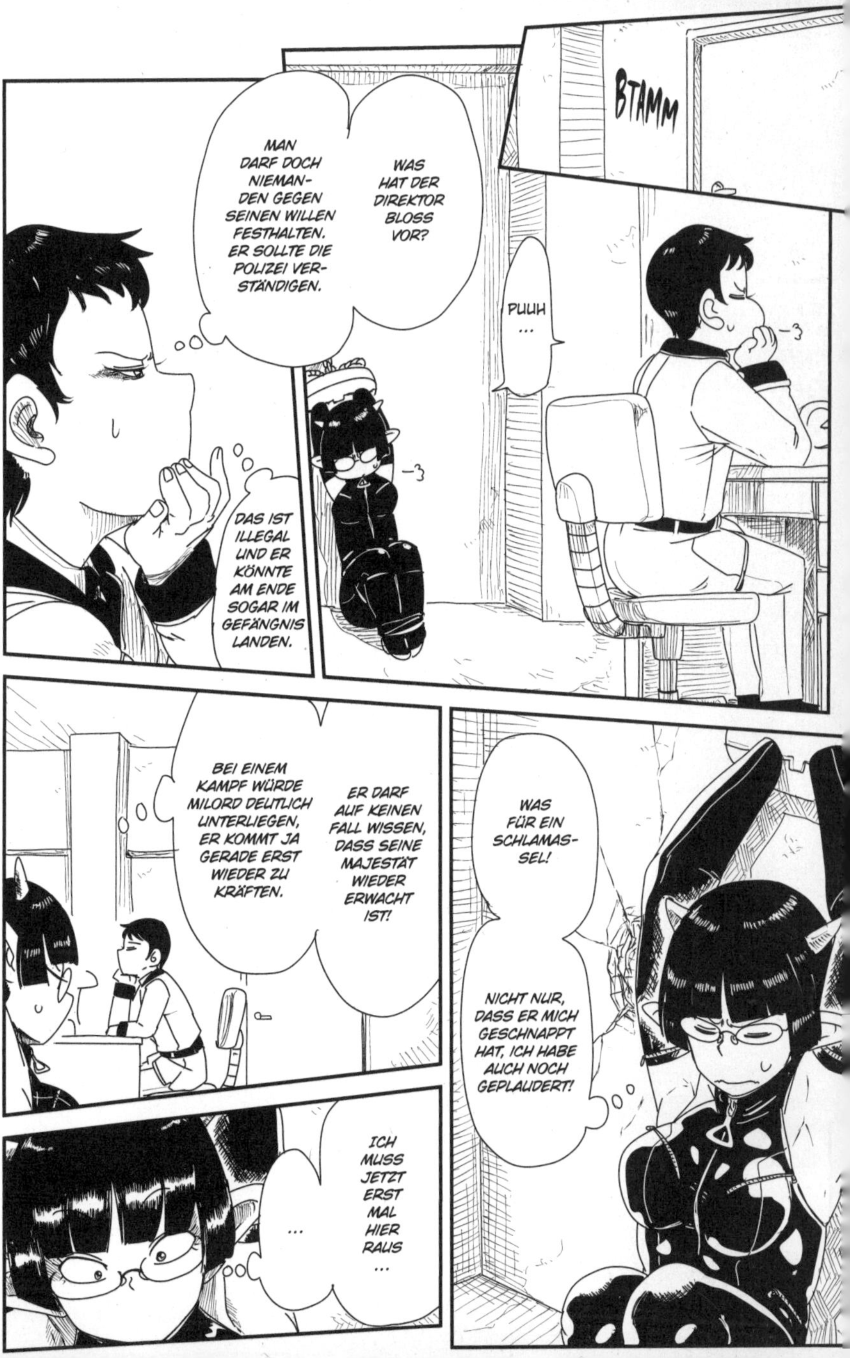
BTAMM
PUUH …
WAS HAT DER DIREKTOR BLOSS VOR?
MAN DARF DOCH NIEMANDEN GEGEN SEINEN WILLEN FESTHALTEN. ER SOLLTE DIE POLIZEI VERSTÄNDIGEN.
DAS IST ILLEGAL UND ER KÖNNTE AM ENDE SOGAR IM GEFÄNGNIS LANDEN.
WAS FÜR EIN SCHLAMASSEL!
NICHT NUR, DASS ER MICH GESCHNAPPT HAT, ICH HABE AUCH NOCH GEPLAUDERT!
ER DARF AUF KEINEN FALL WISSEN, DASS SEINE MAJESTÄT WIEDER ERWACHT IST!
BEI EINEM KAMPF WÜRDE MILORD DEUTLICH UNTERLIEGEN, ER KOMMT JA GERADE ERST WIEDER ZU KRÄFTEN.
ICH MUSS JETZT ERST MAL HIER RAUS …
…

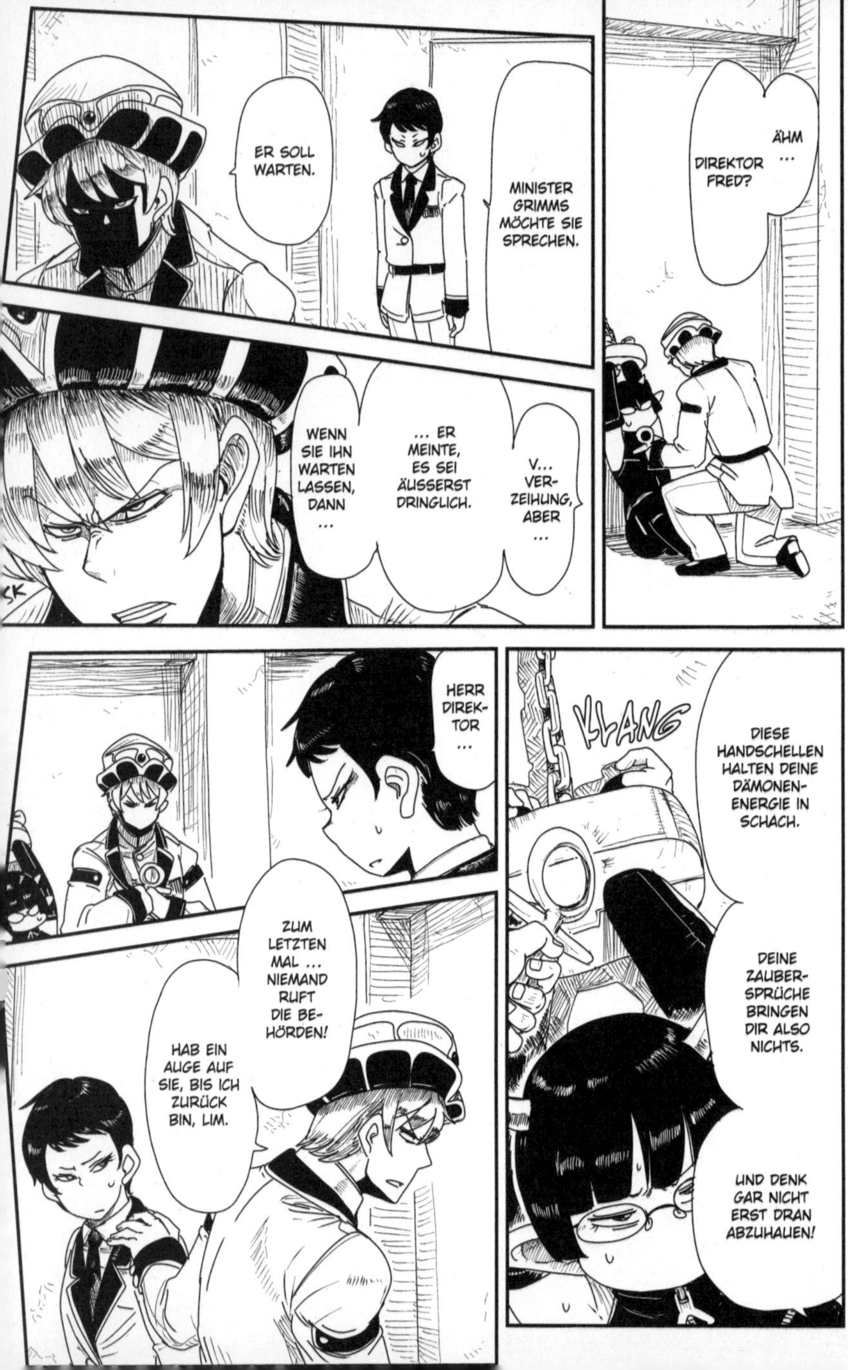
ÄHM …
DIREKTOR FRED?
MINISTER GRIMMS MÖCHTE SIE SPRECHEN.
ER SOLL WARTEN.
V… VERZEIHUNG, ABER …
… ER MEINTE, ES SEI ÄUSSERST DRINGLICH.
WENN SIE IHN WARTEN LASSEN, DANN …
KLANG
DIESE HANDSCHELLEN HALTEN DEINE DÄMONENENERGIE IN SCHACH.
DEINE ZAUBERSPRÜCHE BRINGEN DIR ALSO NICHTS.
UND DENK GAR NICHT ERST DRAN ABZUHAUEN!
HERR DIREKTOR …
ZUM LETZTEN MAL … NIEMAND RUFT DIE BEHÖRDEN!
HAB EIN AUGE AUF SIE, BIS ICH ZURÜCK BIN, LIM.

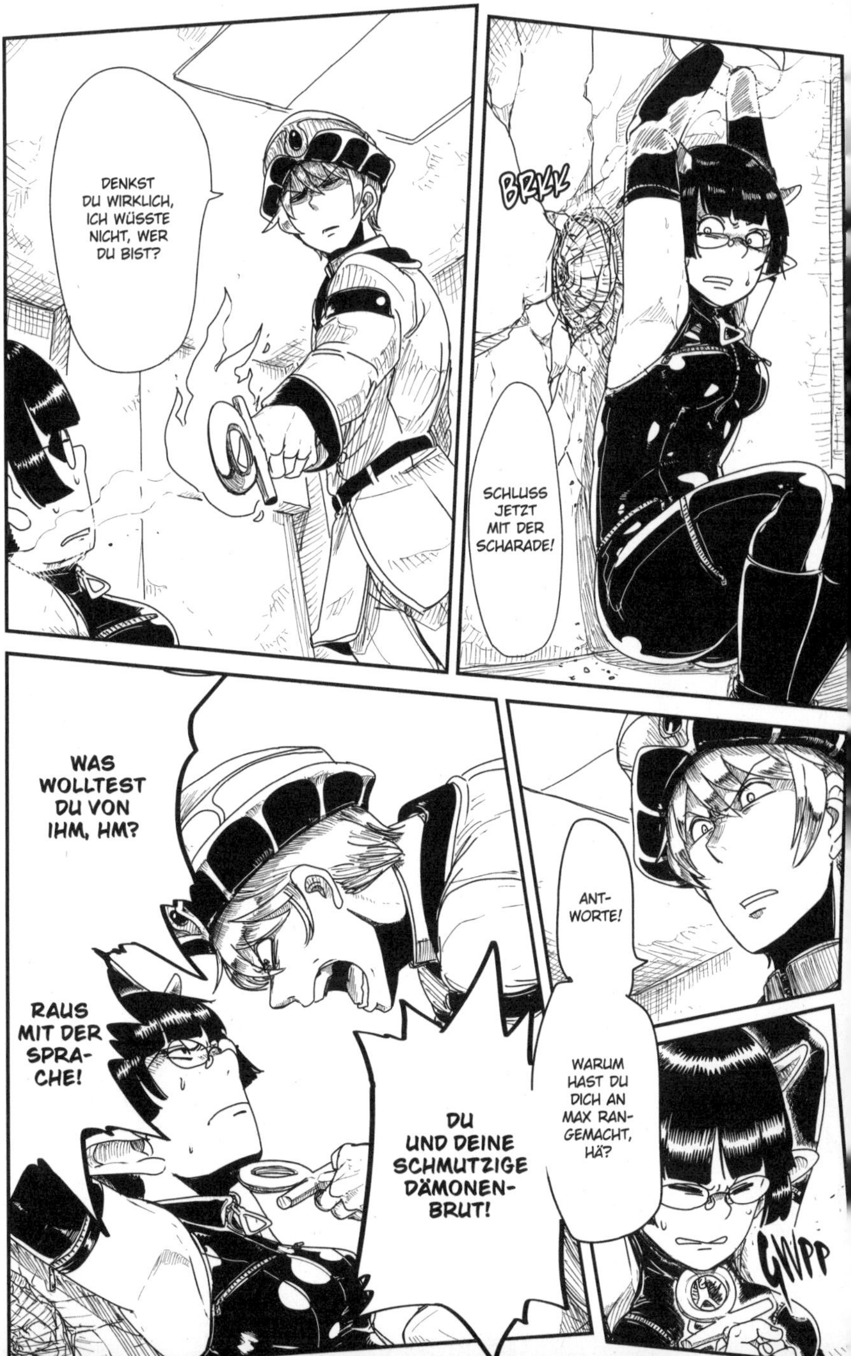
DENKST DU WIRKLICH, ICH WÜSSTE NICHT, WER DU BIST?
BRKK
SCHLUSS JETZT MIT DER SCHARADE!
WAS WOLLTEST DU VON IHM, HM?
RAUS MIT DER SPRA-CHE!
DU UND DEINE SCHMUTZIGE DÄMONEN-BRUT!
ANT-WORTE!
WARUM HAST DU DICH AN MAX RAN-GEMACHT, HÄ?
GNIPP

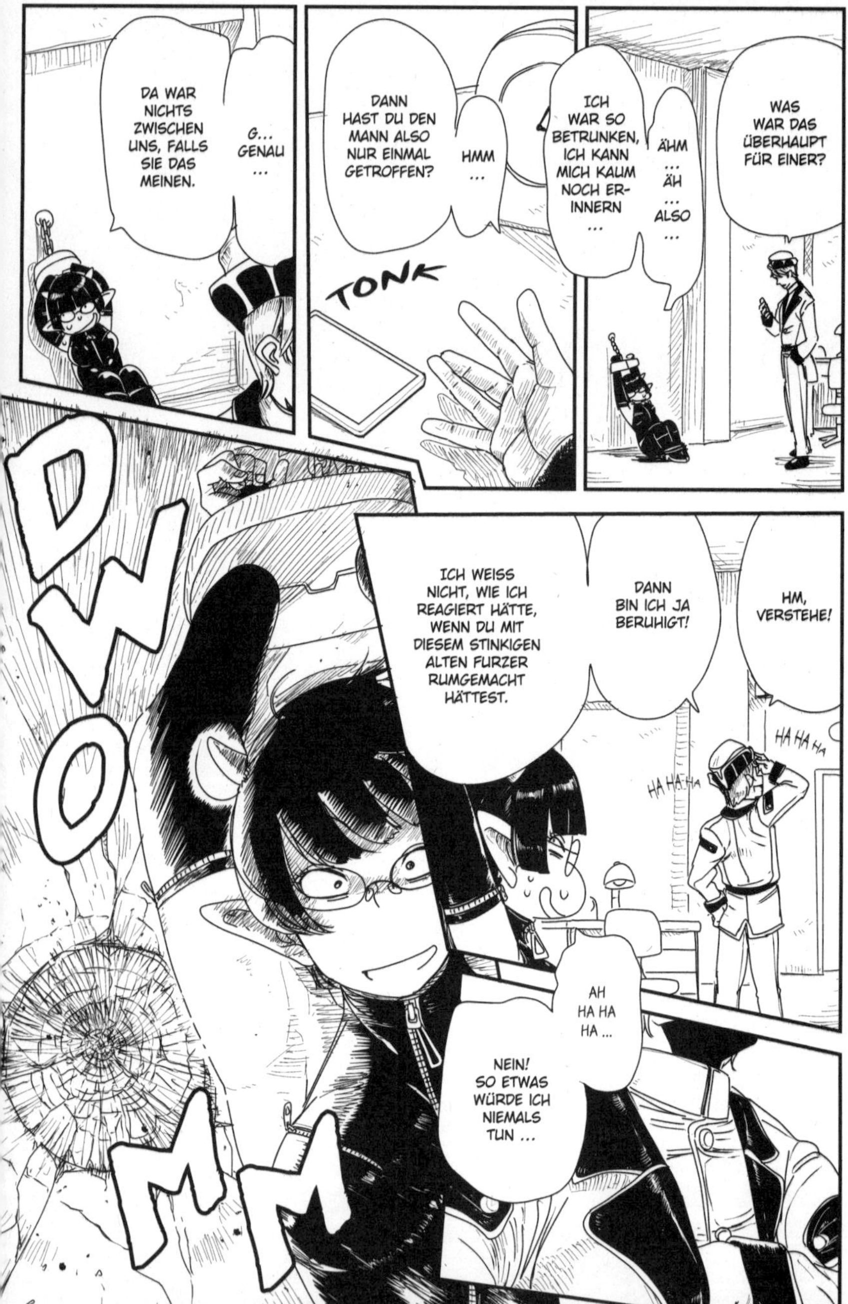
WAS WAR DAS ÜBERHAUPT FÜR EINER?
ÄHM ... ÄH ... ALSO ...
ICH WAR SO BETRUNKEN, ICH KANN MICH KAUM NOCH ERINNERN ...
HMM ...
DANN HAST DU DEN MANN ALSO NUR EINMAL GETROFFEN?
TONK
G... GENAU ...
DA WAR NICHTS ZWISCHEN UNS, FALLS SIE DAS MEINEN.
HM, VERSTEHE!
DANN BIN ICH JA BERUHIGT!
HA HA HA
HA HA HA
ICH WEISS NICHT, WIE ICH REAGIERT HÄTTE, WENN DU MIT DIESEM STINKIGEN ALTEN FURZER RUMGEMACHT HÄTTEST.
AH HA HA HA ...
NEIN! SO ETWAS WÜRDE ICH NIEMALS TUN ...
DOWMM

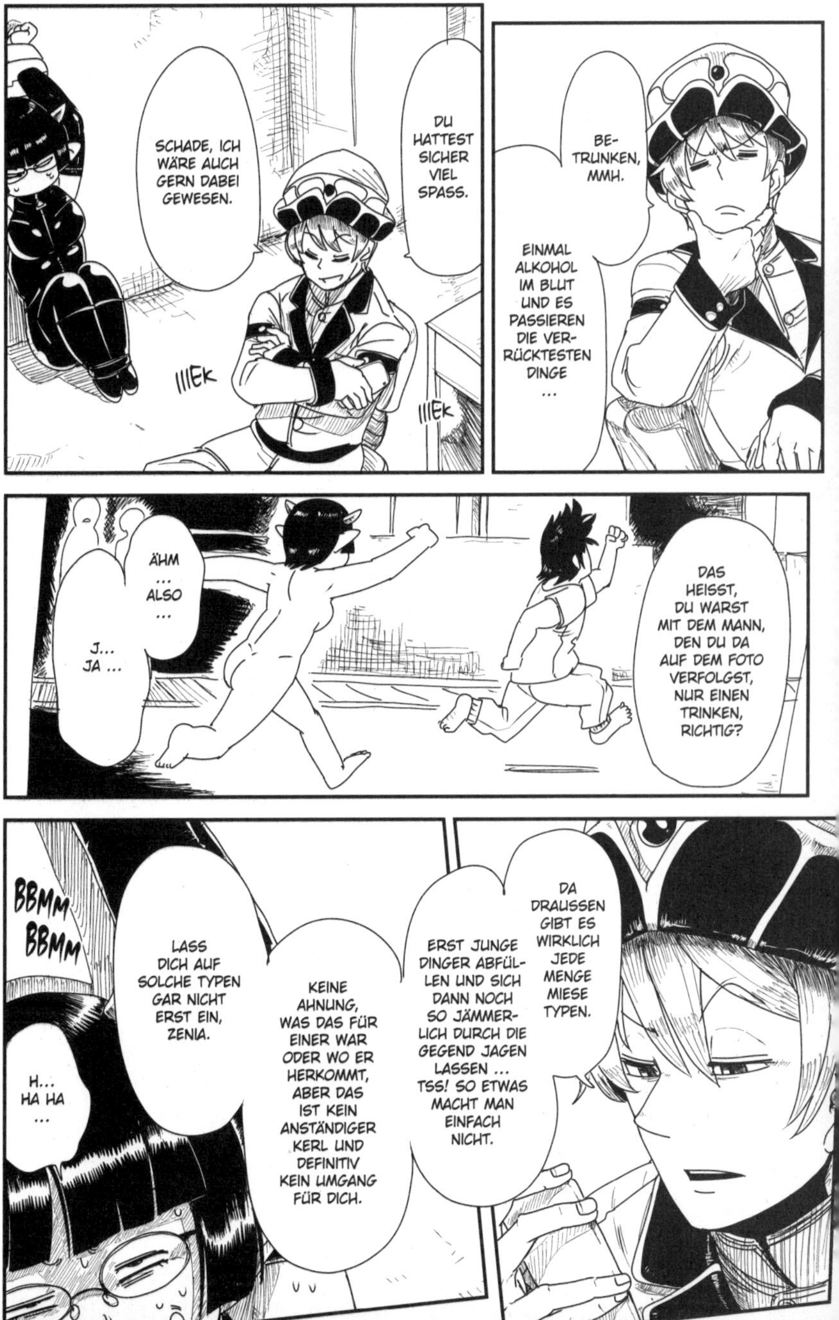
BE-TRUNKEN, MMH.
EINMAL ALKOHOL IM BLUT UND ES PASSIEREN DIE VER-RÜCKTESTEN DINGE …
DU HATTEST SICHER VIEL SPASS.
SCHADE, ICH WÄRE AUCH GERN DABEI GEWESEN.
IIIEK
IIIEK
DAS HEISST, DU WARST MIT DEM MANN, DEN DU DA AUF DEM FOTO VERFOLGST, NUR EINEN TRINKEN, RICHTIG?
ÄHM … ALSO …
J… JA …
DA DRAUSSEN GIBT ES WIRKLICH JEDE MENGE MIESE TYPEN.
ERST JUNGE DINGER ABFÜL-LEN UND SICH DANN NOCH SO JÄMMER-LICH DURCH DIE GEGEND JAGEN LASSEN … TSS! SO ETWAS MACHT MAN EINFACH NICHT.
KEINE AHNUNG, WAS DAS FÜR EINER WAR ODER WO ER HERKOMMT, ABER DAS IST KEIN ANSTÄNDIGER KERL UND DEFINITIV KEIN UMGANG FÜR DICH.
LASS DICH AUF SOLCHE TYPEN GAR NICHT ERST EIN, ZENIA.
H… HA HA …
BBMM BBMM

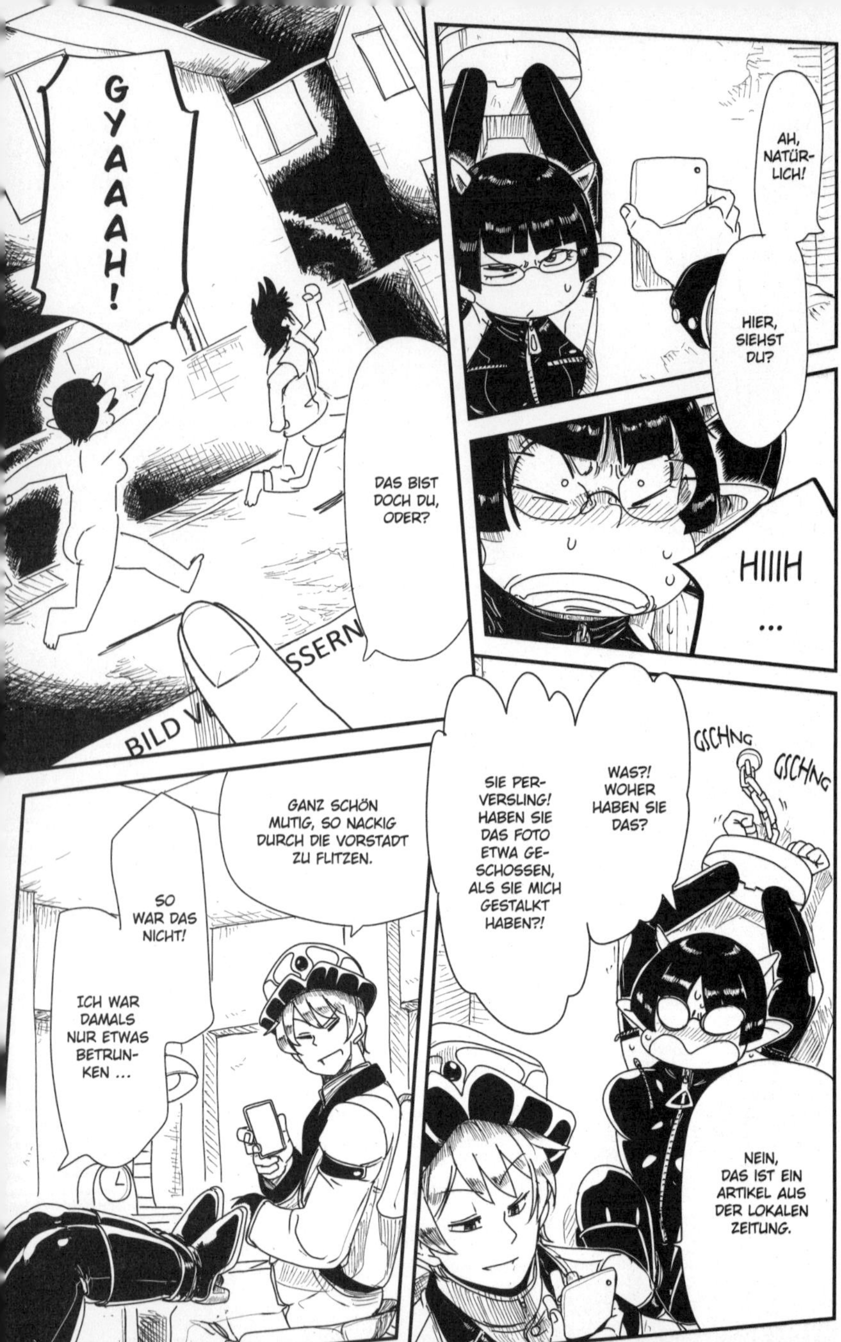
AH, NATÜRLICH!
HIER, SIEHST DU?
HIIIH ...
GYAAAAH!
DAS BIST DOCH DU, ODER?
SSERN
BILD V
GSCHNG GSCHNG
WAS?! WOHER HABEN SIE DAS?
SIE PERVERSLING! HABEN SIE DAS FOTO ETWA GESCHOSSEN, ALS SIE MICH GESTALKT HABEN?!
NEIN, DAS IST EIN ARTIKEL AUS DER LOKALEN ZEITUNG.
GANZ SCHÖN MUTIG, SO NACKIG DURCH DIE VORSTADT ZU FLITZEN.
SO WAR DAS NICHT!
ICH WAR DAMALS NUR ETWAS BETRUNKEN ...

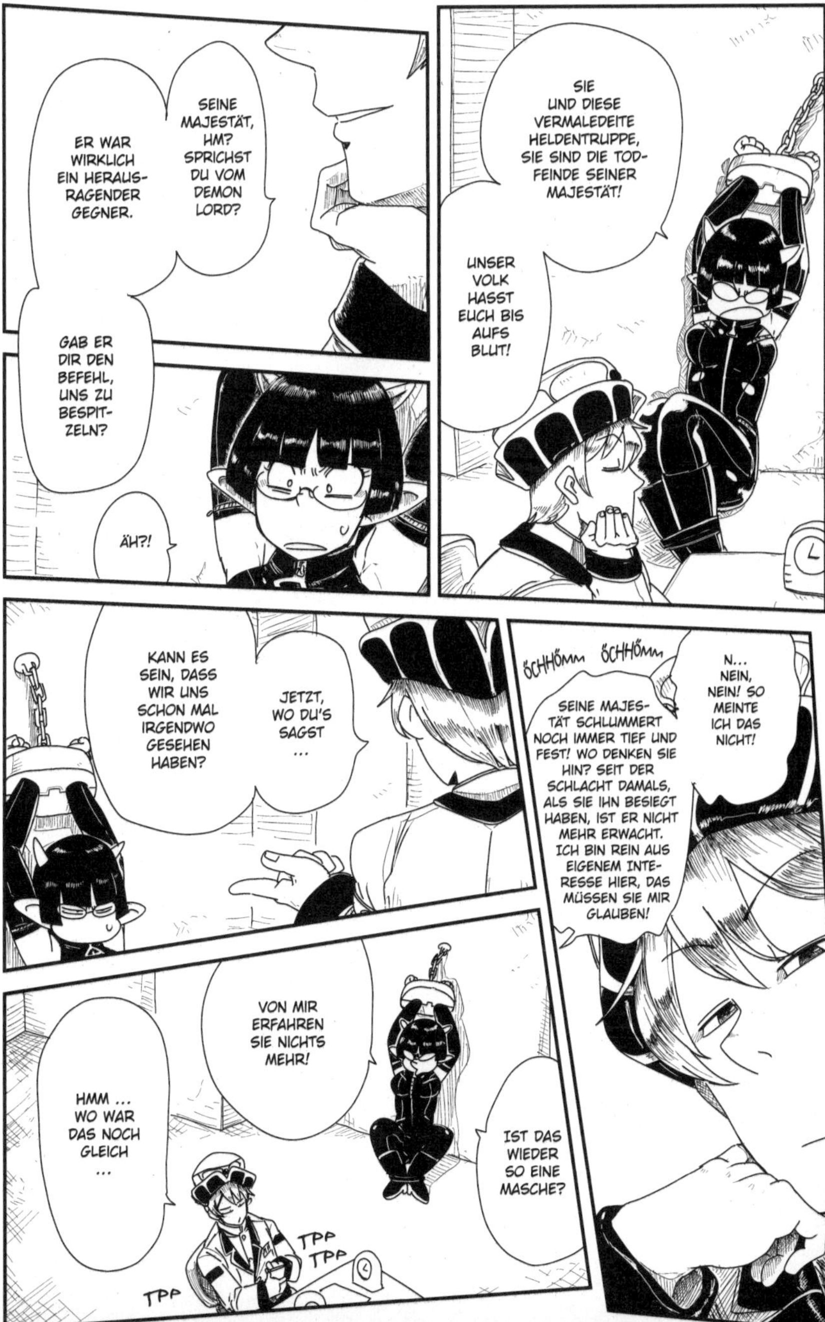
SIE UND DIESE VERMALEDEITE HELDENTRUPPE, SIE SIND DIE TOD-FEINDE SEINER MAJESTÄT!
UNSER VOLK HASST EUCH BIS AUFS BLUT!
SEINE MAJESTÄT, HM? SPRICHST DU VOM DEMON LORD?
ER WAR WIRKLICH EIN HERAUS-RAGENDER GEGNER.
GAB ER DIR DEN BEFEHL, UNS ZU BESPIT-ZELN?
ÄH?!
N... NEIN, NEIN! SO MEINTE ICH DAS NICHT!
ÖCHHÖMM ÖCHHÖMM
SEINE MAJES-TÄT SCHLUMMERT NOCH IMMER TIEF UND FEST! WO DENKEN SIE HIN? SEIT DER SCHLACHT DAMALS, ALS SIE IHN BESIEGT HABEN, IST ER NICHT MEHR ERWACHT. ICH BIN REIN AUS EIGENEM INTE-RESSE HIER, DAS MÜSSEN SIE MIR GLAUBEN!
JETZT, WO DU'S SAGST ...
KANN ES SEIN, DASS WIR UNS SCHON MAL IRGENDWO GESEHEN HABEN?
IST DAS WIEDER SO EINE MASCHE?
VON MIR ERFAHREN SIE NICHTS MEHR!
HMM ... WO WAR DAS NOCH GLEICH ...
TPP TPP
TPP

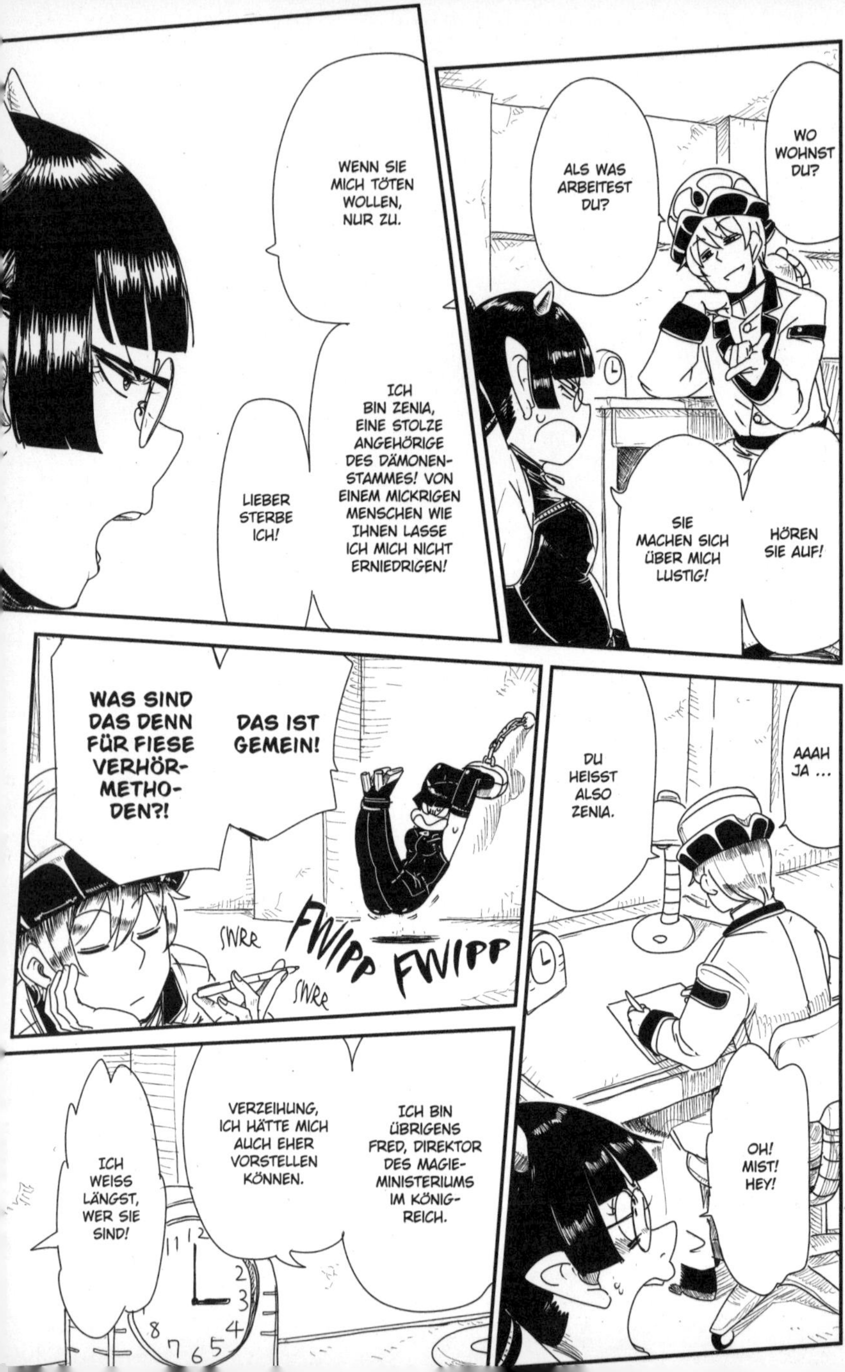

WO WOHNST DU?
ALS WAS ARBEITEST DU?
HÖREN SIE AUF!
SIE MACHEN SICH ÜBER MICH LUSTIG!
WENN SIE MICH TÖTEN WOLLEN, NUR ZU.
ICH BIN ZENIA, EINE STOLZE ANGEHÖRIGE DES DÄMONEN-STAMMES! VON EINEM MICKRIGEN MENSCHEN WIE IHNEN LASSE ICH MICH NICHT ERNIEDRIGEN!
LIEBER STERBE ICH!
AAAH JA ...
DU HEISST ALSO ZENIA.
OH! MIST! HEY!
DAS IST GEMEIN!
WAS SIND DAS DENN FÜR FIESE VERHÖR-METHO-DEN?!
FWIPP FWIPP
SWRR SWRR
ICH BIN ÜBRIGENS FRED, DIREKTOR DES MAGIE-MINISTERIUMS IM KÖNIG-REICH.
VERZEIHUNG, ICH HÄTTE MICH AUCH EHER VORSTELLEN KÖNNEN.
ICH WEISS LÄNGST, WER SIE SIND!

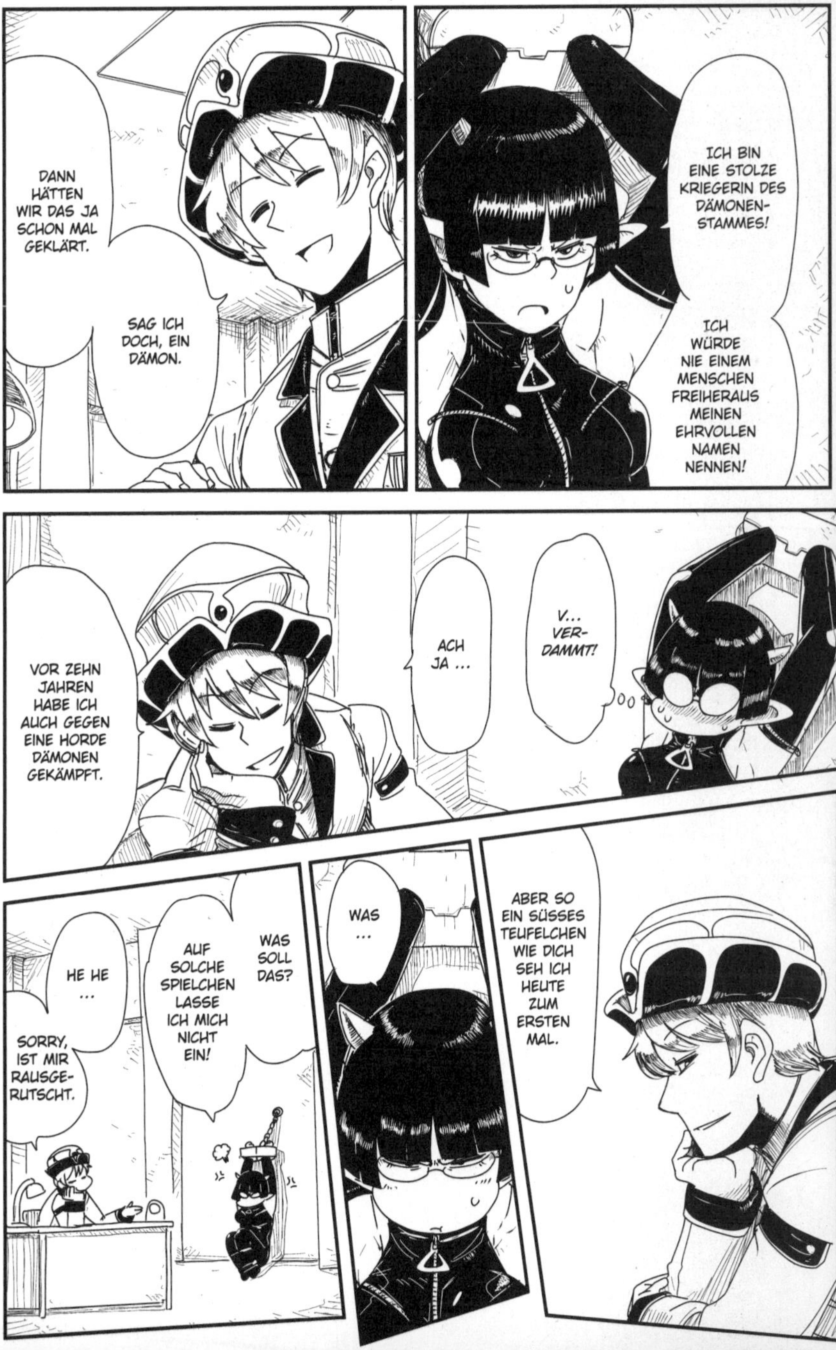
ICH BIN EINE STOLZE KRIEGERIN DES DÄMONEN-STAMMES!
ICH WÜRDE NIE EINEM MENSCHEN FREIHERAUS MEINEN EHRVOLLEN NAMEN NENNEN!
SAG ICH DOCH, EIN DÄMON.
DANN HÄTTEN WIR DAS JA SCHON MAL GEKLÄRT.
V... VER-DAMMT!
ACH JA ...
VOR ZEHN JAHREN HABE ICH AUCH GEGEN EINE HORDE DÄMONEN GEKÄMPFT.
ABER SO EIN SÜSSES TEUFELCHEN WIE DICH SEH ICH HEUTE ZUM ERSTEN MAL.
WAS ...
WAS SOLL DAS?
AUF SOLCHE SPIELCHEN LASSE ICH MICH NICHT EIN!
HE HE ...
SORRY, IST MIR RAUSGE-RUTSCHT.

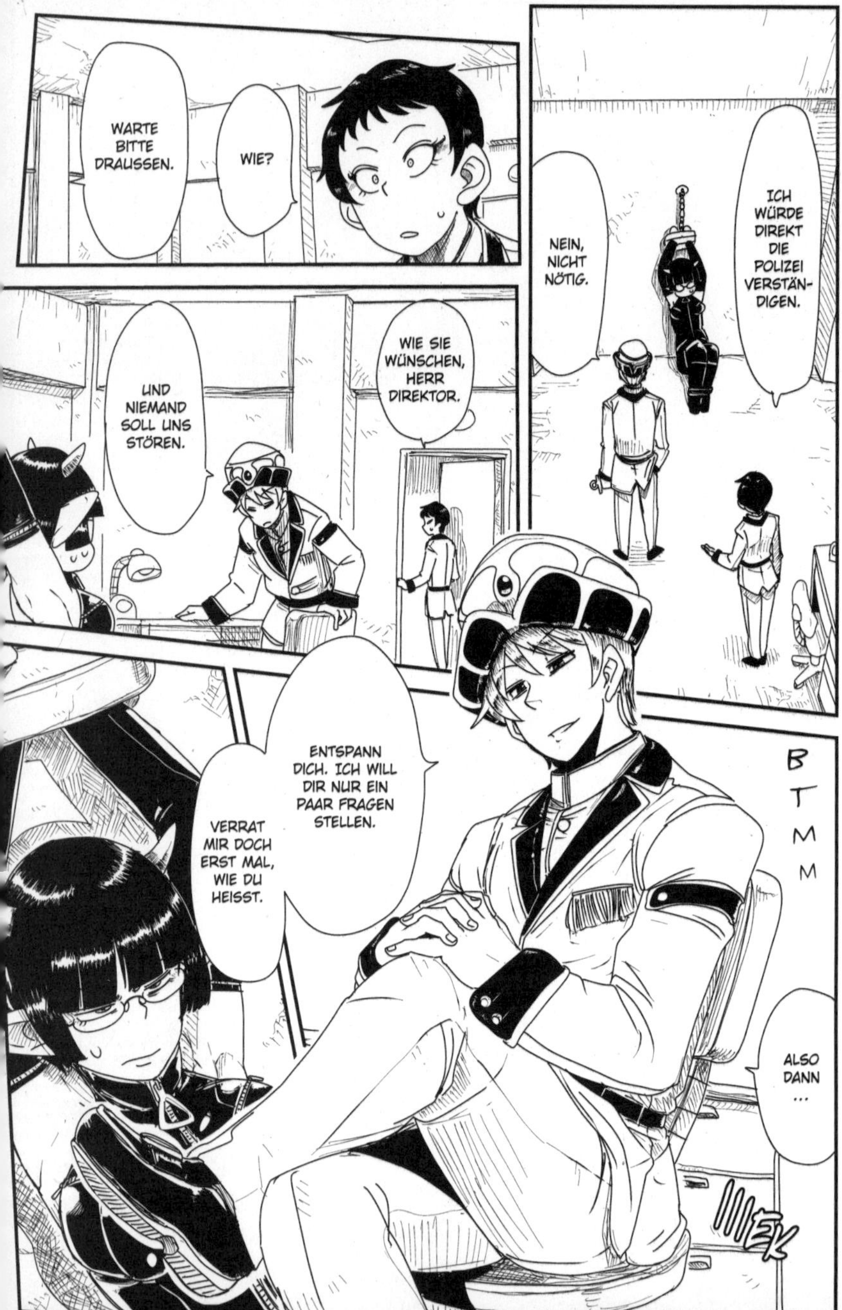
ICH WÜRDE DIREKT DIE POLIZEI VERSTÄNDIGEN.
NEIN, NICHT NÖTIG.
WARTE BITTE DRAUSSEN.
WIE?
UND NIEMAND SOLL UNS STÖREN.
WIE SIE WÜNSCHEN, HERR DIREKTOR.
BTMM
ALSO DANN ...
ENTSPANN DICH. ICH WILL DIR NUR EIN PAAR FRAGEN STELLEN.
VERRAT MIR DOCH ERST MAL, WIE DU HEISST.
MEK

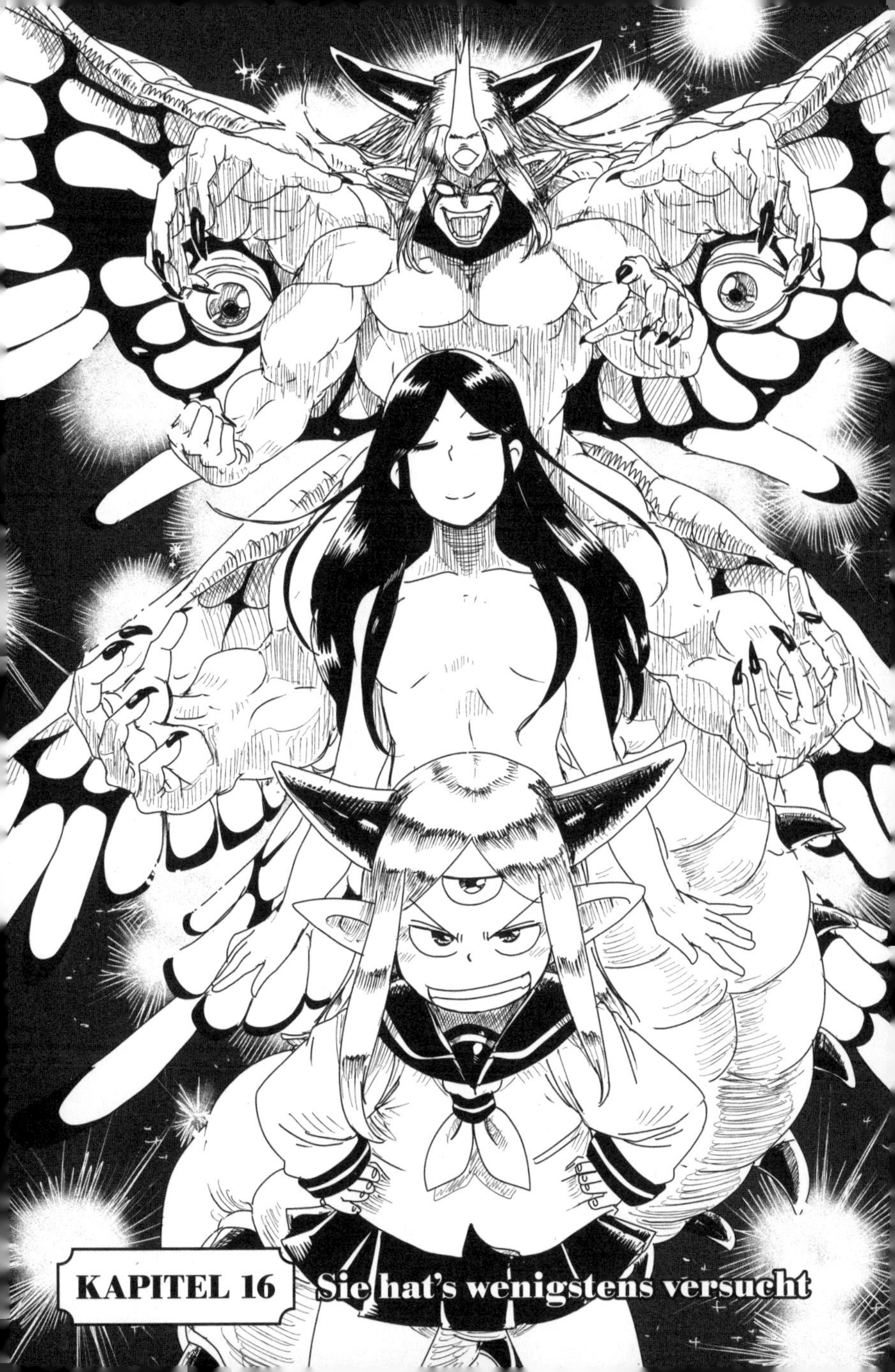

KAPITEL 16 Sie hat's wenigstens versucht

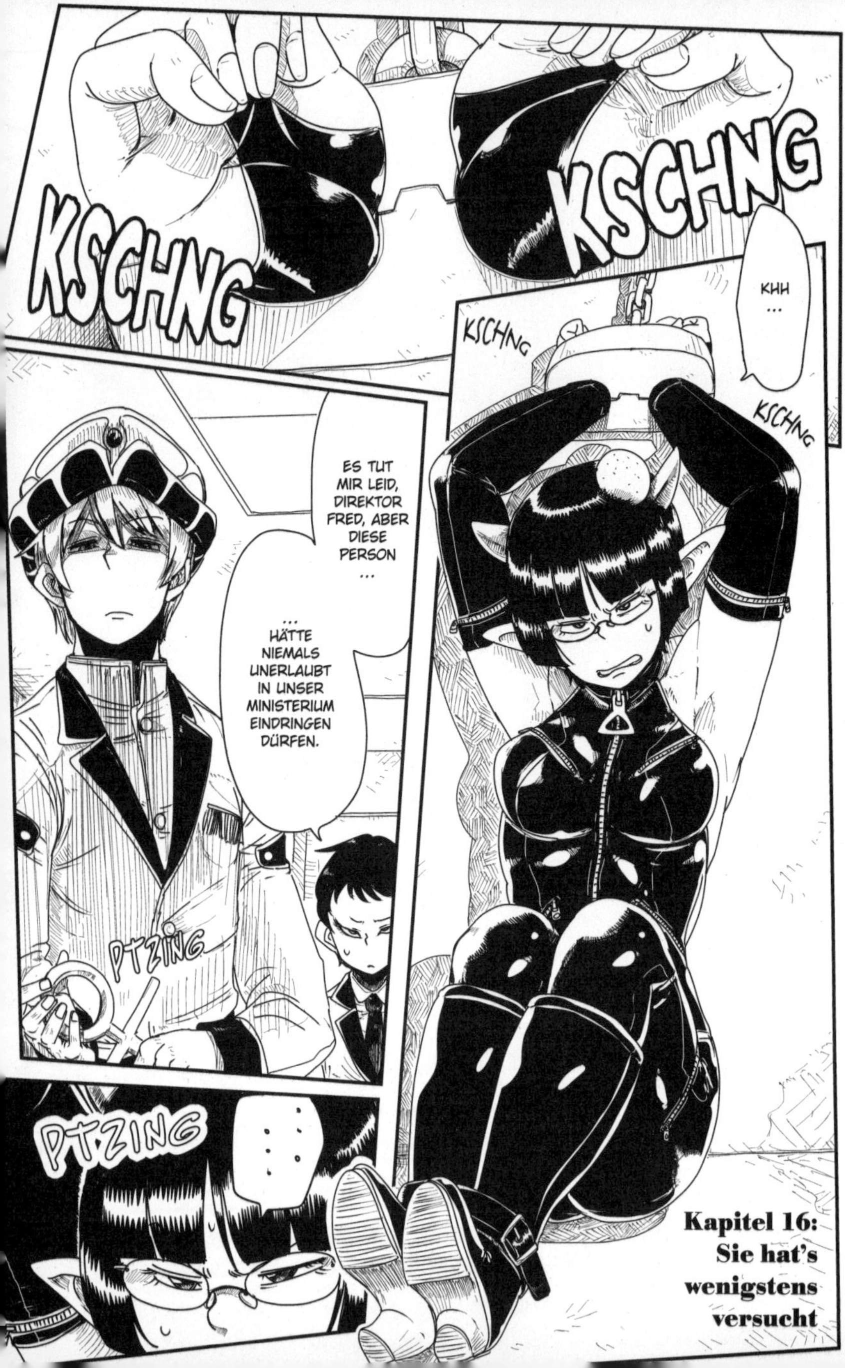

Kapitel 16: Sie hat's wenigstens versucht

LEVEL 1
DEMON LORD &
ONE ROOM HERO

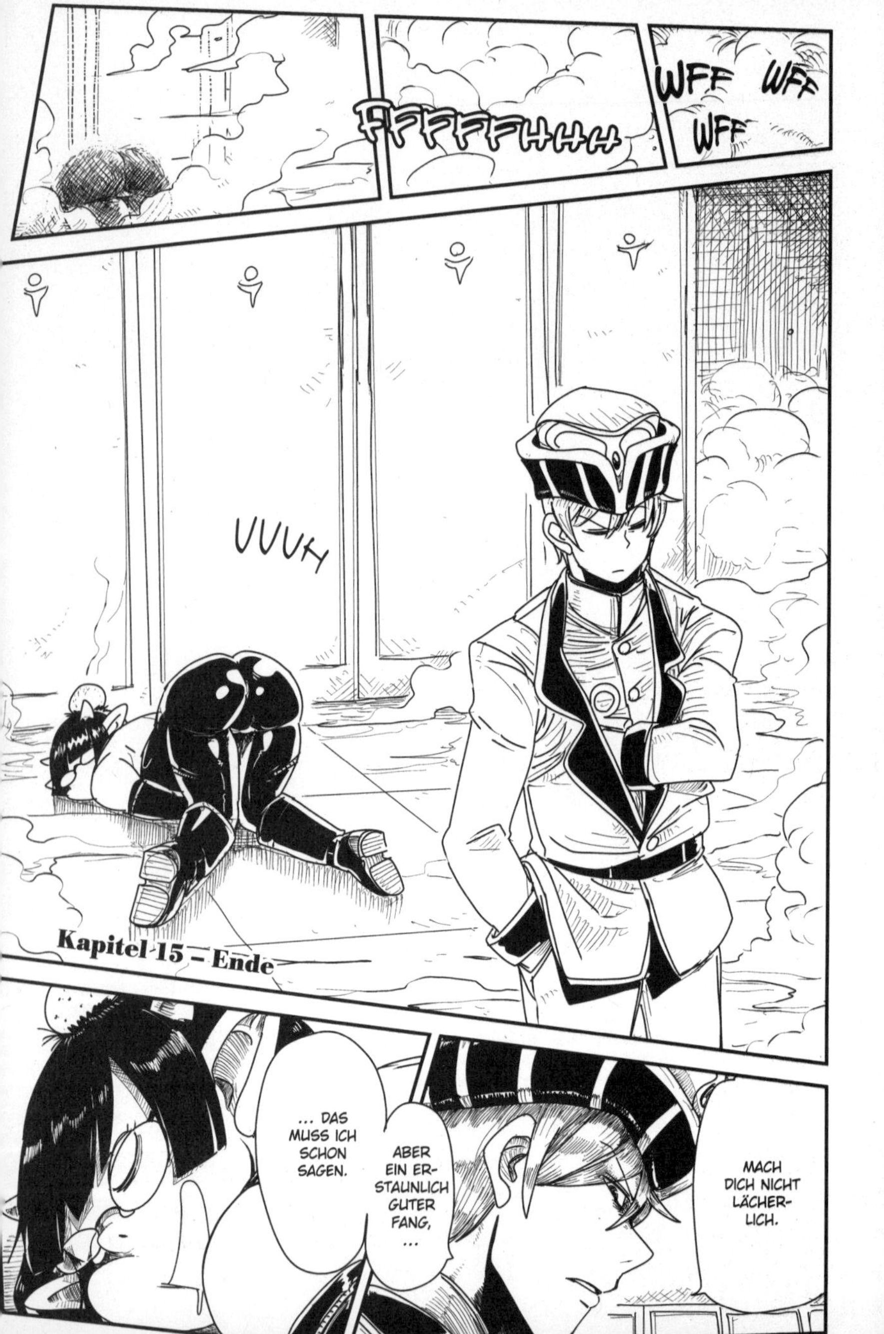
WFF WFF
WFF
FFFFFFHHH
UUUH
Kapitel 15 – Ende
MACH DICH NICHT LÄCHERLICH.
ABER EIN ERSTAUNLICH GUTER FANG, ...
... DAS MUSS ICH SCHON SAGEN.

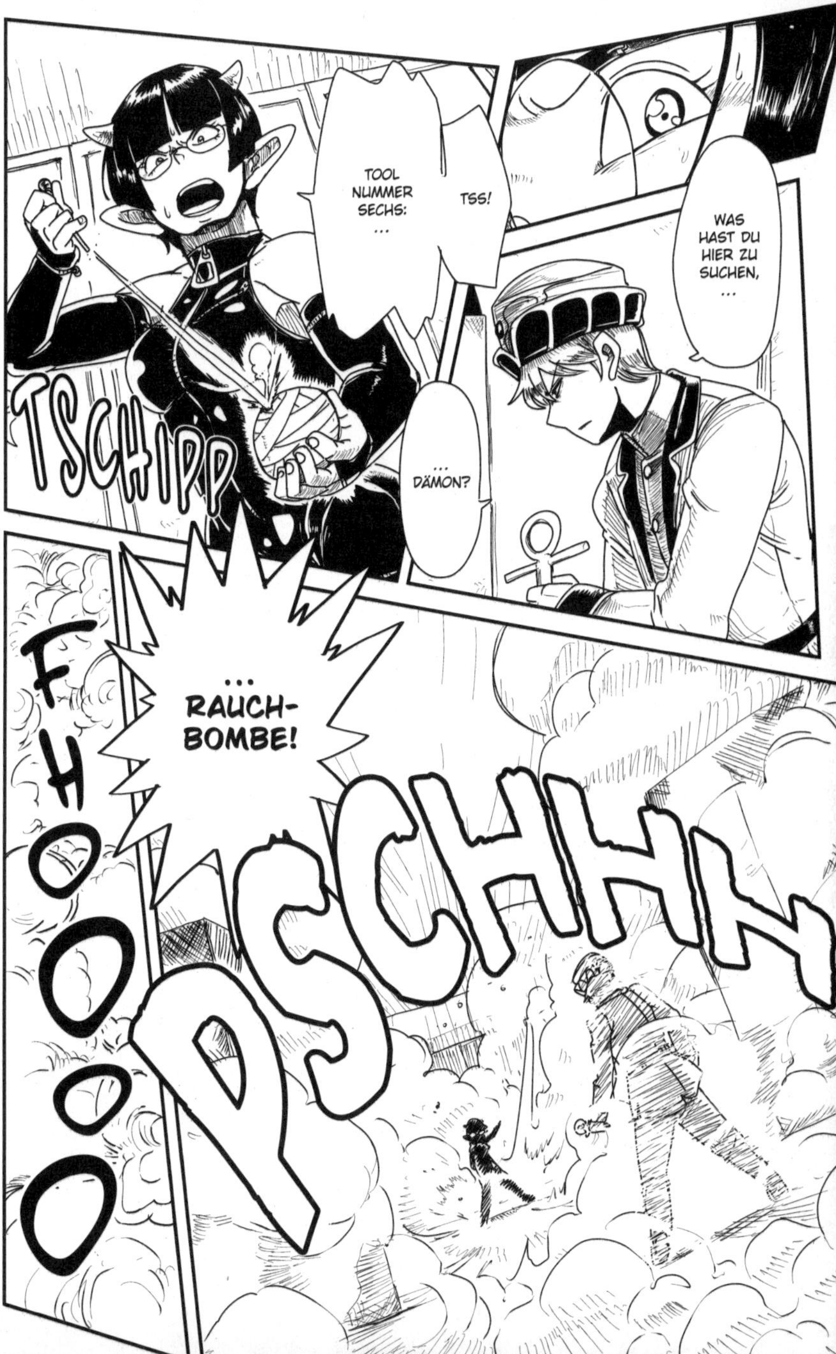
WAS HAST DU HIER ZU SUCHEN, ...
... DÄMON?
TSS!
TOOL NUMMER SECHS: ...
TSCHIPP
... RAUCH-BOMBE!
PSCHHH
FHOOOO

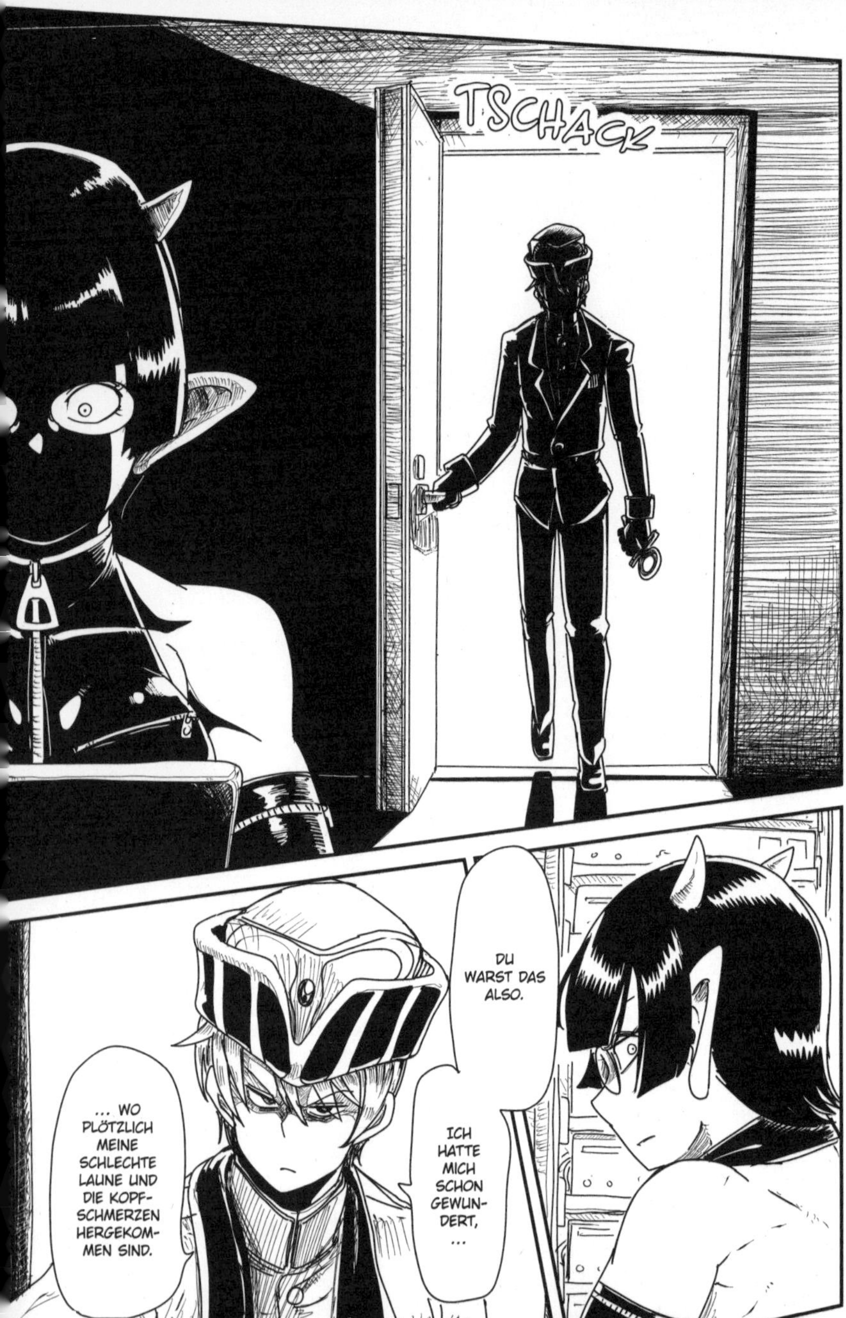
TSCHACK
DU WARST DAS ALSO.
ICH HATTE MICH SCHON GEWUNDERT, ...
... WO PLÖTZLICH MEINE SCHLECHTE LAUNE UND DIE KOPF-SCHMERZEN HERGEKOM-MEN SIND.

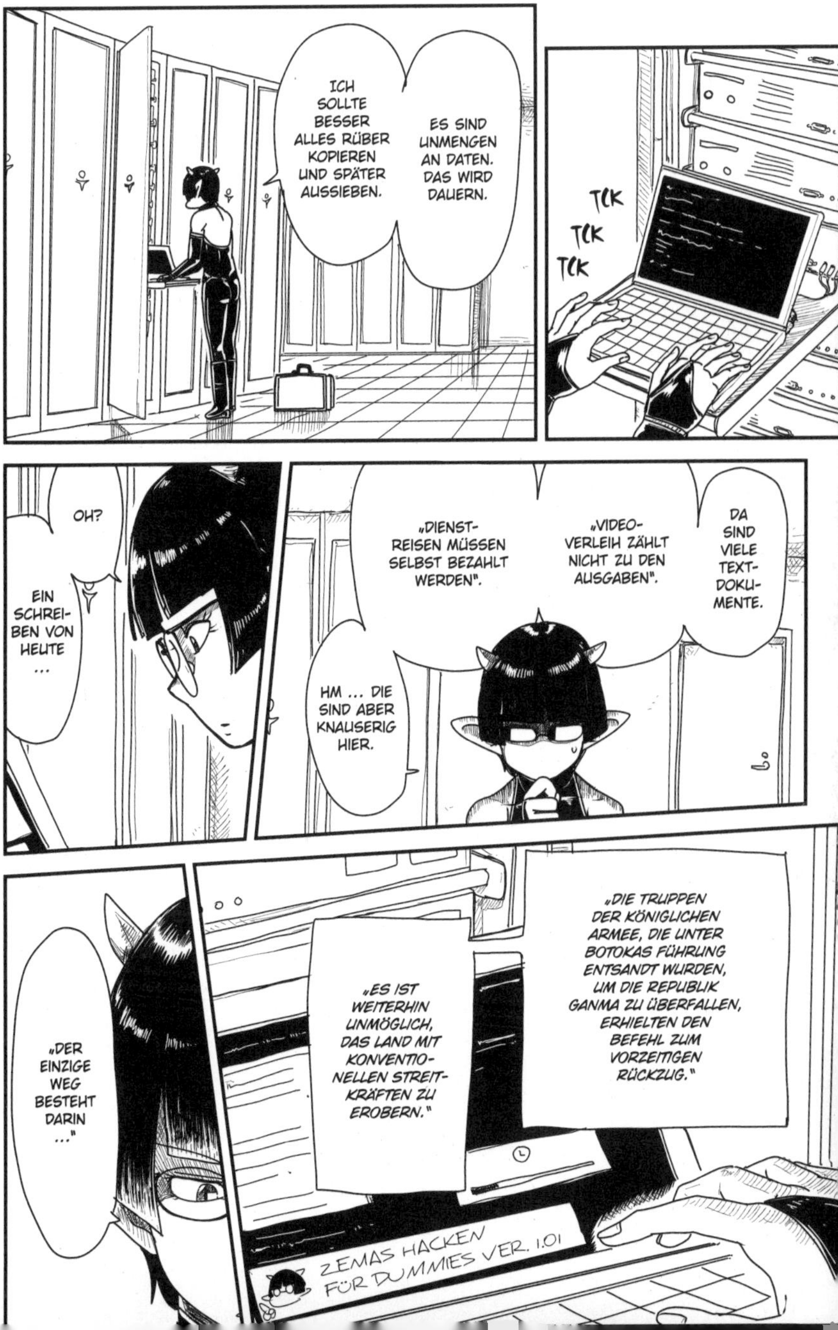
ICH SOLLTE BESSER ALLES RÜBER KOPIEREN UND SPÄTER AUSSIEBEN.
ES SIND UNMENGEN AN DATEN. DAS WIRD DAUERN.
TCK TCK TCK
OH?
EIN SCHREIBEN VON HEUTE …
DA SIND VIELE TEXT-DOKUMENTE.
„VIDEO-VERLEIH ZÄHLT NICHT ZU DEN AUSGABEN".
„DIENST-REISEN MÜSSEN SELBST BEZAHLT WERDEN".
HM … DIE SIND ABER KNAUSERIG HIER.
„DIE TRUPPEN DER KÖNIGLICHEN ARMEE, DIE UNTER BOTOKAS FÜHRUNG ENTSANDT WURDEN, UM DIE REPUBLIK GANMA ZU ÜBERFALLEN, ERHIELTEN DEN BEFEHL ZUM VORZEITIGEN RÜCKZUG."
„ES IST WEITERHIN UNMÖGLICH, DAS LAND MIT KONVENTIO-NELLEN STREIT-KRÄFTEN ZU EROBERN."
„DER EINZIGE WEG BESTEHT DARIN …"
ZEMAS HACKEN FÜR DUMMIES VER. 1.01

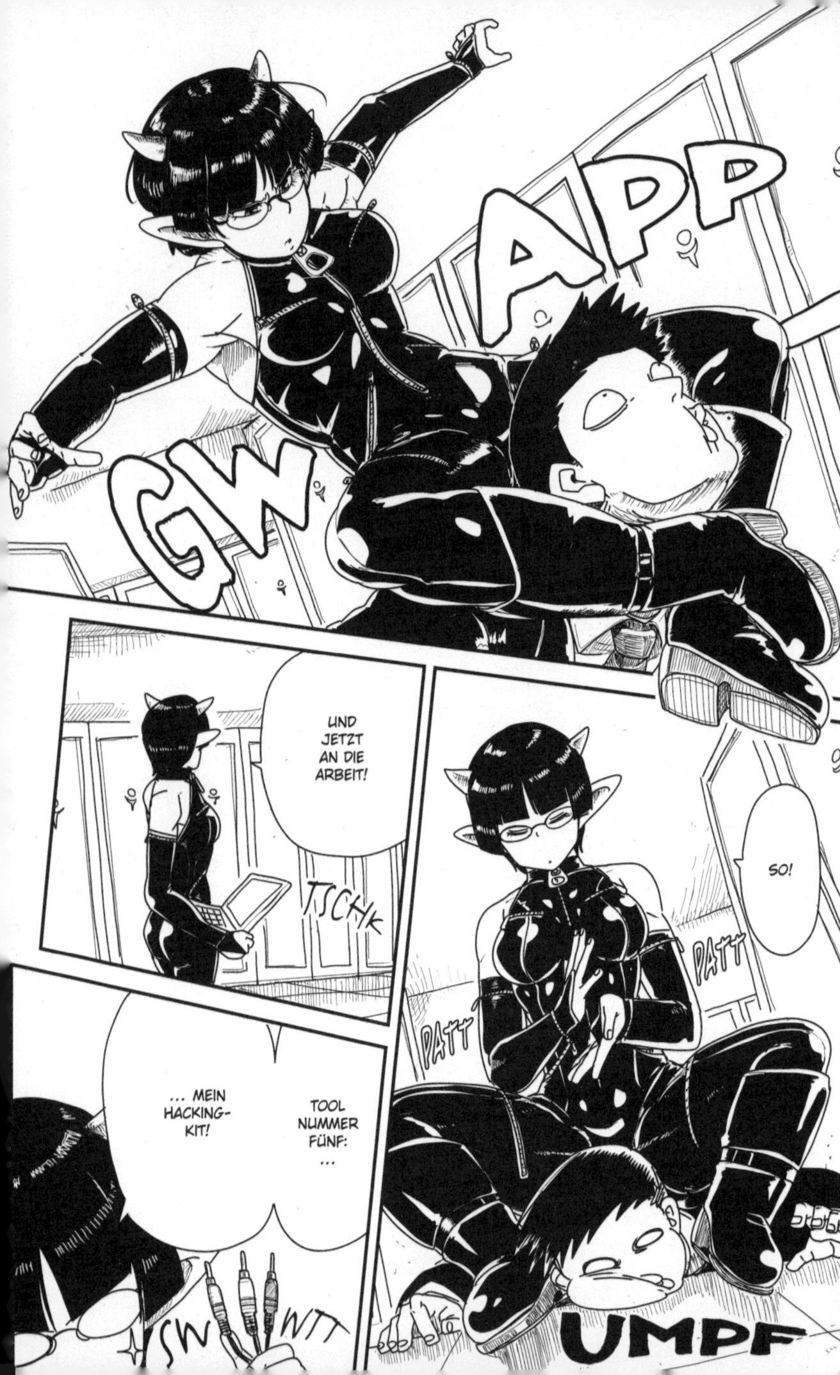
APP
GW
SO!
PATT
PATT
UMPF
UND JETZT AN DIE ARBEIT!
TSCHIK
TOOL NUMMER FÜNF: …
… MEIN HACKING-KIT!
SW
ITT

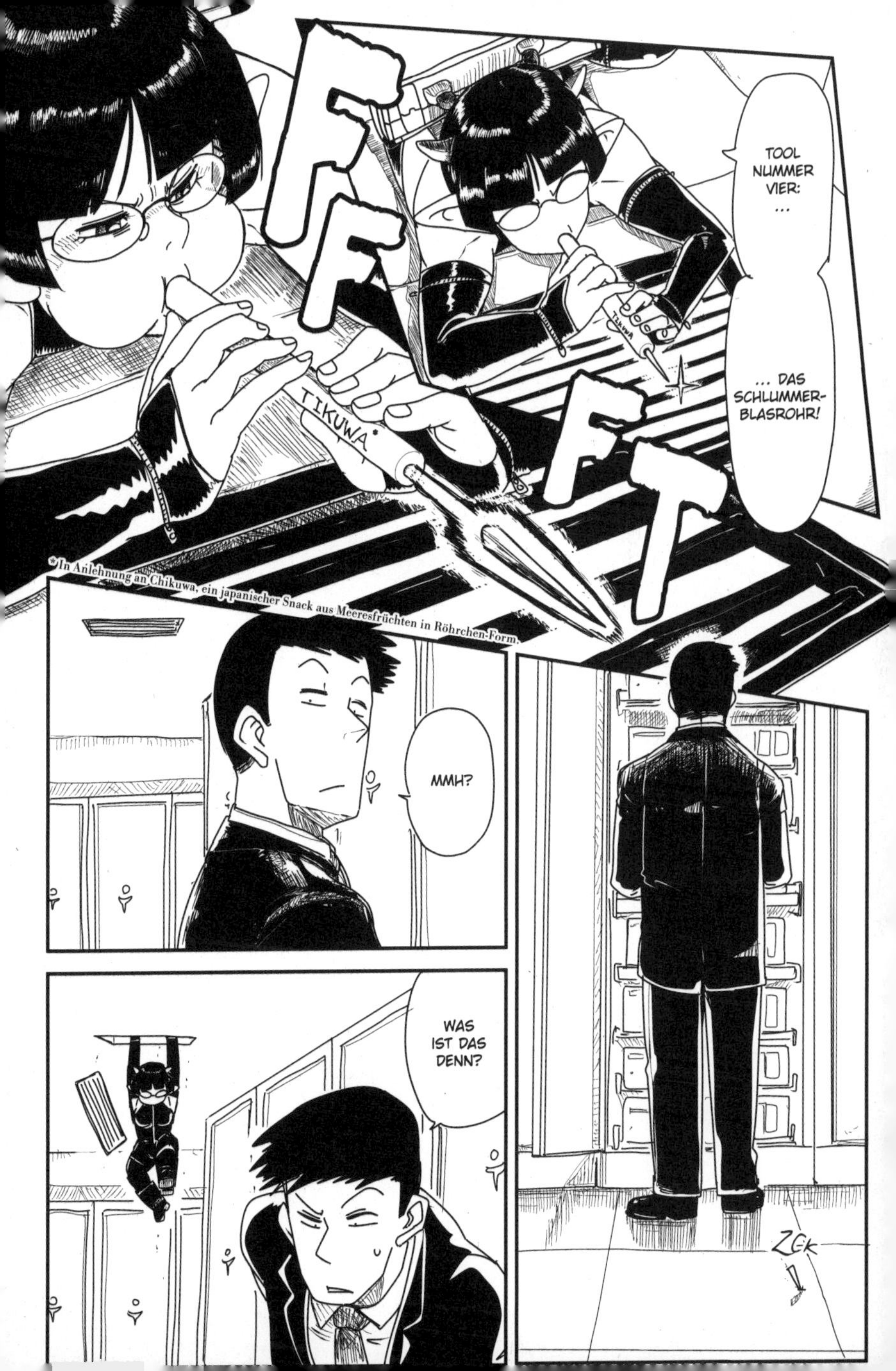

*In Anlehnung an Chikuwa, ein japanischer Snack aus Meeresfrüchten in Röhrchen-Form.

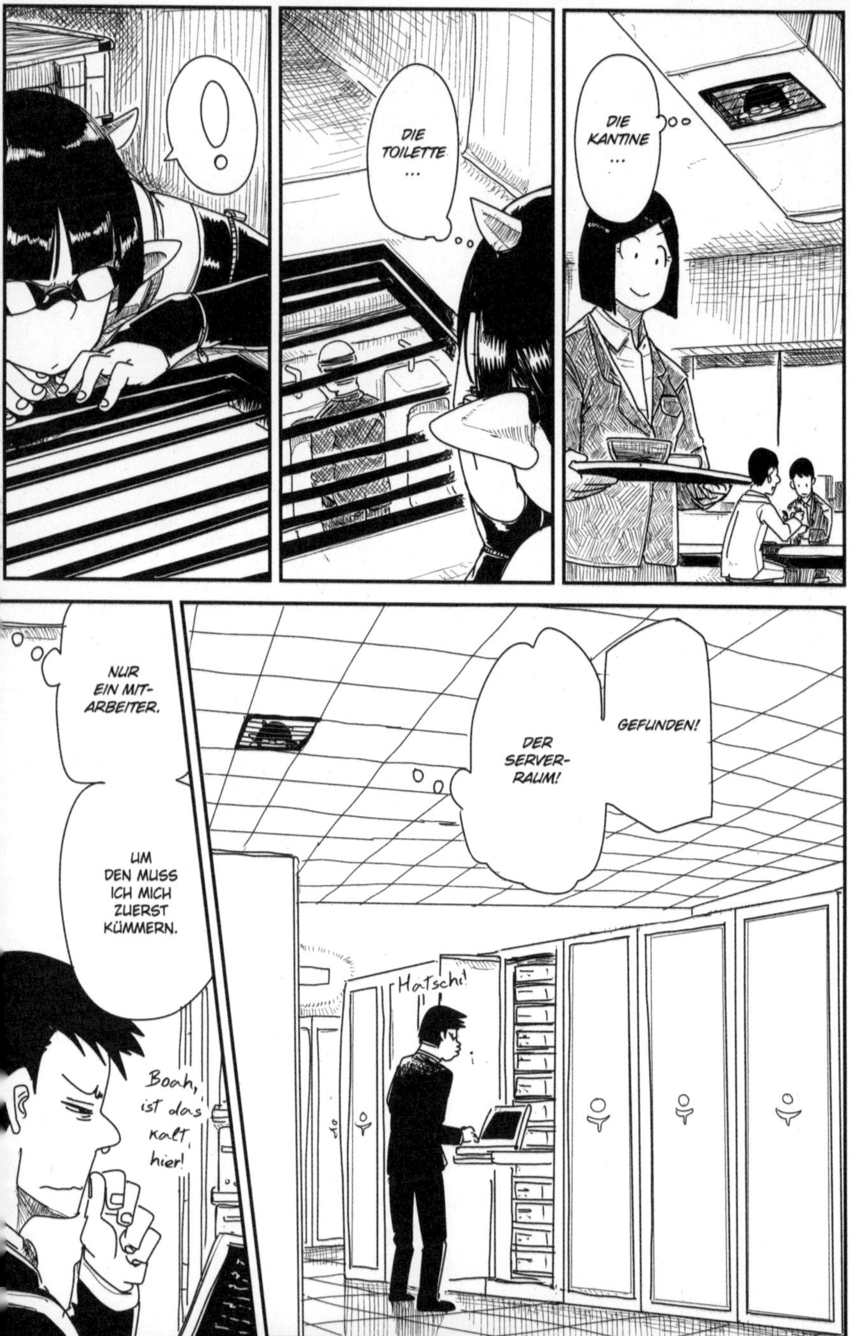
!
DIE TOILETTE …
DIE KANTINE …
GEFUNDEN!
DER SERVER-RAUM!
NUR EIN MIT-ARBEITER.
UM DEN MUSS ICH MICH ZUERST KÜMMERN.
Hatschi!
Boah, ist das kalt hier!

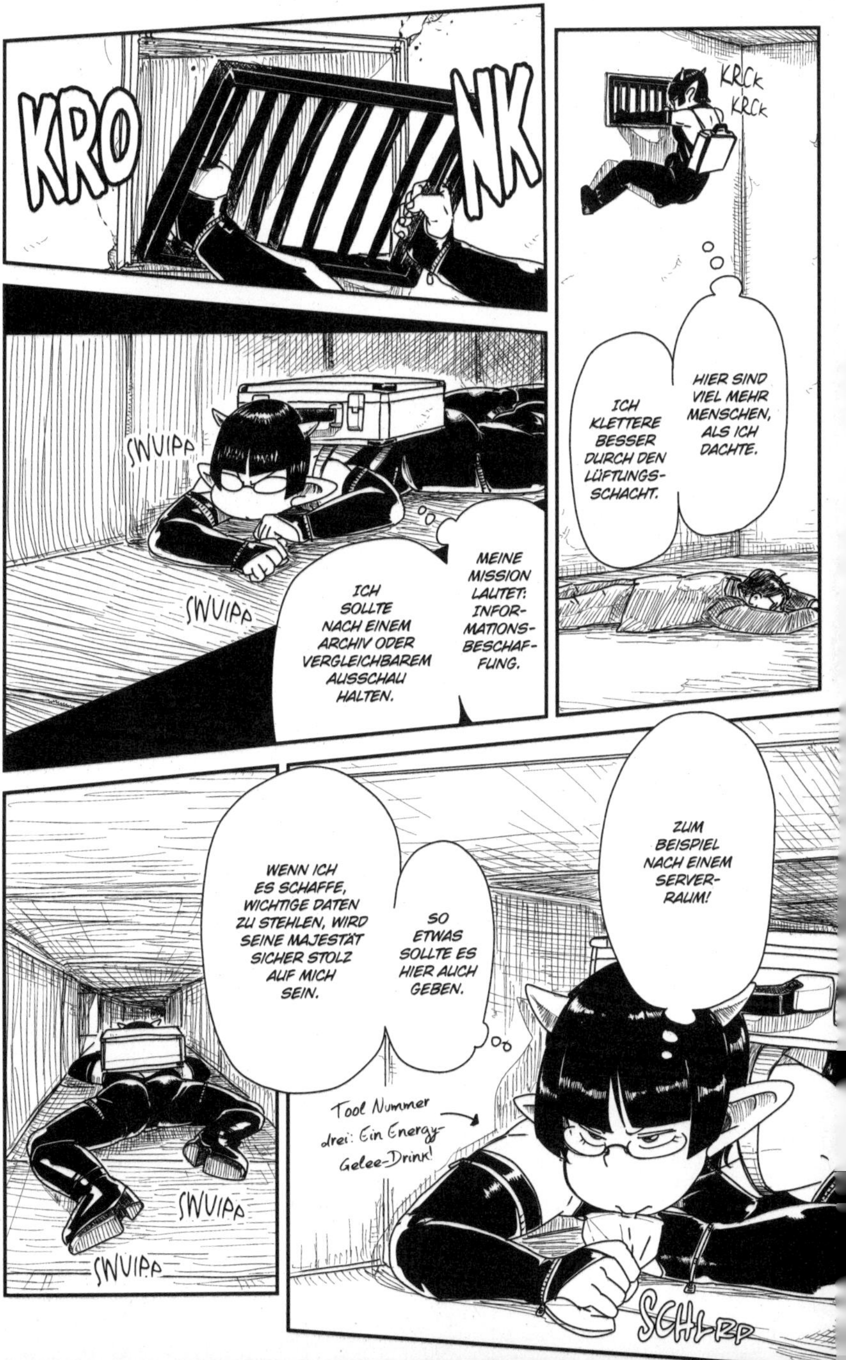
KRCK
KRCK
HIER SIND VIEL MEHR MENSCHEN, ALS ICH DACHTE.
ICH KLETTERE BESSER DURCH DEN LÜFTUNGS-SCHACHT.
KRONK
SWUIPP
SWUIPP
MEINE MISSION LAUTET: INFOR-MATIONS-BESCHAF-FUNG.
ICH SOLLTE NACH EINEM ARCHIV ODER VERGLEICHBAREM AUSSCHAU HALTEN.
ZUM BEISPIEL NACH EINEM SERVER-RAUM!
Tool Nummer drei: Ein Energy-Gelee-Drink!
SCHLRP
SO ETWAS SOLLTE ES HIER AUCH GEBEN.
WENN ICH ES SCHAFFE, WICHTIGE DATEN ZU STEHLEN, WIRD SEINE MAJESTÄT SICHER STOLZ AUF MICH SEIN.
SWUIPP
SWUIPP

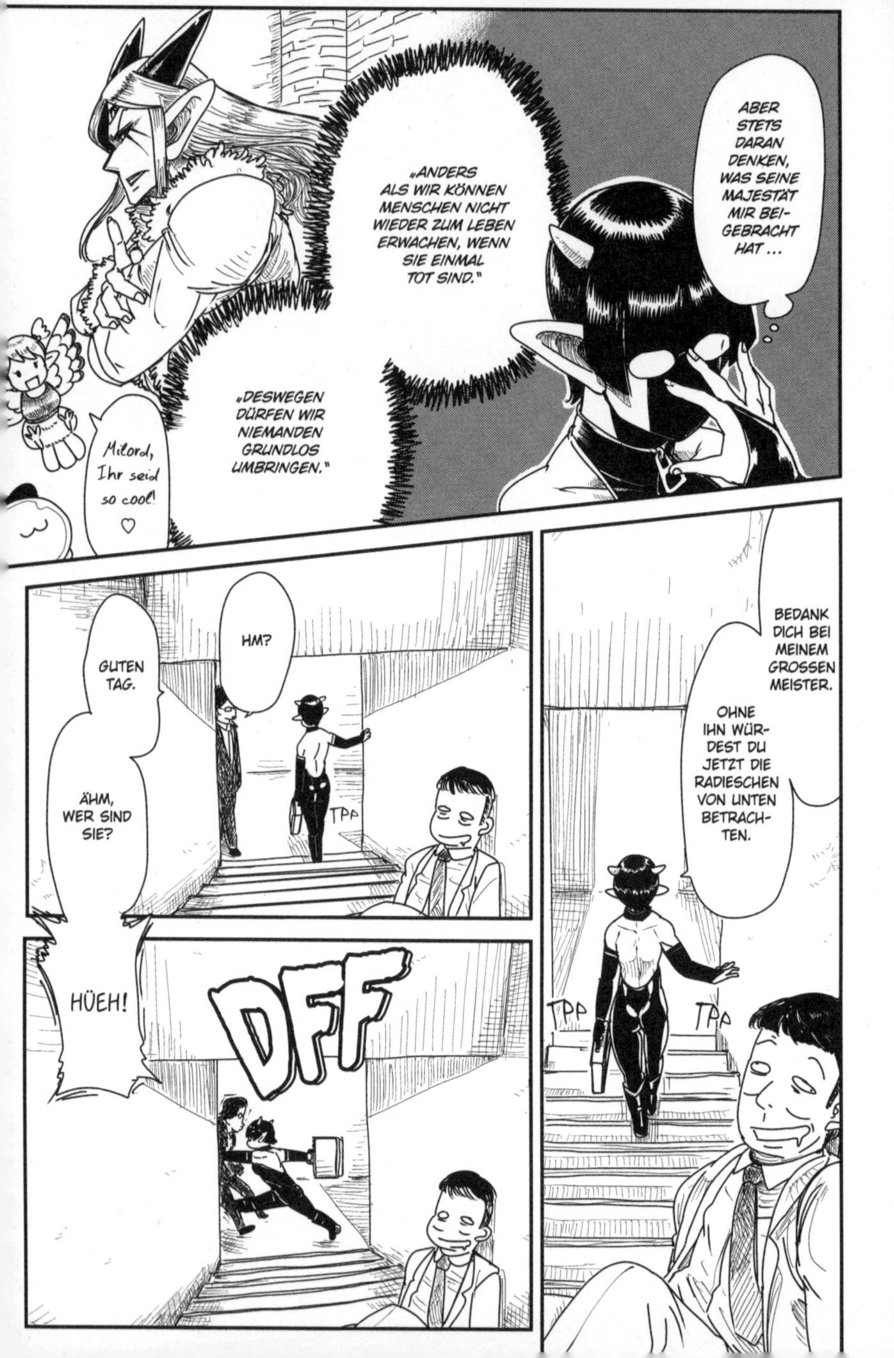
ABER STETS DARAN DENKEN, WAS SEINE MAJESTÄT MIR BEIGEBRACHT HAT …
„ANDERS ALS WIR KÖNNEN MENSCHEN NICHT WIEDER ZUM LEBEN ERWACHEN, WENN SIE EINMAL TOT SIND."
„DESWEGEN DÜRFEN WIR NIEMANDEN GRUNDLOS UMBRINGEN."
Milord, Ihr seid so cool! ♡
BEDANK DICH BEI MEINEM GROSSEN MEISTER.
OHNE IHN WÜRDEST DU JETZT DIE RADIESCHEN VON UNTEN BETRACHTEN.
TPP
TPP
HM?
GUTEN TAG.
ÄHM, WER SIND SIE?
TPP
DFF
HÜEH!

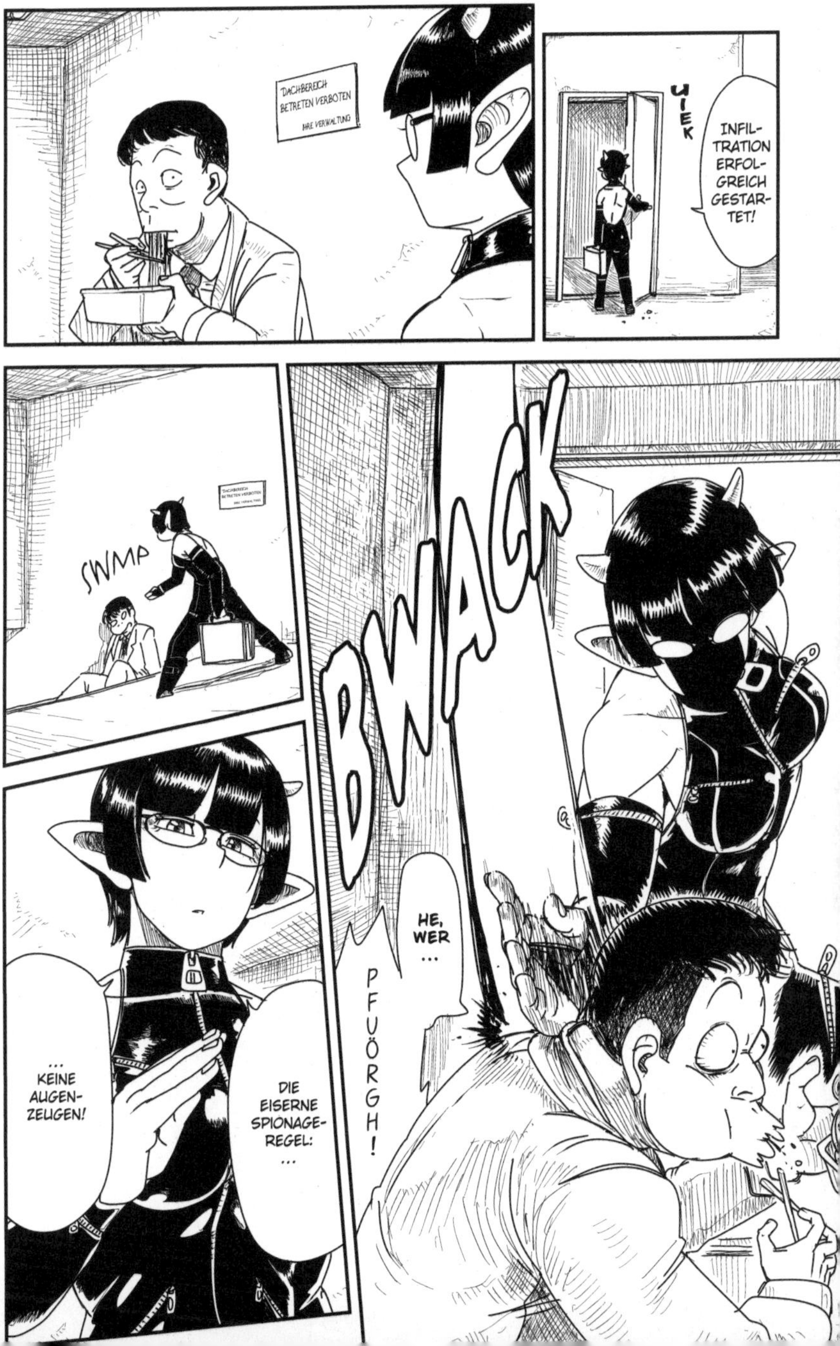
DACHBEREICH BETRETEN VERBOTEN IHRE VERWALTUNG
UIEK
INFIL-TRATION ERFOLG-GREICH GESTAR-TET!
SWMP
DACHBEREICH BETRETEN VERBOTEN IHRE VERWALTUNG
BWACK
HE, WER ...
PFUÖRGH!
DIE EISERNE SPIONAGE-REGEL: ...
... KEINE AUGEN-ZEUGEN!

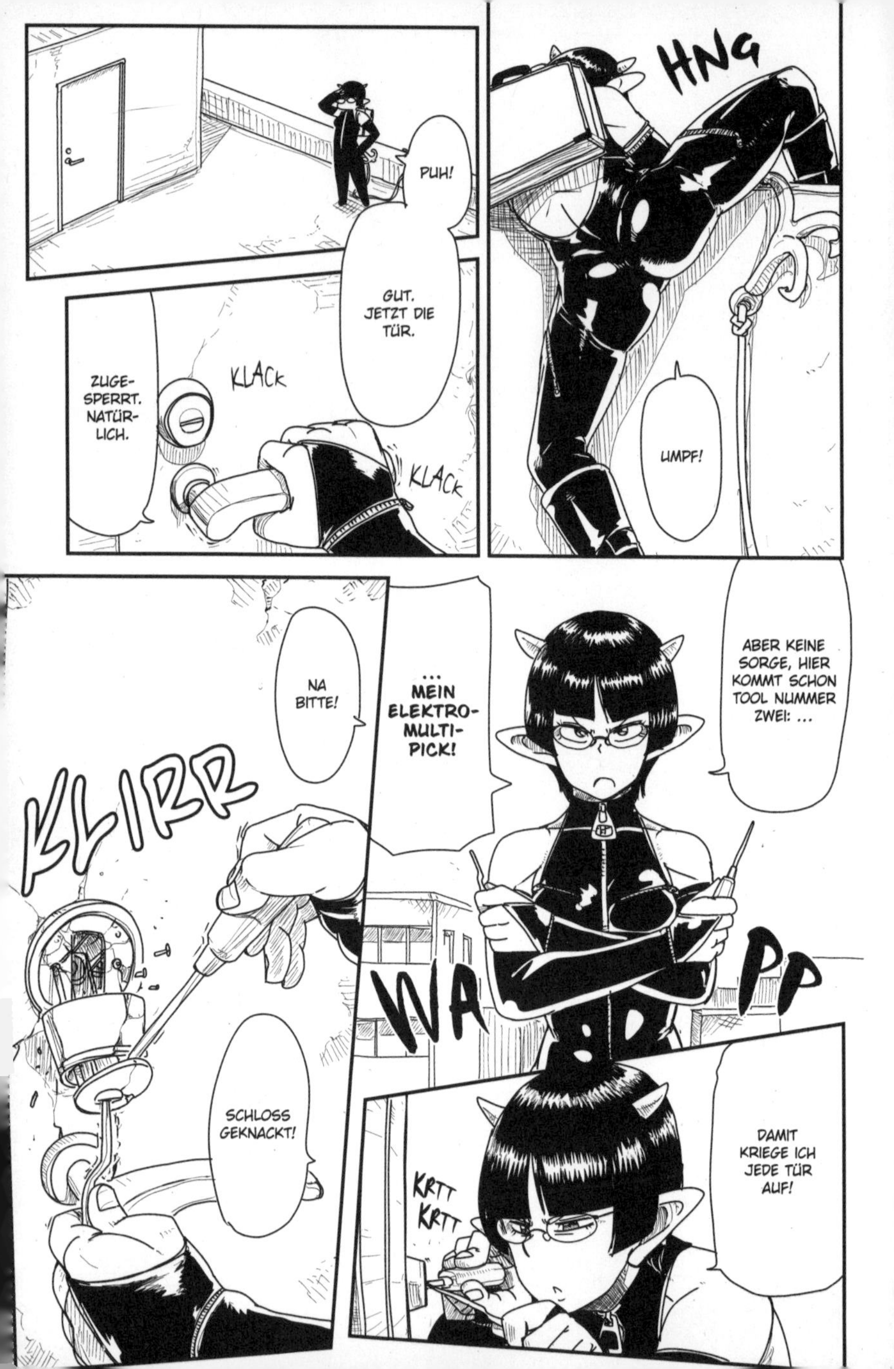
PUH!
GUT. JETZT DIE TÜR.
KLACK
KLACK
ZUGE-SPERRT. NATÜR-LICH.
HNG
UMPF!
ABER KEINE SORGE, HIER KOMMT SCHON TOOL NUMMER ZWEI: ...
... MEIN ELEKTRO-MULTI-PICK!
WAPP
NA BITTE!
KLIRR
DAMIT KRIEGE ICH JEDE TÜR AUF!
KRTT KRTT
SCHLOSS GEKNACKT!

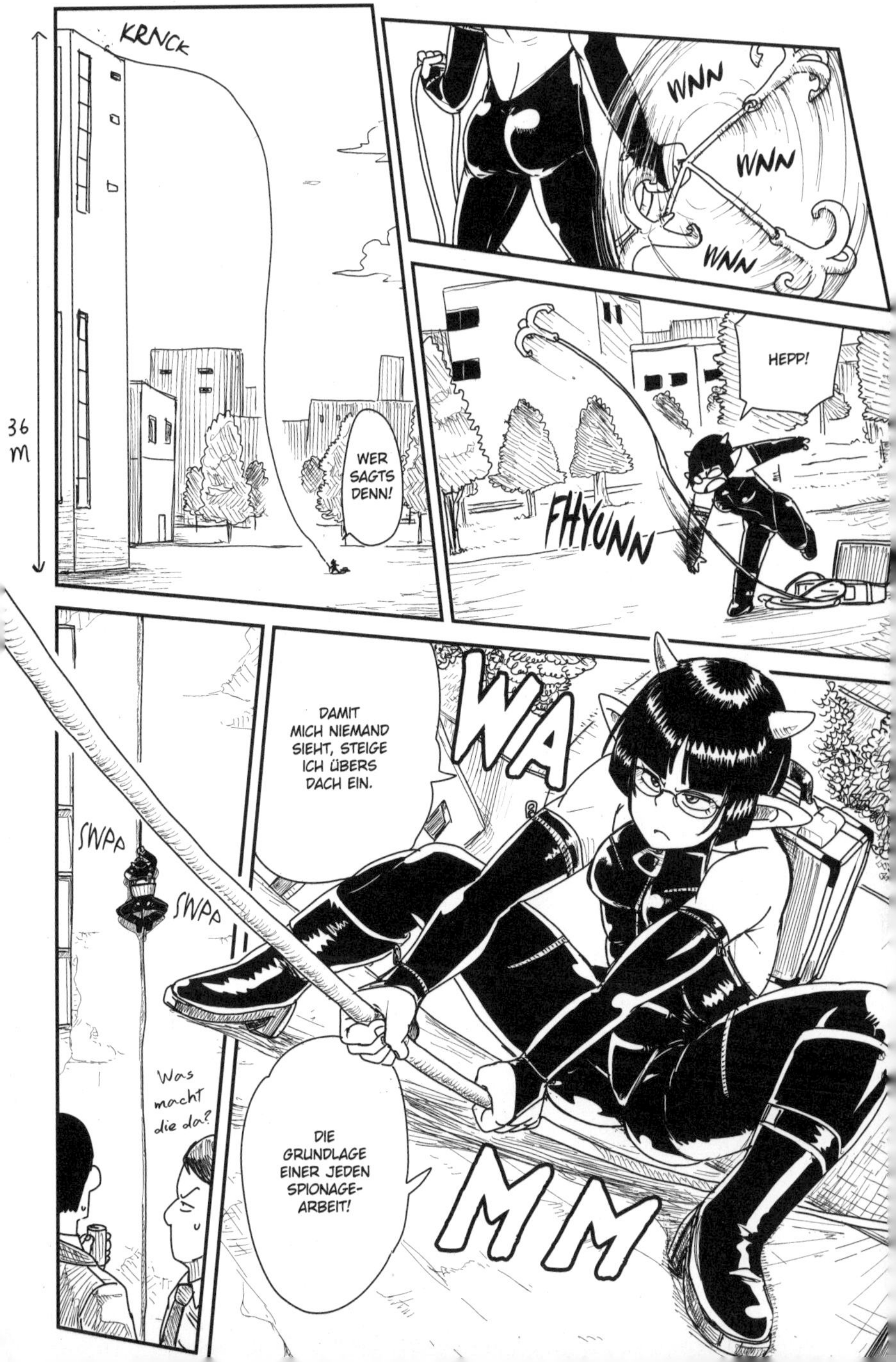

KRNCK
36 m
WER SAGTS DENN!
WNN
WNN
WNN
HEPP!
FHYUNN
DAMIT MICH NIEMAND SIEHT, STEIGE ICH ÜBERS DACH EIN.
WAMM
DIE GRUNDLAGE EINER JEDEN SPIONAGE-ARBEIT!
SWPP
SWPP
Was macht die da?

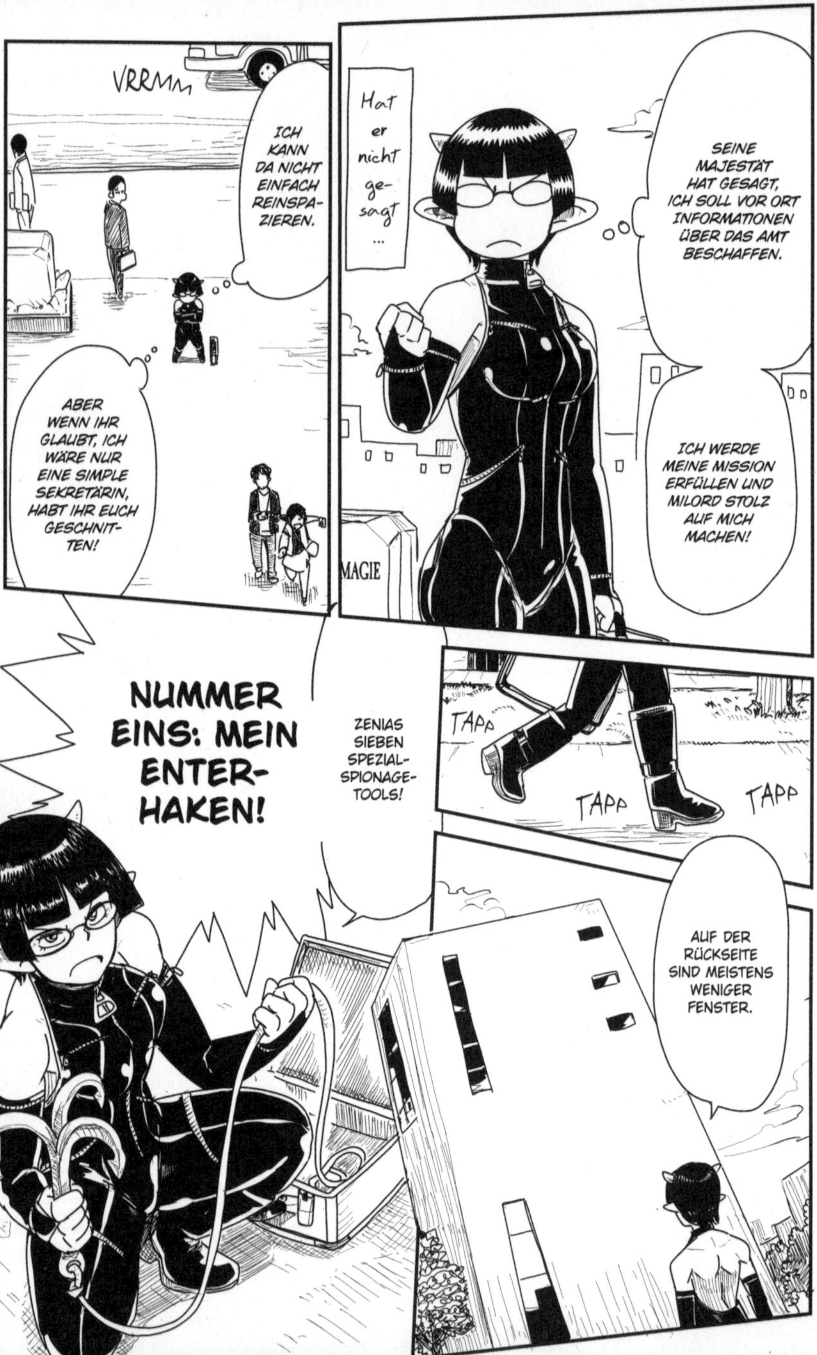
SEINE MAJESTÄT HAT GESAGT, ICH SOLL VOR ORT INFORMATIONEN ÜBER DAS AMT BESCHAFFEN.
Hat er nicht gesagt ...
ICH WERDE MEINE MISSION ERFÜLLEN UND MILORD STOLZ AUF MICH MACHEN!
MAGIE
VRRMM
ICH KANN DA NICHT EINFACH REINSPAZIEREN.
ABER WENN IHR GLAUBT, ICH WÄRE NUR EINE SIMPLE SEKRETÄRIN, HABT IHR EUCH GESCHNITTEN!
TAPP
TAPP
TAPP
AUF DER RÜCKSEITE SIND MEISTENS WENIGER FENSTER.
ZENIAS SIEBEN SPEZIAL-SPIONAGE-TOOLS!
NUMMER EINS: MEIN ENTER-HAKEN!

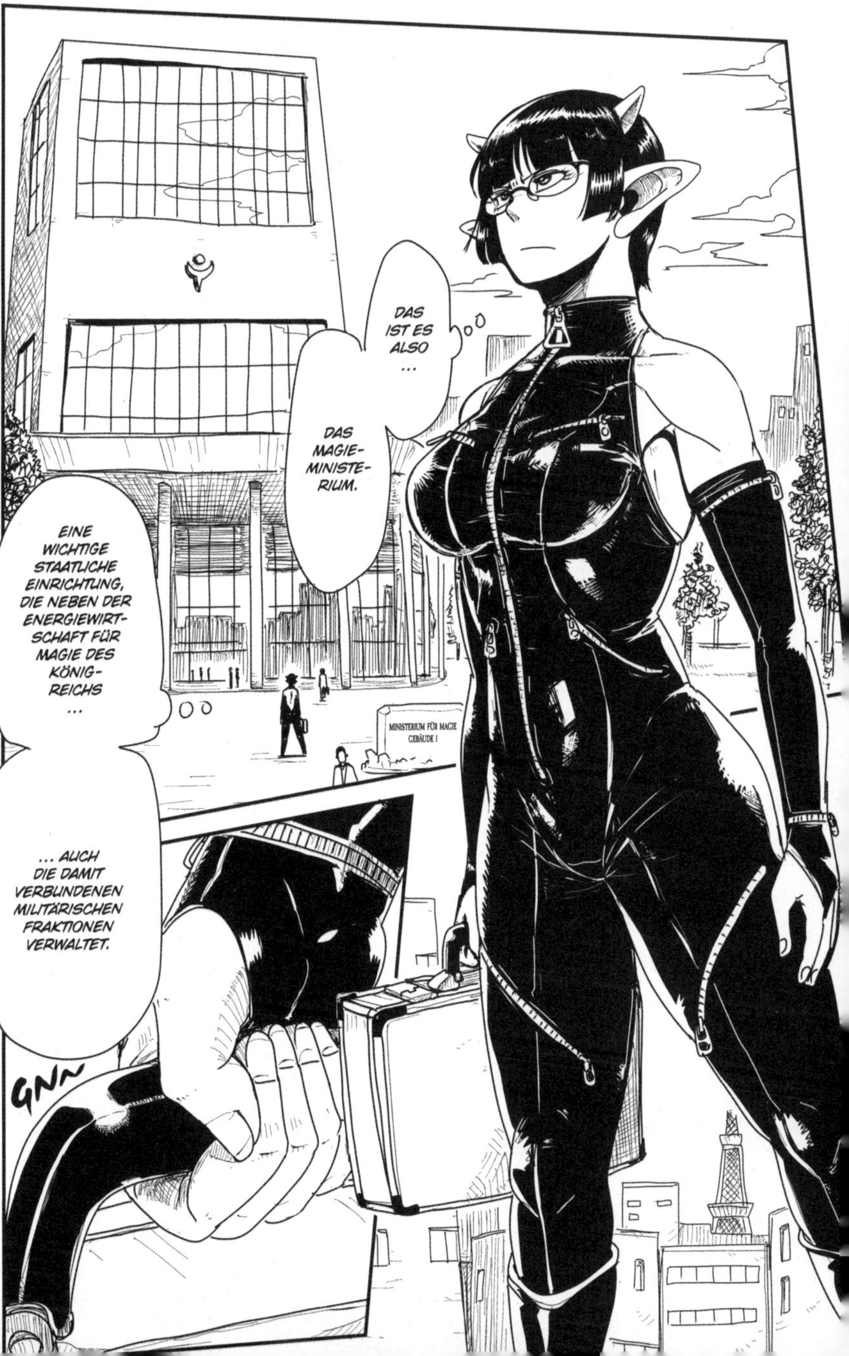
DAS IST ES ALSO …
DAS MAGIE-MINISTE-RIUM.
EINE WICHTIGE STAATLICHE EINRICHTUNG, DIE NEBEN DER ENERGIEWIRT-SCHAFT FÜR MAGIE DES KÖNIG-REICHS …
… AUCH DIE DAMIT VERBUNDENEN MILITÄRISCHEN FRAKTIONEN VERWALTET.
MINISTERIUM FÜR MAGIE
GEBÄUDE I
GNN

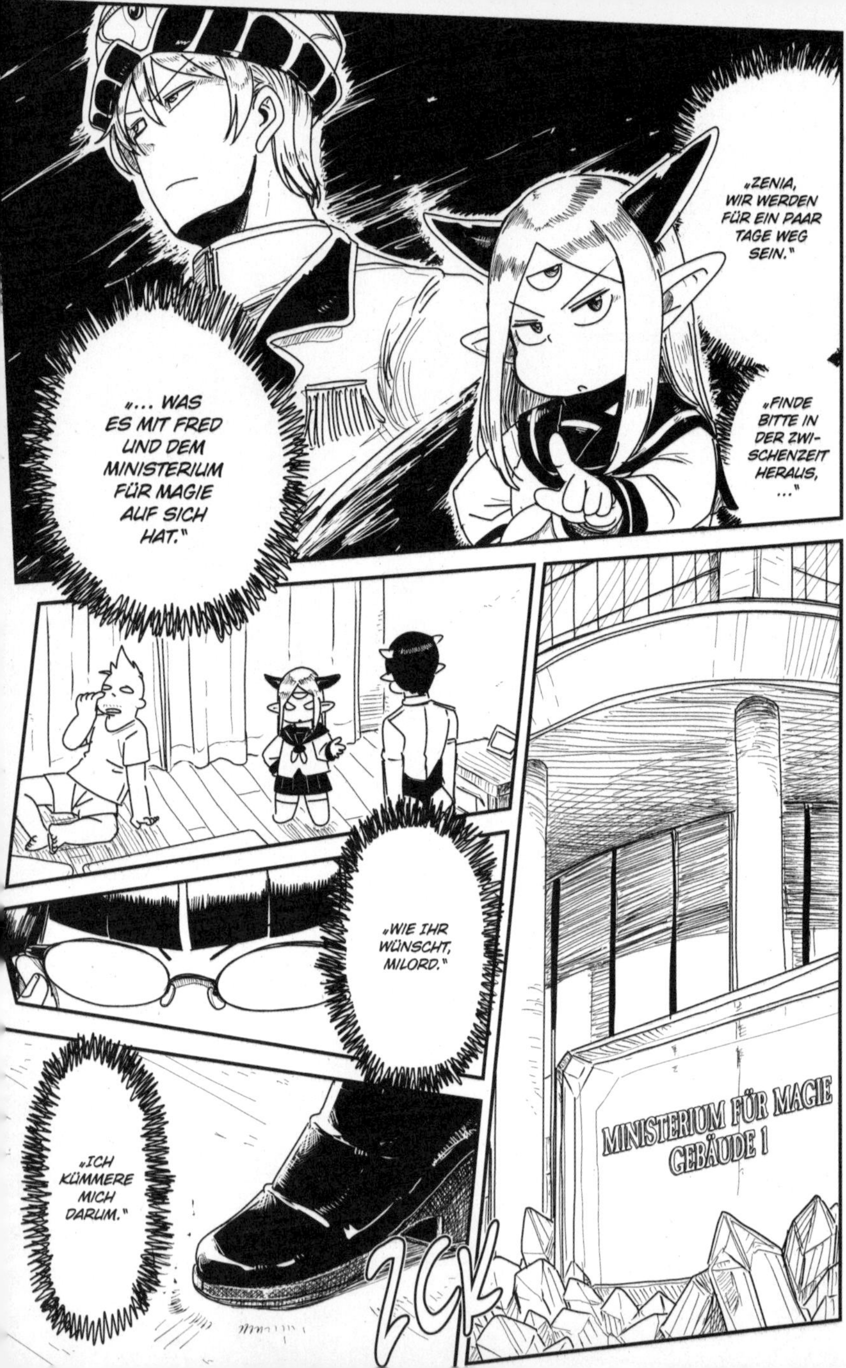
„ZENIA, WIR WERDEN FÜR EIN PAAR TAGE WEG SEIN."
„FINDE BITTE IN DER ZWI- SCHENZEIT HERAUS, …"
„… WAS ES MIT FRED UND DEM MINISTERIUM FÜR MAGIE AUF SICH HAT."
MINISTERIUM FÜR MAGIE GEBÄUDE 1
„WIE IHR WÜNSCHT, MILORD."
„ICH KÜMMERE MICH DARUM."
ZCK

KAPITEL 15 Die Privatsekretärin gibt alles

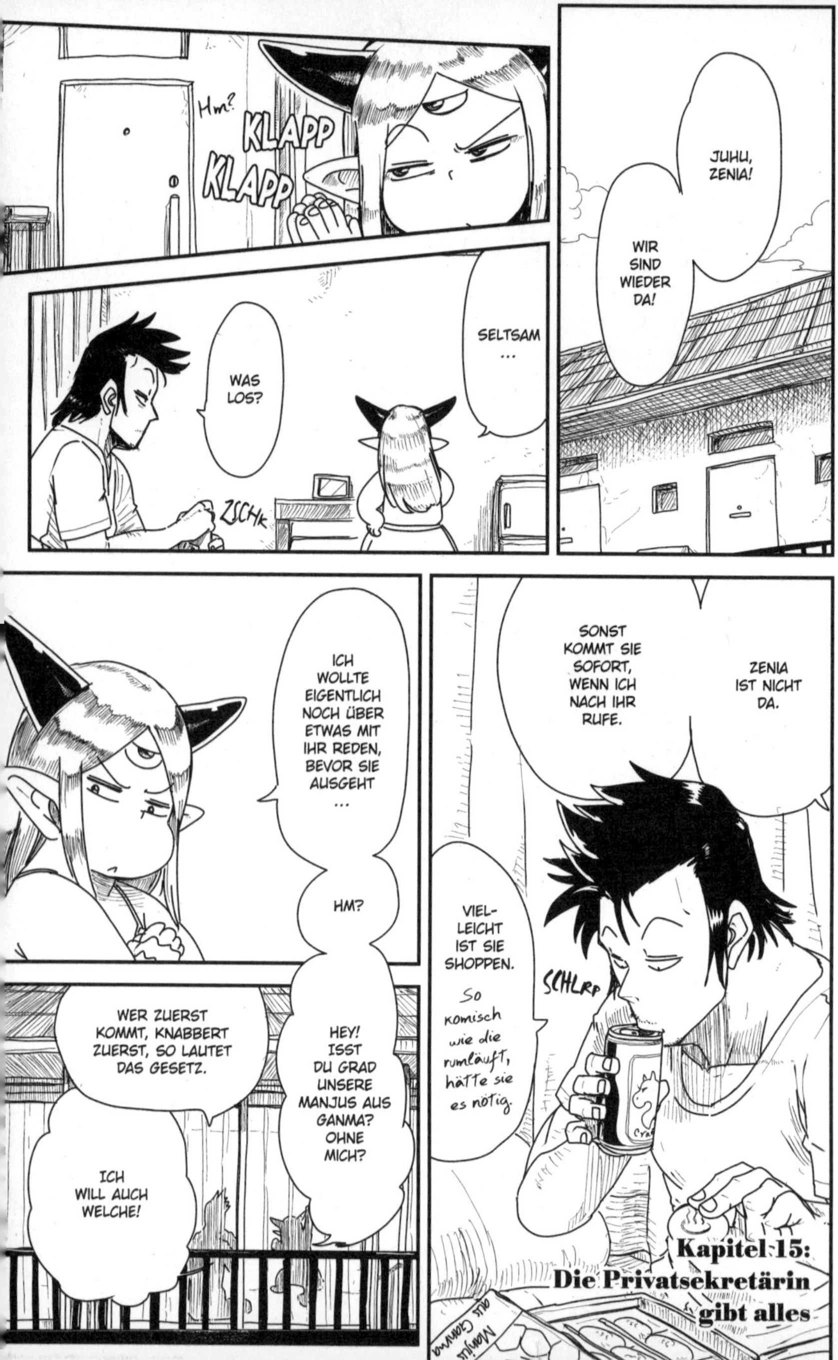

Kapitel 15: Die Privatsekretärin gibt alles

LEVEL 1 DEMON LORD & ONE ROOM HERO

INHALT

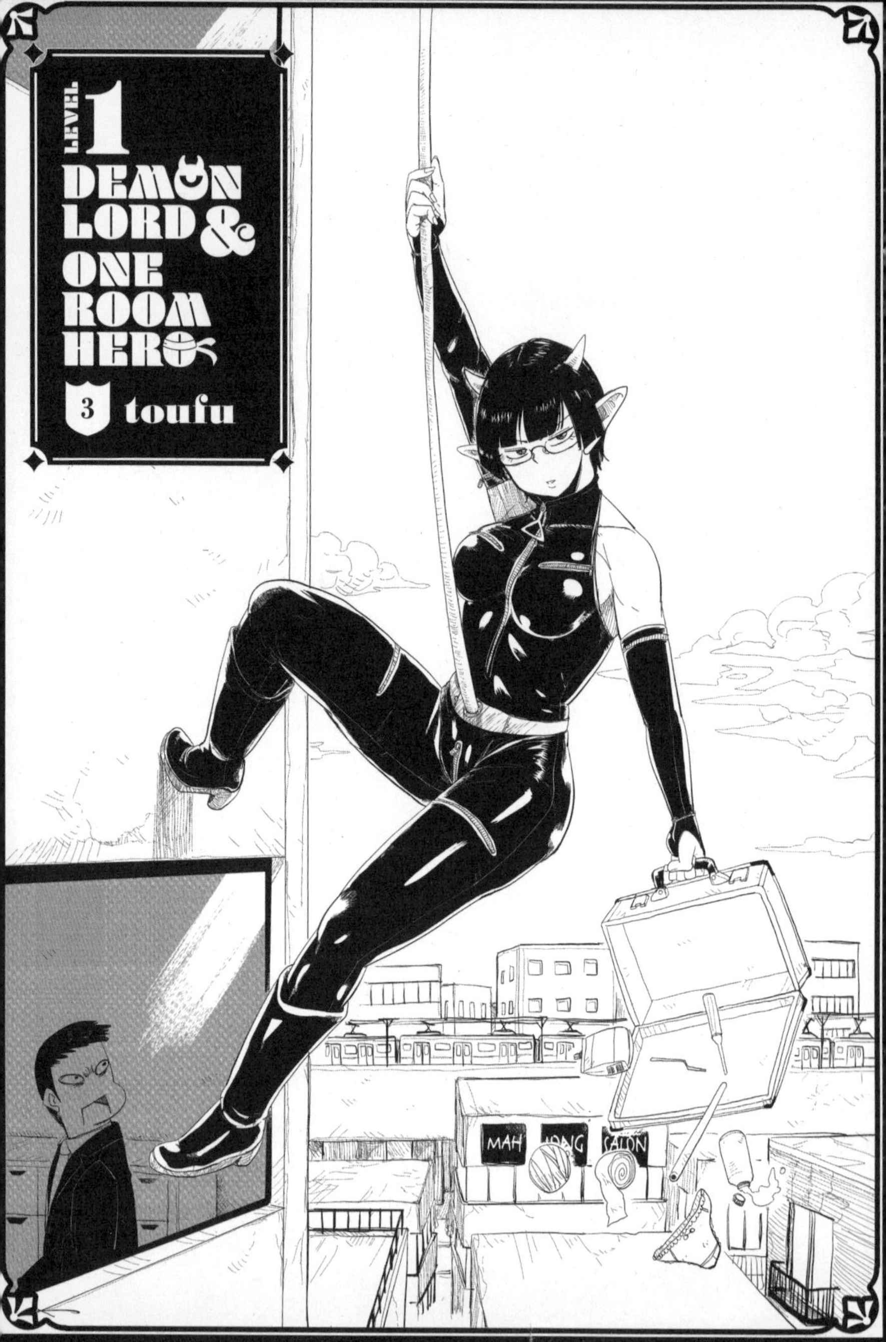
LEVEL 1
DEMON LORD & ONE ROOM HERO
3
toufu
MAH
SALON